汉匈战争三百年

宿巍 著

辽宁人民出版社

© 宿巍　2025

图书在版编目（CIP）数据

汉匈战争三百年 / 宿巍著. -- 2 版. -- 沈阳：辽宁人民出版社，2025.7. -- ISBN 978-7-205-11539-5

Ⅰ．K289-49

中国国家版本馆 CIP 数据核字第 20257RR759 号

出版发行：辽宁人民出版社
　　　　　地址：沈阳市和平区十一纬路 25 号　邮编：110003
　　　　　电话：024-23284191（发行部）　024-23284304（办公室）
　　　　　http：//www.lnpph.com.cn
印　　刷：清淞永业（天津）印刷有限公司
幅面尺寸：160mm×230mm
印　　张：23
字　　数：296 千字
出版时间：2025 年 7 月第 2 版
印刷时间：2025 年 7 月第 1 次印刷
责任编辑：赵维宁　姚　远
封面设计：东合社·安宁
版式设计：一诺设计
责任校对：吴艳杰
书　　号：ISBN 978-7-205-11539-5
定　　价：89.00 元

目录 Contents

第一章

异姓诸侯——刘邦与异姓诸侯王的恩恩怨怨……………………… 001

第二章

白登之围——与匈奴的初次交锋………………………………… 009

第三章

兔死狗烹——异姓诸侯的结局…………………………………… 021

第四章

强敌在北——匈奴的兴起与扩张………………………………… 037

第五章

烽火照甘泉——负重前行的文景时代…………………………… 049

第六章
马邑之谋——汉匈全面开战 ………………………………… 075

第七章
迂回侧击——卫青河南之战 ………………………………… 087

第八章
突骑冲锋——汉军的全新战术 ……………………………… 103

第九章
月夜突击——远程奔袭合围右贤王 ………………………… 109

第十章
狂飙突进——霍去病河西之战 ……………………………… 117

第十一章
张国臂掖——汉设河西四郡 ………………………………… 129

第十二章
漠北决战——汉匈主力会战 ………………………………… 137

第十三章
凿荒之行——张骞开拓西域 ………………………………………… 153

第十四章
烽烟再起——汉匈重新开战 ………………………………………… 161

第十五章
征伐大宛——万里远征意在西域 …………………………………… 167

第十六章
孤军深入——悲怆的浚稽山之战 …………………………………… 175

第十七章
苏武牧羊——使于四方不辱君命 …………………………………… 189

第十八章
巫蛊之祸——谁是赢家 ……………………………………………… 197

第十九章
霍光专政——后武帝时代的战争 …………………………………… 217

第二十章
南园遗爱故剑情深——中兴之主汉宣帝 ········· 229

第二十一章
公主远嫁——解忧解忧解汉之忧 ········· 237

第二十二章
争夺车师——汉匈之间的拉锯战 ········· 251

第二十三章
联姻龟兹　平乱莎车——和亲政策的红利 ········· 259

第二十四章
百闻不如一见——赵充国的平羌之战 ········· 265

第二十五章
西域都护府建立——西出阳关有故人 ········· 279

第二十六章
匈奴内乱——南北对立 ········· 285

目 录

第二十七章

单于觐见——南匈奴为汉守边 ………………………… 289

第二十八章

斩杀郅支——犯强汉者虽远必诛 ……………………… 295

第二十九章

边关烽烟又起——匈奴再分南北 ……………………… 319

第三十章

大军出塞——勒石燕然追亡逐北 ……………………… 329

第三十一章

喋血孤城——十三壮士归玉门 ………………………… 341

第三十二章

威震四方——定远侯班超重开西域 …………………… 349

第一章

异姓诸侯——刘邦与异姓诸侯王的恩恩怨怨

公元前202年，刘邦称帝建立汉朝，曾经的泗水亭长，经历反秦大起义的磨炼与楚汉战争的浴血搏杀，最终成为中国历史上第一位平民出身的皇帝，他的胜利也印证了他的前辈陈胜的那句流传千古的名言——王侯将相，宁有种乎！

刘邦在参加反秦起义之前，不过一介布衣，混到四十多岁还只是一个亭长。

在那个人活七十古来稀的时代，刘邦已经是人们口中的刘大爷了。即使在今天，这个年纪如果还未功成名就，剩下的大概也就只有坐等退休了。

如果这时有人告诉刘邦，再过数年，你就会做皇帝。估计，刘邦自己都不会信。

但随着陈胜在大泽乡斩木为兵揭竿而起，发起反秦大起义，星星之火转瞬之间便成燎原之势。

天下苦秦久矣！

很多人顺应时代的潮流加入起义军中，这其中就包括刘邦。

在推翻暴秦的战争中，主角是项羽，而刘邦不过是助攻。

但随着秦朝的覆亡，昔日的战友项羽与刘邦不得不在战场上刀兵相见，这就是持续四年之久的楚汉战争。

相比于推翻暴秦，不论是战争的规模还是激烈程度，后者都远远超过前者。

单就争城野战的能力而言，十个刘邦也打不过一个项羽。但战争从来不是单纯的好勇斗狠。

第一章 异姓诸侯——刘邦与异姓诸侯王的恩恩怨怨

相比项羽，刘邦最大的优势是善于团结人。楚汉相争，主角虽然是项羽跟刘邦，但还有许多配角，即各地的诸侯王。

在战争进行的过程中，刘邦善于拉拢人的本事体现得淋漓尽致，原先追随项羽的诸侯，中途纷纷改换门庭，弃楚归汉，投了刘邦。

这些诸侯站队刘邦的原因也很简单，刘邦出的价更高。

在与项羽的大战中，刘邦从来都不是一个人在战斗，他有很多战友。这些人是齐王韩信、梁王彭越、九江王英布、燕王臧荼、韩王信、长沙王吴芮、赵王张耳。

刘邦能取得天下，这些人都是有功的，特别是前三位，那功劳可是大大的。

刘邦在战场上被项羽虐得有多惨，就不用多说了。几次都是死里逃生。但刘邦有三个好帮手，一个好汉三个帮。刘邦是好汉，他的三个得力帮手是韩信、英布、彭越，可以说，这三人缺一个，刘邦都可能打不赢项羽。

战后，论功行赏，这三人得到的待遇都是裂土封王，成为一方诸侯，剩下四人也都被封王，但实力待遇比这三位要低一个档次。

刘邦与七个诸侯王其实是合伙人的关系，只不过，刘邦是实力最大的那一个。

刘邦是不喜欢别人跟他分蛋糕的。但是人家分的蛋糕是凭实力得的，他也没有办法不给人家。

开国之初，汉朝实行的是郡县制与分封制并行的模式。这既有现实原因，如上所说，刘邦的江山，人家几个合伙人都是有份儿的，胜利了，要兑现承诺。也有历史原因，因为之前都是分封制，郡县制只不过实行了十几年，传统保守势力还是相当顽固，转变观念也需要时间，郡县制的典型还是个反面典型，这就更让保守派有话说了。

但封建诸侯与刘邦理想中的大一统国家是存在结构性矛盾的，且这种矛盾没有办法调和。刘邦与他的小伙伴们翻脸互撕也只是时间问题。

他们注定不会和谐共生。

楚汉战争结束不久，刚刚坐稳位置的刘邦就开始琢磨如何收拾这些一起创业的合伙人了。

可是，刘邦没想到，还未等他动手，就有人先跳出来了。

这个最先跳出来的人是燕王臧荼。他原本是燕王韩广的手下，奉命带兵去救巨鹿，结果就在巨鹿城外，臧荼才见识到真正的战争，那是章邯率领的秦军与项羽统率的楚军的巅峰对决。这次战役决定了历史的走向：项羽败，则反秦起义失败；胜，则秦朝覆亡。而结果，众所周知，项羽胜。巨鹿之战是项羽确立政治地位的成名战，此战之后，项羽成为叱咤风云的西楚霸王。

也是在那次战役后，臧荼认定了项羽。

臧荼从此成了项羽的跟班，追随项羽一路西进杀进关中，推翻暴秦。

大功告成，到了论功行赏的时候，项羽没有亏待臧荼。项羽戏下分封，将燕国一分为二，令臧荼当燕王，而将老燕王韩广赶到辽东，去做辽东王。燕国当时已经地处偏远，辽东则更甚，那时还是尚未开发的苦寒之地，到辽东与其说是称王，倒不如说是一种发配。

韩广自然不愿意去。

但臧荼有大哥项羽撑腰，底气十足，表示，韩广必须搬家，赶紧给我腾地方。

韩广也很硬气，表示就不搬，你能咋地。臧荼对老东家也不客气，直接出兵。韩广也是混迹江湖多年，自然不甘受气，直接率军迎战。

但韩广到底是没干过有后台的臧荼，被后者反杀，这下别说地盘，连老命也丢了。

韩广也算是遭了报应。他早年是武臣的手下。武臣派韩广去攻略燕地，拿下燕地后韩广就脱离组织，选择单干。武臣最早是陈胜的部下，陈胜派武臣去平定赵国旧地，结果，武臣打下赵地就背叛了陈胜，而他派去扫平燕地的韩广也选择背叛他。

但韩广也未曾料到,他派去救援赵国的臧荼在抱定更粗的大腿后也选择背叛他。

背叛者遭到背叛,还被反杀。还是那句话,出来混,早晚是要还的。

刘邦跟项羽开战后,随着形势的变化,项羽逐渐走了下坡路,臧荼也再次展现墙头草的本色,又一次抱了刘邦的大腿。

臧荼先叛韩广,再叛项羽,如今又叛刘邦。

臧荼资历虽老,水平却很一般,他之所以能熬过反秦起义,挺过楚汉相争,只是因为他待的地方偏远,加上他见风使舵的本事才混到现在。

真敞开打,立即就现原形。

汉五年(前202)二月,刘邦称帝,六月才迁都长安。

七月就传来燕王臧荼反叛的消息。

刘邦听说臧荼谋反,也不含糊,亲自带兵出征,九月就将叛乱平定,臧荼也被生擒活捉。刘邦随即任命自己的发小,同时也是汉朝第一任太尉的长安侯卢绾为燕王。

之前臧荼做燕王是刘邦对楚汉战争既成事实的承认,现在选择的卢绾则是他的沛县老乡,嫡系中的嫡系。

刘邦与卢绾是老乡,更是光屁股长大的伙伴,两家是父一辈子一辈的交情,刘邦的老爹与卢绾的父亲就是要好的朋友,到了刘邦这一代更是延续了这一友谊。刘邦与卢绾还是同年同月同日生,这些加在一起,刘邦与卢绾的关系自然很铁。

刘邦封了一百三十九个侯,卢绾是其中之一,虽然都是侯,也是有区别的。因为刘邦封卢绾的是长安侯,而长安是汉王朝的都城。

卢绾也是沛县功臣集团里面第一个被封王的。

虽然关系铁到这个份儿上,但大一统与分封制的结构性矛盾,导致不久后的卢绾也站到了刘邦的对立面。

臧荼被收拾了，接下来是楚王韩信。

刘邦在称帝前的一个月，将齐王韩信改封楚王，都下邳；魏相国彭越改封梁王，都定陶。这算是刘邦兑现垓下之战前对韩信、彭越的承诺。

刘邦做这个承诺是不开心的，因为这完全是在韩信、彭越的胁迫下做出的。因此，刘邦对这二人始终耿耿于怀。

九月，刘邦平叛归来。

十月，就有人告楚王韩信意欲谋反。

不管这个人告发的是否属实，但刘邦准备对韩信动手却是事实。

刘邦问手下众将，有人告发说韩信想要谋反，你们看该怎么办？这些大老粗几乎想都没想，异口同声地回答，出兵，扫平叛军。

面对慷慨激昂的将军们，刘邦却沉默了。

史书上用的是"帝默然"，这三个字相当巧妙，知道你们在吹牛，又不好说破，那就只能报之以沉默。毕竟，人家虽然水平不够，但态度还是积极的，总不好打击吧。

刘邦太清楚韩信的实力了，也十分了解手下这些人的实际水平。这些将领捆在一起也不是韩信一个人的对手。

对付臧荼这种水平的，刘邦不会犹豫，直接出兵镇压。但面对从未打过败仗的韩信，他不得不谨小慎微。

知道喜欢吹牛的将军们不靠谱，刘邦只好去找素有奇谋的陈平商议此事。

陈平得知刘邦的来意后，问刘邦，有人告韩信谋反，韩信自己知道吗？刘邦说这事目前还属于机密，韩信还不知情。

于是，陈平开始了他的灵魂拷问。

陈平说，陛下自以为手下兵马与楚国相比如何？刘邦说，不如。陈平又问，陛下自料帐下众将用兵行阵有能超过韩信的吗？刘邦只能实话实说，都不如。

得到回答的陈平作出总结：兵不如楚精，将不如楚能，举兵相攻不是自取败亡吗？我很为陛下忧虑呀。

听到这里，估计刘邦心里已经想骂街了。

你说的这些难道我不清楚？正是知道手下那帮只会吹牛拍马屁的家伙不靠谱，我才来找你的。结果你还在我面前转上了。

陈平也知道说得差不多了，该及时收住了，自己的这位主子可没有那么多耐心。

接下来，陈平说出了他的办法，古时，天子巡狩四方，每到一地，所在诸侯都要前往拜见。陛下就假装出巡云梦，那里紧邻楚国。韩信得到陛下出巡的消息肯定会前来朝见，到时趁机擒他，易如反掌。

刘邦这才露出笑容。不愧是善出奇策的陈平，这主意也就陈平能想得出来。

刘邦依计而行，果然轻易就将韩信擒获。

在战场上，百战百胜的传奇名将却栽在陈平手上。被押上车的韩信直到这时才如梦方醒，大喊道："人言狡兔死，走狗烹。果如其言。天下已定，我固当烹。"

然而，刘邦并未杀他。显然，所谓的韩信谋反，并不成立。刘邦将韩信带到洛阳，随即赦免了他，但楚王就别当了。韩信被贬为淮阴侯。虽然只是降低一个级别，但王与侯却有质的区别。

汉初的异姓诸侯王，究其实质，都是与刘邦一起打江山的合伙人，他们都有自己的兵马、地盘。诸侯王虽然也向刘邦称臣，但与刘邦的关系更像周天子与战国诸侯，不是刘邦与萧何、陈平这种纯粹的君臣关系。

被降为侯的韩信当然是很郁闷的。但此时失去地盘军权的韩信，就如同刘邦案板上的鱼肉，只能任由刘邦处置。

韩信也知道刘邦忌惮他的才能，只能每日深居简出，闷闷不乐。

一天，也许是实在闷得慌，韩信难得出府去串了一趟门，他去的是樊哙家。

樊哙听说韩信来访，简直受宠若惊，跪拜送迎。樊哙对韩信自称臣，说想不到大王肯屈尊驾临臣府。而韩信对这一切坦然接受，并不觉得有何不妥。走出樊哙的府邸，韩信还颇为自嘲地说，想不到自己这辈子竟然沦落到与樊哙这类人为伍。跟樊哙交往，韩信觉得跌份儿。

要知道，樊哙可不是寻常之辈，他娶的是吕后的妹妹，他是吕后的妹夫、刘邦的连襟。而且，樊哙在开国功臣里面也是排得上名次的，人家也是跟着刘邦闯过鸿门宴的。

就这身份，居然跪着迎送韩信，而且做得很自然，更重要的是他本人跟韩信都以为理所当然，并没有觉得哪里不对。

韩信此时已经不是楚王，不是手握兵权的统帅，只是一个被削夺王位罢免兵权、闲居在家无所事事的侯爷。落魄到这个地步还这么牛。韩信在当时的地位威望有多高由此可知。

这么牛的一个人，刘邦当然不放心把韩信放在外面，还是在眼皮底下更可靠。

一次，刘邦与韩信闲聊，说到军中将领的能力，两个人就开始逐一评说，谁谁能带多少兵。说到最后，刘邦从容问韩信，你看我能带多少兵？韩信看看刘邦，说陛下最多只能带十万。言下之意，超出这个数就不是您能力所及了。刘邦又问，那你能带多少？韩信听后，很自信地说，对臣而言，多多益善，越多越好，那意思，多少兵我都能指挥。刘邦听后大笑，多多益善，为何为我所擒？你既然这么能，怎么还做了我的俘虏？韩信回答得也很从容，陛下虽然不善带兵却善于驾驭将领。韩信说的是实话。这也是刘邦、韩信君臣间一次难得的坦诚交流。

韩信暂时已经没有威胁了。

刘邦开始寻找下一个目标，下一个异姓诸侯王。

也正是对这个诸侯王的征讨，拉开了汉匈战争的序幕。

这个诸侯王就是韩王信。

第二章

白登之围——与匈奴的初次交锋

显然，相比韩信，这个韩王信的知名度要低很多，至于水平能力，那更是不可相提并论。

但这个韩王信也不简单。他虽然是韩国宗室出身，但他能够当上韩王，靠的是自己的努力。刘邦被项羽赶去汉中时，韩王信就追随刘邦了，当然这时他还不是韩王，只是率领韩地军队的将领。他曾建议刘邦，利用部下士卒多是山东人及其日夜思归的情绪，挥师东进。这与韩信所说不谋而合，两个韩信都提出过相似的东进策略，足以说明，这个韩王信也非等闲之辈。

刘邦在东进之初，许诺过他，只要他能打下韩地，就封他为韩王。结果，人家真打下来了。

刘邦也信守承诺，让他做了韩王。韩王信也是刘邦封的第一个异姓诸侯王。

韩王信的这个诸侯是凭实力打下来的，刘邦都承认韩王信"材武"，而韩王信所据有的韩地又是天下劲兵之处。

韩国地处中原腹地，居于天下之冲。也正因为韩国的地理位置过于重要，战国时代，韩国才被各路诸侯强国狂虐。因为不论是从东往西打，还是从西往东打，韩国都是绕不过去的存在。地理位置太好，对韩国来说是幸运也是不幸。幸运的是，这里四通八达，交通便利，东西南北，往哪个方向发展都方便，而且这里盛产铁矿，韩国出产的兵器锋利远近闻名。不幸的是，不论谁强，都会来找韩国练手，韩国也成为各方势力的演兵场，你方唱罢我登场。战国时代的多次重要会战，韩国都有份儿。

第二章 白登之围——与匈奴的初次交锋

但如今天下统一,刘邦怎么可能让韩王信在他的眼皮底下称王?韩王信越是材武,韩地越是重要,越是不能让他待在那里。

卧榻之下岂容他人鼾睡。

于是,刘邦下令让韩王信搬家,去晋阳,将太原以北的地方封给他,建立新的韩国,守在那里防御北方的匈奴。

但是,未过多久,韩王信就主动上疏给刘邦,要求再次搬家,理由是晋阳地处后方,匈奴时常袭扰,应对不及,请求将驻地迁往更北面的马邑,那里距前线更近,方便靠前指挥。

刘邦也未想到韩王信会如此"懂事",愉快地批准了他的请求。

韩王信做如此请求说明他并不了解北方边境的真实情况,等到他了解实际状况,为时已晚。

很快,他就会为自己的选择悔青肠子。

韩王信在马邑还未待上多久,就体会到了匈奴的"热情"。这些年中原战乱,边兵内调,边界几乎处于不设防的状态,这大大方便了匈奴来趁火打劫。而韩王信的封地是匈奴常来光顾的重灾区。

韩王信等于主动跳进包围圈,被匈奴围着打。

韩王信也是从战场上杀出来的诸侯王,也是见过大场面的。但匈奴的作战风格是他前所未见的,与中原战场完全是两回事儿。

匈奴骑兵经常是不打招呼就来。来了之后就四处抢掠,抢完就跑。等边军集结主力赶到现场,人家早就抢完走人,跑没影儿了。

边军处于防又防不住打又打不着的尴尬境地。因为人家是骑马来的,跑得贼快。

韩王信很快就被匈奴这种流窜抢掠的打法给搞崩溃了。

韩王信不得不向长安的刘邦告急求援。

长安方面收到消息开始调集兵马准备增援,但调兵需要时间。刘邦派出使者先于大军出发,前往马邑,告诉韩王信,兄弟挺住,援兵很快就到。

但韩王信还是没挺住。

被人堵在城里围着打的韩王信派出使者找到匈奴谈判，表达的意思简单而明确，你们也别折腾了，有事好商量，不就是想要东西嘛，好说，只要不围城，啥都能谈。于是，双方使者频繁往来，开始讨价还价。

这事很快就让刘邦的使者知道了。于是，很快，长安的刘邦也知道了。刘邦当即下诏将韩王信痛骂一顿。竟然跟敌人眉来眼去，你到底想干什么！被骂的韩王信怕了。

直到这时，他终于明白刘邦把他安排到这里的"良苦用心"，打死匈奴是除外患，打死他是除内患。敢情刘大哥从一开始就没安好心。

想想不久之前被收拾的燕王臧荼、楚王韩信，再联想到他从颍川被派到晋阳的经历，韩王信终于琢磨过味了。刘邦当初封异姓王是形势使然，不得不妥协，但他就没打算跟这些合伙人共享富贵。

刘邦的一系列操作就是要扫平异姓诸侯王。

刘邦这是要卸磨杀驴、过河拆桥呀。

韩王信明白，他的刘大哥再也不是从前那个刘大哥了。

想当初，刘邦被项羽赶去汉中，他宁可背井离乡也要跟着刘邦走。在荥阳被项羽俘获，又历经千辛万苦回到刘邦身边，为其经略韩地。如今，刘邦事业有成，却要将他抛弃。

因为刘邦逼反他的举动做得过于明显，韩王信也知道被抓回去也没有好果子吃，于是，心一横，干脆阵前投敌，于当年九月献马邑城向匈奴投降。

匈奴得了马邑并未止步，而是越过句注南下攻击晋阳。

事已至此，刘邦不得不亲自出马了。

汉七年（前200）十月，刚刚在新落成的长乐宫体验到当皇帝的感觉的刘邦就带着他的团队谋士陈平、刘敬和大将周勃、灌婴、樊哙、夏侯婴等人，率大军三十二万从长安出发，北上讨伐匈奴平定叛乱。

起初，战事颇顺，汉军从临晋横渡黄河，之后翻越太行山，于铜鞮大败韩王信军，斩其将王喜。韩王信败走。

汉军乘胜北上，兵锋直逼晋阳。匈奴单于派左、右贤王率骑兵万余与韩王信部将王黄等会于晋阳，与汉军决战，又被汉军杀败。匈奴败走，西逃离石，汉军追及，再败匈奴。

十一月，匈奴北逃至楼烦。刘邦令周勃、灌婴分兵追击，汉军收复楼烦，并乘胜追亡逐北，前锋进至云中、雁门。

战事顺利，但天气却对汉军很不利。这时已是寒冬，雨雪交加，汉军士兵被冻掉手指的竟有十之二三。

尽管困难重重，但刘邦并未停下进军的步伐。

刘邦率大军随后赶到晋阳，此时有哨探来报，匈奴单于冒顿正率兵屯于代谷。于是，刘邦再次率军北进，一路急追，进到平城。

只要展开地图，形势便一目了然。铜鞮在晋南，晋阳在晋中，而平城已在晋北。再往北就是塞外，两三月间，汉军从关中渡过黄河一路北进，三战三胜，分别于晋南铜鞮、晋中晋阳、晋北平城大破韩王信军及匈奴左右贤王部，将战线从晋南的铜鞮一路北推至晋北的平城。

刘邦打算以胜勇追穷寇，他可不想学项羽。虽然之前与匈奴骑兵小有接触，但毕竟，对汉军而言，匈奴还是一个全新的陌生的对手。因此，开战之前，先试探一下对方的虚实是很有必要的。

刘邦先后派出十余批使者前往匈奴单于冒顿处探察虚实。冒顿也是个老狐狸，自然明白刘邦的用意。于是，冒顿单于故意将精壮兵马隐藏起来，只让老弱部众出来撑门面。

出使匈奴的使者看到的都是饥兵弱卒，于是回去后纷纷向刘邦报告，说匈奴疲弱，不堪一击，可以攻打。

刘邦又派手下得力的谋士刘敬去探看。刘敬出发不久，汉军主力便

013

越过句注，向北进军，大战势不可免。

就在这时，出使匈奴的刘敬从匈奴归来。他看到的情况与之前的那些使者大同小异，但得出的结论却正好相反。刘敬认为此时不宜出击。他也说出了自己的理由。

刘敬说，两军开战在即，此时，本应炫耀实力，震慑对方。可是，匈奴让臣看到的却尽是老弱疲敝，如此举动，非同寻常。臣以为匈奴这是故意示弱于我，其中必定有诈。

刘邦这时已决心与匈奴开战，大军已然出发。

尽管刘敬说得很有道理，但此时说这种话，显然不合时宜，属于典型的政治不正确。果然，刘邦闻言勃然大怒，认为刘敬这是动摇军心，当即将其下狱收审。

之后发生的事情，大家都知道了。刘邦率领的先头部队被匈奴围在白登山七天七夜。

很多人据此认为，刘邦当初要是听从刘敬的话，就不会有白登之围，那汉朝也就不用以屈辱的和亲来换取暂时的安宁。

然而，事实果真如此吗？

答案是否定的。

刘邦是何等人，那可是经历过反秦起义、楚汉战争，一路拼杀过来的。可以说是久经战阵，经验丰富，这种故意示弱、诱其深入的小把戏，刘邦会看不出来？

如果刘邦看不出来，他也挺不到现在，早被对手打趴下了。

刘邦看出来了，但依然执意出兵。

说起来，他不是中计，而是轻敌。

从他所知道的历史经验，当年赵国的李牧就曾在这一带大破匈奴，令其十余年不敢靠近边境。更近的是秦朝，大将蒙恬率秦军北逐匈奴，经略河南地。而这支秦军却在巨鹿之战中被项羽杀败。数年之后，项羽又在垓下被他打败。以此类推，刘邦是有自信的理由的。而且，进兵以来的一系列胜利也印证了他对匈奴实力的认知，匈奴也不过如此。

刘邦此行是执行他建国以来的既定政策，扫平异姓诸侯王，这才是他的主要目的，收拾匈奴只是顺势而为，只要给匈奴一点颜色一点教训，令其不敢参与诸侯王的叛乱，退出塞外。他的目的也就达到了。

匈奴等游牧部落长期对北方边境进行骚扰，楚汉相争之际，边备空虚，匈奴才得以趁虚而入，四处抢劫。

如今，中原重新一统。刘邦身为汉朝皇帝，对匈奴的进犯，不能不做出反应。但刘邦出兵的目的也仅限于震慑。他的主要精力仍在国内那些异姓诸侯王身上。

但匈奴对汉军而言，从战术到打法都相当陌生。

匈奴多是骑兵，来去如风，行踪飘忽不定，想要捕捉匈奴主力与之决战，十分艰难。

经过长期战乱，汉初民生凋敝，百姓困苦，连皇帝刘邦出巡都找不到四匹毛色相同的马，将相出门甚至得坐牛车。这么个局面，汉军找不到足够数量的马，几乎是纯步兵的汉军是追不上整日骑着马到处跑的匈奴骑兵的。

现在，匈奴主力深入塞内，不用到处去找他们，这省去多少麻烦。正好抓住这个机会，狠狠教训教训匈奴人，也让他们知道，他可不是好惹的。

因此，明知匈奴故意设局，刘邦也不在意。不怕你耍诈，就怕你不来，只要你来，我就有办法收拾你。这大概就是刘邦在战前的想法。刚刚战胜项羽的刘邦，显然对自己的军事能力充满自信。而刘邦率领的汉军也多是百战精锐。刘邦对自己的军队也充满信心。

刘邦率前锋部队先行赶到平城。此时，汉军的主力在后面，还未赶上来，步兵行进速度慢，这也是没有办法的事情。

但久经沙场的刘邦深知兵贵神速，战机稍纵即逝，等主力赶到，黄花菜都凉了。

刘邦怕匈奴主力逃走，才决定不等主力，即率前锋部队脱离大部队追击匈奴。

刘邦当然明白此举有点冒险，但他还是这么做了。因为他担心匈奴会北逃。从之前两个月与匈奴交战的经验看，匈奴一直在向北溃逃。而平城已经在边塞，出平城向北，就是塞外，那里是匈奴人的主场。

此时以步兵为主的汉军对草原上的匈奴骑兵显然力不从心，想打都找不到人。而平城是汉军打击匈奴最后的机会。一旦匈奴逃出塞外，刘邦就鞭长莫及了。因此，刘邦才兵行险着，仅率少数精锐急追，为的就是咬住匈奴不使其逃脱。刘邦率军一路追击匈奴来到白登山。结果，他发现自己属实多虑了。匈奴根本没有想跑的意思。

几乎是一夜之间，十余万匈奴骑兵突然出现在战场上。

刘邦跟他的先头部队被围在了白登山。

刘邦在山上放眼望去，四面到处都是匈奴的骑兵，他打了这么多年的仗，这辈子也未见过这么多的马。此时，刘邦心里估计会想，这些马要是我的该有多好。

刘邦被围在白登山七天七夜，与外界完全失去联系。

听起来凶险万状，其实倒也未必。

因为刘邦虽然出不去，但匈奴也打不进来。

刘邦身边的军队虽少却是精锐，能跟随皇帝出征的前锋军肯定是百里挑一的精兵强将。而且，他们占据地利，在山上。

匈奴虽然人多，但他们攻坚能力不强，装备也差，纪律更是松散，组织能力比汉军差的不止一个等级。

长久以来，人们都把匈奴想象成一个部落国家，其实，匈奴不过是草原上众多游牧部落组成的松散联盟。

第二章　白登之围——与匈奴的初次交锋

游牧部落日常除去放牧，就是来南边抢劫，因为草原上虽然牛羊多，但别的啥都缺。他们也会与沿边郡县做生意，但更觉得抢劫比做买卖划算。

从战国时起，他们就开始抢了。为应对草原骑兵的袭扰，当时北方的秦国、赵国、燕国都不约而同地选择修筑长城来防御匈奴，这大大增加了匈奴抢劫的成本跟难度。

长城防线虽然大多数时候挡不住匈奴万人以上的大规模入侵，但对付数十数百乃至数千的小部落还是绰绰有余的。事实上，长城防的主要是这种海量的小规模入侵，而且，确实卓有成效。

面对新情况，草原上的各部落不得不"抱团取暖"，联合行动，人多力量大，这个道理大家都懂。

雪球越滚越大，于是匈奴产生了。

但必须说明的是，由于游牧本身带有松散性，草原上的部落联盟，其组织结构都不可与中原地区相提并论。

匈奴只是众多小部落联合起来的一个松散联盟，而匈奴单于不过是最大的那个首领而已。

匈奴单于的威信在于在没有过大损失的情况下能为大家带来更大的利益。

匈奴扰边的目的不是打仗而是抢东西。他们服从单于只是为了得到好处。真让他们去玩命攻山，他们才不会卖力气。单于也未必真能指挥得动他们。

匈奴的战斗力并不强，特别是肉搏近战。更多的时候，他们只是在不远处放箭。

但匈奴毕竟人多。

真实的情况是，汉军冲不出去，但匈奴也攻不上山。双方就这么僵持着，不知不觉，七天就这么过去了。

这个对峙的局面，被围的与包围的都挺尴尬。

但一个人出面为匈奴单于冒顿与刘邦化解了尴尬。

这个人就是善出奇谋的陈平。刘邦把他带出来算是做对了。

很快，陈平通过不可知的渠道联系上了单于。双方经过不为外人所知的一系列谈判，经过讨价还价，达成协议，匈奴撤围，刘邦南归。

至于具体谈的啥，条件怎么定的，这个只有当事人清楚，我们自然是不知道的。

但想来也不难猜，也就是，我给你好处，你开个缺口让我回家。反正，你围着我，你也进不来。时间长了，只会让你的手下看笑话。

单于也急着找个台阶下，打仗的目的就是为抢东西，既然对方同意给好处，那岂不更好，而且，他得到消息，汉军的主力正在赶来的路上。

山上的汉军如此之少，尚且这么难打，等汉军的主力赶到，到时匈奴就会腹背受敌，到时候能不能脱身都是个问题，还是见好就收，能捞多少捞多少吧，冒顿单于也就顺水推舟，同意了。

双方的密谈是不能对外公开的，但总要有个说法，于是，就有了史书上的记载，说是陈平派人贿赂单于的老婆阏氏，经过阏氏的枕头风，单于同意撤围。

之后的和亲应该也是协议的一部分，主要是给往匈奴送东西找个名目，毕竟，直接送过去还是有点尴尬，面子上也不好看。

而通过嫁公主，可以名正言顺地将东西以嫁妆的名义送过去。

刘邦顺利突围。单于也撤兵出塞。双方各自罢兵。

长久以来，白登之围都被看作刘邦的失败，汉军的败仗。但仔细分析，可以发现，事实并非如此。

汉军在此前后将失地逐一收复，匈奴重返草原也未占到多大便宜。

白登之战前屡战屡败，围山七天却攻不下汉军阵地，得到口头许诺就不得不撤兵，这很难说是胜利。

汉军杀败叛军收复失地。刘邦虽然被围七天，但依然安全撤出，全身而退。虽然吃点小亏，但也未有多大损失。

但这场战斗，仍给双方留下了深刻的印象。

匈奴单于认识到，以他们的简陋装备以及糟糕的组织能力，面对铠甲护身、训练有素、纪律严明又有精良铁质兵器的汉军，还在用骨制箭头的匈奴骑兵，正面对抗只会死得很惨。

而汉军对来去如风的匈奴骑兵的机动能力也有了更直观的认知。即使能打过匈奴，也追不上，长期纠缠更是不实际。因为此时汉朝的重心还在内部，稳固新生政权才是最重要的。

于是，才有接下来几十年的和平。

平城之战白登之围不过是刘邦平定韩王信叛乱过程中的一个小插曲。在历时三个月的平叛战争中，汉军取得了大胜。这点从战线的北移就能看出，因为战报可以说谎，但战线不会。一路北推的战线证明，胜利的一直是汉军。

白登之围虽是小插曲，却很重要，因为这是汉匈三百年大战的开始。

平城之战实际上是势均力敌的对抗，双方各有优势，但在现有条件下，谁也吃不掉对方，那维持现状，也许就是不错的选择。

匈奴退走，但刘邦的事情还没完呢，他还要继续收拾他曾经的小伙伴——如今的异姓诸侯王。

第三章

兔死狗烹——异姓诸侯的结局

历代以来，很多开国功臣都难免兔死狗烹的结局。正所谓共患难者难以共富贵。

功臣应该如何保全自己？

关于这一点，"汉初三杰"是很有点想法的。

张良的做法是功成身退，人家闭门谢客，修仙去也。

张良是明白人，刘邦也是明白人。

张良的优势是智谋，这也是能对刘邦产生威胁的地方，但智谋在于给人出谋划策。张良各种主动退圈，不再理人间事，只为避嫌，自然也就不会给刘邦带来威胁，人家已经这个态度了，如此明白事理，刘邦还能如何，只能放过。对不产生威胁的功臣，刘邦还是比较厚道的。

张良可以功成身退，萧何就不行了，他还要干活。刘邦称帝后大封功臣，论功行赏。刘邦的沛县老乡们为此在朝堂上吵作一团，特别是冲锋陷阵的将军们，个个都说自己功劳大，有的还当场宽衣解带，展示伤疤。然而，出乎众人意料，刘邦将首功给了一直默默无闻在后方搞后勤的萧何。还是那句话，刘邦是个明白人。

打仗就是打后勤，特别是持续四年之久的楚汉战争尤其如此，刘邦在正面能硬抗项羽，靠的就是萧何在后方不停地给他"输血"，兵源粮饷一个劲儿往前线送，刘邦这才能顶住项羽的如潮攻势。后勤不好干，不容易出业绩不说，还操心费力不讨好。

刘邦将首功给了萧何，然而麻烦也来了。开国之后，将军们的地位开始下降，但萧何的作用却比之前更大，相应地，他的威望也更高。

第三章 兔死狗烹——异姓诸侯的结局

很快,刘邦就感受到了来自萧何的压力,他开始对萧何不放心了。

但萧何却未有所察觉。

刘邦在外打仗,却频繁派人回来慰问萧何,感谢他在后方的辛勤工作。对此,萧何也未往心里去,以为这不过是寻常客套。然而,有人告诉他,再这么下去,你就离死不远了。你以为皇帝是跟你客气,其实是不放心你。如今你位高权重,在百姓中又有威望。这是很危险的,赶紧多买田宅地产,让皇帝放心才能保全性命。

萧何这才意识到处境危险,于是开始在关中疯狂买田占地,抢占民田,搞得百姓怨声载道。等刘邦远征归来,百姓纷纷拦路告状。刘邦自然要安抚众人,大骂萧何以收揽人心。然而,刘邦表面上装作很生气,心里却很开心。

萧何通过抢占民田,成功将自己的名声搞臭,顺利度过危机。

萧何是文臣,威望是他的政治资本,也是对刘邦的潜在威胁。但一个名声臭大街的文臣,就不构成威胁了。

但张良、萧何的办法,对韩信都不适用。

因为韩信最厉害的是他的军事才能,修仙,不问世事,也不会改变他在军中的威望,更不会降低他的军事才干。

抢占民田、强抢民女搞臭名声的把戏也是行不通的。把名声搞臭也不影响他指挥打仗。

至于装疯卖傻就更不用说了。刘邦这个老手最擅长的就是这个,在他面前装疯卖傻,那是在老戏骨跟前飙演技,班门弄斧,自取其辱。况且,韩信为人高傲,心气极高,装疯卖傻这种事,打死他也干不出来。

至于兵权,韩信早就交了。

可是,刘邦依然对他不放心。

韩信的可怕之处在于他的能力超强。刘邦手下的其他将领捆在一块儿也不是韩信一个人的对手。

韩信在刘邦的所有部下里一枝独秀。

而且，韩信的威望极高，他的威望完全是打出来的。他从未打过败仗，是出了名的常胜将军，所有人都知道，跟着韩信就能赢。

以韩信的能力，他是注定逃不掉的。

但刘邦暂时还不想杀他，因为此时的韩信还有用，至于有何用，不久之后，另一位异姓诸侯会说出答案。

白登之围是汉朝与匈奴的第一次正面交锋，大家的视线，此时都集中在汉匈之间的战争上，而忘记了这次战争的主角其实是人家韩王信。

刘邦率大军北上，起初的目标可不是匈奴而是韩王信。只是因为，匈奴主动卷了进来，刘邦才顺带着连匈奴一起打。与匈奴的冲突不过是刘邦平定诸侯王叛乱过程中的一个插曲。很多人只顾着说白登之围对汉匈关系的影响，而忘记了真正主题。

自从登基称帝，刘邦的主题只有一个，那就是扫平异姓诸侯王，巩固新生的汉政权。

至于对匈奴的战争，他显然是顾不上的。匈奴，他只能留给他的儿孙去解决了。

一代人有一代人的使命。刘邦的使命就是巩固住在血泊中艰难诞生的新生政权。

对刘邦来说，再也没有比这更重要的事情了。

他对匈奴妥协，只是想集中精力安定内部。

建汉以来，刘邦就在布局，目的就是清除对汉朝构成威胁的异姓诸侯王，他所做的一切都是为了扫平异姓诸侯王。

刘邦的很多看似不经意的举动，背后都有着不可告人的深意。

刘邦将平定代地的事情交给樊哙等人后就班师回朝了。

在返回长安的路上，刘邦路过另一个异姓诸侯赵国的封地，刘邦所封的赵王张耳在不久之前已经去世，此时的赵王是他的儿子张敖。

第三章　兔死狗烹——异姓诸侯的结局

这个张敖还有一个身份——刘邦的女婿，他娶了吕后所生的女儿鲁元公主。

按说以张敖的身份可以随心所欲，用不着像其他异姓王那么紧张。但张敖是个聪明人，他知道他这个异姓诸侯的敏感身份，虽然他是刘邦的女婿也不例外。

张敖以子婿之礼对刘邦服侍得极为周到，态度更是恭顺。但刘邦全然不吃这套，又把他当年在沛县的流氓做派搬到赵国，对张敖呼来喝去，当奴仆使唤，动不动还飙出几句脏话，骂得那个难听就不说了。面对此情此景，连张敖的手下都看不下去了。但赵王张敖却丝毫不以为意，还是那么殷勤服侍。

张敖的大臣贯高等人私下议论，颇为愤愤不平，说我们赵王真是个懦弱的王。

这些人找到赵王，要替他出头，杀死羞辱他的皇帝。张敖知道这时候不得不说心里话了，他告诉众人，要不是陛下，他们家哪会有今日的富贵，今后不要再乱讲话。

张敖很明白，刘邦就是来找碴儿的。异姓诸侯是刘邦打击的重点，前面燕王臧荼、楚王韩信、韩王信的前车之鉴，还不够明显吗？这时，他能做的就是谨小慎微，不给刘邦以口实，也许能躲过去。然而，他的部下们却不了解这其中深厚复杂的背景。他们只注意到表面，他们的大王被刘邦羞辱了。于是，他们就受不了了。

这帮老愤青要替他们的大王出头。可是，他们不知道，他们这是在帮倒忙，还不如不帮，越帮越乱。

不久，贯高等人企图谋害皇帝的事情被人告发，虽然他们事实上啥也没做。但有这个想法就是大逆不道。

这件事以当事人贯高的死，赵王张敖被免去王位降为宣平侯而结束。

刘邦的本意也只是要削去张敖的王位。毕竟，张敖不同于韩信那些人,本身不具威胁,还是他的女婿。

接替张敖成为赵王的是刘邦的宠妃戚夫人所生的小儿子刘如意。

刘邦在有意用他的儿子填补异姓王留下的位置,以同姓取代异姓。相比那些异姓,还是儿子靠得住。

但刘如意这时才十岁,还是个孩子,而且他娘戚夫人一心想让儿子取代吕后所生的太子刘盈,所以赵王刘如意一直留在长安,并未去封地。

但赵国总要有人镇守,于是,阳夏侯陈豨被派往北方统领代国、赵国的边兵。

陈豨,这是一个在当时相当重要却在史料里找不到存在感的人,听起来有点矛盾,重要,查到的资料却少之又少,但其实不矛盾。

正因为重要,才必须刻意抹去他存在过的痕迹。

因为陈豨不久也反了。

陈豨在当时的地位有多高,从韩信对他的态度上就可以看出来。

因为陈豨在赴任之前特意去韩信那里辞行。韩信见到陈豨很是激动,屏退左右,拉着陈豨的手,与之在庭院里散步,显得很亲近。

之前,樊哙接待韩信是跪拜迎送。而此时,韩信却拉着陈豨携手散步。

从这个巨大反差,不难发现陈豨的分量。

韩信突然仰天长叹,然后转头看向陈豨说:"可以与将军说说话吗?"陈豨有点受宠若惊,连忙说,唯将军是从。韩信缓缓说道:"你即将去的地方是精兵所出之处,你又是陛下的宠臣。如果有人告你谋反,第一次陛下不会信;但若再有人告发你,陛下就会起疑心;要是还有人告你,陛下肯定会大怒而亲自兴兵讨伐。"

韩信的话说得已经很直白,三人成虎,刘邦是容不下你的。接下来,韩信说了一句意味深长的话,你有赵地精兵,我在京城做你的内援,天下可定。如果韩信真的说过这些话,那说明他已有反心。

第三章 兔死狗烹——异姓诸侯的结局

汉十年（前197）五月，刘邦的老爹死了。七月，梁王、楚王等诸侯王都来出席仪式，此时的梁王还是彭越，但楚王已经不是韩信而是刘邦的弟弟刘交。但他这个楚王也未当多久就被另一个诸侯王英布干掉了。

在代地守边的陈豨也接到了刘邦的通知，但他没去。

这是一个明显的信号。

果然，九月，陈豨就在代地起兵反叛，自立为代王。

刘邦又一次亲自出征。

陈豨很快就被打垮。然而，紧接着，一个比陈豨叛乱严重十倍的事件在长安发生，汉十一年（前196）正月，"韩信谋反"。韩信有没有谋反，实在说不清楚。但其实这已经不重要。因为韩信必须死，他不死，刘邦还有他的老婆吕后寝食难安。

陈豨走后，韩信就称病闭门不出。刘邦讨伐陈豨，他也没去。他在家干吗呢？按照之前的约定，准备响应陈豨。当然，前提是他确实真的想谋反。

韩信虽然没有兵权，但他的威望还在。之前说过，韩信在汉军中的威望是自成一体的，只有刘邦能镇得住。韩信也只服刘邦。但现在刘邦不在长安，而其他人韩信是不放在眼里的。

虽然手下暂时没有兵，但他有威望，这就是他的资本。他打算发动政变，率领长安的囚徒袭击吕后，控制朝廷。既然章邯都能率领囚犯打仗，那么他当然也能。要知道，韩信带兵，多多益善。不管啥兵，韩信都能带出来。

但就在动手前，韩信被手下告发。

吕后得到消息，第一时间没去召韩信，而是找萧何。这就是吕后聪明的地方。

现在征召韩信只能逼对方直接动手，真要是打起来，吕后并没有必胜的把握。来硬的不行，那就只能智取。

韩信那么机智的人，可不是好忽悠的，但有一个人会让韩信放松警惕，这个人就是萧何。

韩信跟萧何的关系就不用多说了。

萧何月下追韩信的典故妇孺皆知。

萧何是韩信的伯乐，要是没有萧何向刘邦大力推荐，韩信也不会有后来的成就。如果说此时的朝廷还有韩信能信任的人，那就是萧何了。

吕后在得知韩信有异动后，第一时间选择控制萧何，处变不惊，处事冷静，出手狠辣，这个女人不简单。

待萧何被吕后召到宫中被告知一切的时候，他在事实上已经没有选择的余地了。不论他是心向韩信还是向着吕后跟刘邦，此时的他都只能服从吕后的指挥，听从这个女人的调遣，因为他此时实际上已经成为吕后的人质。

随即，吕后与萧何紧急密谋，以萧何的名义派人告知韩信，陛下平叛顺利，陈豨已死，列侯百官都已进宫祝贺，你虽然有病在身，这个时候还是要到场的。

韩信这样精明的人，也有糊涂的时候，他信了。

于是，韩信就被抓了。

韩信刚进宫就被早已埋伏的卫士当场拿下。直到这时，韩信才如梦方醒，他被出卖了。

韩信随即被吕后下令斩杀于长安的长乐宫。当年是萧何月下追韩信，才成就了韩信的辉煌。现在也是萧何将韩信骗来，才让吕后得以将他杀死。于是，就有了那句流传至今的成语——成也萧何败也萧何。

刘邦听说韩信的死讯，心情复杂。

他是很看重韩信的，也爱惜韩信的才干。但他不能留下韩信，这个人的能力过强，强到整个大汉只有他才能驾驭。就算吕后不杀，刘邦在死前也肯定要除掉韩信，不会将这个麻烦留给儿子。

第三章 兔死狗烹——异姓诸侯的结局

韩信死了。

接下来，轮到彭越了。

刘邦讨伐陈豨时曾派人向梁王彭越征兵。彭越推说自己有病，只派部将带兵应征。

不出预料，刘邦又怒了。当然，心里可能是高兴的，又有理由收拾异姓诸侯了。

刘邦派使者对彭越一顿臭骂。彭越害怕了，打算亲自去向刘邦请罪。但部将扈辄说，陛下当初征召，大王推说有病不肯前往，现在被陛下责骂才想去请罪，为时已晚。去了，就回不来了。不如干脆反了。

彭越只想做他的梁王，不想造反。但他想不想反其实都不重要。刘邦已经决心铲除异姓诸侯，彭越反不反都不影响刘邦对他动手。

很快就有人向刘邦告发彭越与扈辄图谋造反。刘邦迅速行动派出使者，将彭越擒获带到洛阳受审。从彭越被擒的过程也能看出，他确实不想反，否则，他也不会被使者逮回去。在他的地盘上，他是有能力反抗的。他束手就擒就已经表明，他并不想反。

对此，刘邦心里也是清楚的，所以，当有关部门向他汇报说彭越谋反"证据确凿"，请依法处置，也就是将彭越杀头时，刘邦却没有同意，只是将他贬为庶人。如果彭越当真反叛，刘邦的处罚不会这么轻。贬为平民，显然是刘邦手下留情的结果。

然而，刘邦想饶彭越一命，吕后却不打算放过这个枭雄。

彭越被发配去蜀地，在路上正好与从长安赶来的吕后相遇。

此时此地遇到刘大嫂，彭越就如同见到久别的亲人，眼泪忍不住就奔涌而出，他心里委屈呀。彭越将满腹委屈都讲给刘大嫂，希望大嫂能在大哥面前替自己说说好话，事到如今，他已不敢奢望富贵，加上年纪也大了，只想回到故乡，终老田园。

在彭越看来，女人总是心软的，看到他现在如此的落魄，是会搭把手替他说句话的。

可是，他不了解眼前的这个女人，刘大嫂狠起来比男人更狠。他大哥还想留他一命，他大嫂却想要他的命。

吕后假意敷衍安慰一番，带着彭越回到洛阳。

吕后确实在刘邦面前给彭越说话了，但不是要救他而是要杀他。

吕后告诉刘邦，彭越这个人，留着就是祸害隐患，不如杀了。

在诛杀韩信的事件中，吕后已经充分展示了其冷峻果敢狠辣的作风，刘邦表示，听媳妇的。

彭越就这么被宣判了死刑。

彭越谋反案被重审，结果也很快公布，彭越谋反成立。

三月，彭越被枭首示众，诛杀三族。

此时距韩信被杀也不过才三个月。

彭越被杀后，尸体被做成肉酱分送给各地的诸侯王。淮南王英布也收到了属于他的那份"快递"。

打开"快递"，看到用彭越的肉做的肉酱，英布当时就崩溃了。

英布的反应也很直接，反了。

七月，淮南王英布正式起兵造反。

英布反叛的消息传到刘邦那里。刘邦问计于众将，这些家伙的反应跟当初听说韩信的时候如出一辙，纷纷跳脚骂街，嚷嚷着要活埋了英布。

面对这些活宝，刘邦也只有苦笑。

这时，刘邦的重臣夏侯婴给他推荐了一位人才，史书上叫他薛公。此人之前做过楚国的令尹，这是楚国特有的官名，在别的国家都叫相邦，也就是相国。因为刘邦的原因，相邦被改成相国。

夏侯婴问薛公，英布为何谋反。薛公的回答也很实在，英布肯定会反。夏侯婴说，裂地封王，荣宠至极，为何要反？薛公说前年杀韩信，去年杀彭越，英布与他们功劳相当，地位相当，经历相同，轮也轮到他了。他肯定要反的。

夏侯婴认为此人见识不俗就向刘邦推荐。顺便说一句,萧何向刘邦举荐韩信之前,最早发现韩信的人其实是夏侯婴,所以,夏侯婴也是有眼光的人。

刘邦召见了薛公,向他问计。薛公说,英布有三个选择:上计东取吴西取楚,兼并齐国收取鲁国,传檄燕、赵,如此崤山以东非陛下所有;中计东取吴西取楚,兼并韩国收取魏国,占据敖仓,据守成皋,则胜负难料;下计东取吴西取下蔡,身归长沙,如此则陛下可高枕而卧。刘邦问,英布会选哪个?下计。薛公答道。刘邦追问原因,薛公说,英布到底不过是一个骊山囚徒,他的见识有限,考虑不到那么远,肯定会选下计。刘邦很高兴,重赏了薛公,随即立儿子刘长为淮南王,准备胜利后让他直接上岗。

当时刘邦已经病了,就想让太子领兵去平叛。太子刘盈请来的"商山四皓"听到风声,赶紧去找太子的舅舅建成侯吕释之。四位老人对吕释之说,太子是国之储君,打胜也没的可赏,打败却有损声望。经这四位老者这么一说,吕释之也意识到问题的严重性,他还是了解自己这个外甥的,英布可是一员大将,外甥打赢的可能性是不大的,打输的可能性是很大的。一旦打败,太子的地位就会动摇,到时候戚夫人再猛吹枕头风,那大外甥的太子之位可就真的危险了。

事不宜迟,吕释之连夜跑去找吕后把大家的疑虑、担忧讲给她。知子莫如母,吕后当然知道刘盈的水平,赶紧跑到刘邦那里哭诉。刘邦叹口气,事到如今也只能亲自上阵。

英布敢于叛乱也是有他的算盘的。他对部下们说,陛下年老多病,不喜征战,不会亲自带兵来,只可能派大将统兵,大将我只怕韩信、彭越,这两个人已经死了。至于其他人,不是我的对手。

之前说过,刘邦云梦之游擒韩信不杀而将其带到京城,目的就是震慑各路诸侯。

英布亲率大军渡过淮河进攻楚国。楚国发兵与英布军在徐州一带摆开阵势。楚国的带兵将领将军队一分为三，意在相互之间可以彼此呼应救援。这时有人劝阻，说英布善于用兵，百姓都很怕他。如今我们本土作战，兵法说自战其地是散地。您将军队分作三处，有一处被击败，其他两路见了军心势必散乱，肯定会不战而逃，哪里还会来救援。但楚将不听，英布击败其中一军，另外两军果然溃散败走。

然而，英布的得意也就到此为止了。因为刘邦来了。

刘邦这辈子只有遇到项羽的时候才会玩防守反击，对其他人，他的做法是非常简单粗暴的，直接平推过去。

在楚汉之际，刘邦的军事水平可以排第三，第一是韩信，第二是项羽，但第一第二都死了，他这个第三也终于抖起来啦。

英布确实很能打，但也要看跟谁打，前面那三位，他谁也惹不起。遇到刘邦，也只能被打。

英布很快就被刘邦打回原形，被打得溃不成军，不久，兵败被杀。

英布谋反，刘邦平乱，然而，真正在幕后操纵这一切的却是另外一个人，一个女人。

对，这个女人就是吕后。历史上有许多细思极恐的事件，英布谋反事件就是其中之一。

从头到尾操控局面的其实都是吕后。刘邦只不过是在执行吕后的决策。

英布叛乱直接的导火索就是用彭越的肉做成的肉酱。联系到不久之后发生的吕后情敌兼政敌戚夫人的人彘事件，这个别出心裁的恐怖艺术，很可能出自吕后之手。

吕后搞恐怖艺术就是要刺激英布，逼他谋反。

原因很简单。刘邦年事已高，眼看着就要打不动了，而能收拾英布的只有刘邦。必须趁刘邦还能打的时候赶紧动手，为儿子接班扫除外在的最后一个隐患。之前的两个威胁韩信跟彭越都已经被她搞定。

结局，英布兵败被杀，她很满意。

对朝廷具有威胁的三大异姓诸侯王其实都是死于吕后之手。韩信是被吕后设计诱杀，彭越是在吕后的力劝坚持下被杀，英布也是死于吕后的算计。吕后心机之深与刘邦不相上下，这对夫妻都是布局的高手，真可谓不是一家人不进一家门。

至此，对汉王朝构成威胁的异姓诸侯王基本被刘邦扫平，剩下的几个只是"打酱油"的角色，可以忽略。楚汉战争是反秦起义的延续，刘邦征讨异姓诸侯王的战争是楚汉战争的延续，刘邦终于达成了他的目标，而他自己也已经油尽灯枯，时日不多。

征讨英布的时候，刘邦又中了箭伤，回来的路上，刘邦病势加重，他知道他的大限将至。回到长安，吕后便赶紧向他请示："陛下百年之后，萧相国死后谁可接替？"刘邦说："曹参可以。""那曹参之后呢？""王陵。"吕后再问那王陵之后呢？刘邦不再回答。

四月，汉高祖刘邦崩于长安长乐宫。太子刘盈即位，是为汉惠帝。

吕后在刘邦临终之际只追问相国的人选，最关键的接班人却只字不提问都不问，因为这个问题不需要回答。

刘邦确实不喜欢太子刘盈，却十分宠爱戚夫人及其所生的刘如意，也许他有过立刘如意的想法，但始终未真正付诸行动。

虽然戚夫人极其卖力地为儿子争取，甚至在刘邦身边日夜涕泣，施展出一哭二闹三上吊的"传统艺能"，却未能动摇刘邦。戚夫人的这些极具妇女化的招数对付普通人或许有效，但对刘邦这样的角色是不起作用的。

可能是经常被戚夫人这么哭闹，刘邦实在受不了，才在口头上答应过戚夫人。

册立太子，其至刘邦本人说了都不算。

戚夫人以为她很得宠，就能以此为资本，要刘邦立她的儿子。她想得太简单了。

也许，平常年代，她有可能如愿。但汉初政治的复杂程度远超她的想象。

深受皇帝宠爱的戚夫人对太子之位有想法也属正常现象。

在古装影视剧里，我们常常能听到这句话：母凭子贵。然而，现实中恰恰相反，这句话反过来说更合适：子凭母贵。

刘如意的母亲戚夫人比刘盈的母亲吕后更得宠，相应地，刘如意在刘邦心里的地位也应该比刘盈要高。单纯就后宫的情形而言，这么想没错。但太子之位牵扯到皇帝、皇后、功臣、外戚各方面的利益。特别是刘邦是开国皇帝，形势要复杂得多。

刘盈能够保住太子，成功上位靠的是实力，当然不是他本人的实力，而是吕氏家族的实力。吕后从来不是一个人在战斗，在她的背后是整个吕氏家族在为她做后盾。

刘邦在彭城被项羽追得抛儿弃女溃不成军，他先去的是大舅哥吕泽的军营。

在那里，刘邦才得以收拢被打散的旧部，重整旗鼓。这其中吕泽的作用是相当大的。

从起兵到称帝，吕氏家族都是刘邦集团重要的组成部分，但因为诸吕之乱的缘故，有关他们的事迹被人为抹去。在汉朝写吕氏的功劳属于政治不正确。但抹去的虽多，还是留下了蛛丝马迹，因为全部抹去，逻辑上就衔接不上了。

总之，以政治实力而言，戚夫人与吕后不具可比性，后者对前者几乎就是碾压。

两个人的政治水平也不在一个档次上，吕后收拾韩信、彭越、英布的手腕,戚夫人这辈子都学不会。

刘邦留下的并不是一个十分稳固的政权,他自己也很清楚这一点,因此,他没有选择,只能让刘盈接班,实际上就是让吕后掌权。

但吕后掌权,戚夫人就死定了。刘邦虽然做了安排保护戚夫人,但他死之后,戚夫人到底还是死于吕后之手,且死状极惨。

刘邦虽然将政权交给了吕后,但也留了后手。

这么多年的相处,刘邦当然十分清楚吕后的为人。必须对这个野心勃勃的女人进行牵制,要不然自己辛辛苦苦打下的江山,将来是姓刘还是姓吕可说不定了。

刘邦在铲除异姓诸侯的同时以自己的子侄宗室取而代之,在京师之外形成了庞大的刘姓诸侯势力。

汉初六十余郡,九个同姓诸侯就占据四十多个,朝廷直接控制的郡只有十五个,也就是说,三分之二的国土都被同姓诸侯掌控。

强大的同姓诸侯从外部对吕后形成强有力的牵制,同时,刘邦从沛县起家的功臣集团与吕后也存在利益纷争,从而在朝廷上对吕后构成内部牵制,内外双层布局是刘邦为吕后精心设计的,只有如此,才能确保刘姓江山的稳固。

而功臣集团若有异动,吕后以及外面的同姓诸侯也不会坐视不管。

汉初,国家面临来自内外的双重威胁,内部是实力强劲的异姓诸侯王势力,外部则是北方草原兴起的匈奴。

对刚刚建国的汉王朝,显然来自内部的威胁更大,因此,刘邦在与匈奴短暂交锋后,选择与匈奴妥协,以便集中力量稳定内部。在任上,他成功解除了内部威胁,扫平异姓诸侯,但北方的匈奴,他只能留给后辈儿孙去收拾了。

第四章

强敌在北——匈奴的兴起与扩张

当南方的刘邦在进行统一中原的战争时,另一场统一北方草原的战争也在同步进行。北方的两大势力匈奴与东胡正在紧张对峙。此时匈奴的首领单于就是在白登山与刘邦邂逅的冒顿。

匈奴兴起较早,可以追溯到战国时代,赵国名将李牧就在与匈奴的作战中脱颖而出,在他的率领下,赵军击溃了来犯的十余万匈奴骑兵。

不久,秦国统一六国,匈奴迎来了更强的对手——秦始皇。

秦朝建立后,秦始皇就将目光投向了北方草原的匈奴。

匈奴扰边扰的不仅仅是赵国,东边的燕国与西面的秦国也饱受匈奴骑兵的袭扰,三国为了防御匈奴,都在北方边界修起长城。

这时内部统一,秦始皇也终于有精力将重心转移对外。

对付匈奴,秦始皇主要干了两件事,修长城以及派大将蒙恬北征驱逐匈奴收复河南地,也就是今天的内蒙古河套地区。

对后世影响深远的长城即在此时由秦始皇打下的基础,秦长城西起临洮,东到鸭绿江,绵延将近万里,因此也被称为万里长城。

秦长城是在原三国长城的基础上修建而成,但依然工程量巨大,这自然是增加了百姓的负担,滥用民力,赋役繁兴是秦朝迅速崩溃的主要原因之一。

孟姜女哭长城的故事流传极广,可以说是家喻户晓,妇孺皆知。

但在当时,这却是不得不做的事。

长城可以挡住匈奴大部分的小规模入侵。

修墙,匈奴可能几年来一次,不修,会天天来。

第四章 强敌在北——匈奴的兴起与扩张

看起来消耗巨大，但比起挽回的损失，还是划算的。秦朝的教训在于，急功近利，十年的项目，你非要一年完工，干活的人受不了。

汉朝建立后，接过秦朝的班，接着修。汉长城比秦长城更好，已经形成相当成熟的防御体系。

但体系的建立需要时间，这是一个漫长的过程。

匈奴被蒙恬率领的秦军赶回草原，十几年后，楚汉相争，中原大乱。匈奴又杀了回来，重占河南地，势力比之前更大。

秦朝时的匈奴单于是冒顿的父亲头曼，而匈奴也不是草原唯一的强者。在匈奴的东面有东胡，西面的祁连山河西走廊还有月氏。

冒顿作为匈奴单于的太子被他的父亲头曼派去月氏做人质。国与国之间互派世子做人质，在战国时代很普遍，这是当时各国通行的做法，显然，草原上也流行这个政治规则。然而，冒顿前脚刚被派去月氏，后脚，匈奴单于头曼就对月氏发动突然袭击。

国家之间互派世子就是为了增强互信，毕竟，儿子都派过去了，难道还能反悔不成？

虽然各国君主都有很多儿子，但能被派出去的也都是地位身份尊贵的儿子，不尊贵，派出去也不起作用。因此，世子被派出去后，通常在处理国家关系上都很慎重，毕竟世子在人家那边当人质，逼急对方，世子小命可就不保了。

但凡事总有例外，头曼单于刚把冒顿派出去，就立即对月氏动手，显然是想趁对方放松警惕，来个出其不意的突然袭击，打对方一个措手不及，但这么一来，冒顿就危险了，很可能被对方在盛怒之下撕票，刚派人质就发动袭击，显然是一种背信弃义的可耻行为。

头曼当然知道，这么做在月氏那里当人质的冒顿必然凶多吉少。既然知道，那他为何还要这么做？

原因很简单，他就是想让冒顿死。他的如意算盘就是要用冒顿去做人质麻痹月氏，然后突袭月氏，感到被欺骗的月氏必然会迁怒于冒顿，将冒顿杀死。如此一来，他既能达到出其不意打击敌人的目的，也能利用敌人之手除去他不喜欢的冒顿，这是典型的一石二鸟、一箭双雕。

虎毒尚且不食子，头曼为何要对冒顿下毒手呢？还是老问题，长幼争位。

中原王朝，皇帝有很多老婆，相应地也有很多儿子，但老爹留下的位置只有一个，那就必然要争。

夺位之争在夏商周已经开始，周代吸取经验教训，避免王室内斗，确立了严密的宗法制度，最重要的就是嫡长子继承制，只有正妻所生的长子才是有资格接班的法定继承人。

明确继承顺序，名位已定，剩下的也就不争了。

这只是正常情况，但政治上的事情通常都不寻常，特别是关乎继承权，不打得头破血流是不会罢休的。

别人不说，刘邦就面临过在长幼之间做选择的难题。

男人通常都更偏爱娇妻幼子。正妻这时大多已经年老色衰，不再受宠，新进的妃嫔正值大好年华，自然受宠幸。受宠的妃子当然要为自己的儿子争夺储君的位置，比如戚夫人。但争太子之位不同于争宠，不是靠年轻貌美就能赢的。吕后获胜靠的是有强大的后台，她的娘家势力足够帮她保住儿子的位置。

刘邦最后不得不让嫡长子刘盈继位做他的接班人。

但冒顿却没有后台，单于的妻子叫阏氏，如同中原的皇帝，作为部落首领，单于也有不止一个阏氏。

冒顿的母亲可能不受宠，也可能过早去世，总之，冒顿得不到来自母亲以及母亲娘家的支持，而头曼又偏爱娇妻幼子。

头曼想让小儿子接班，大儿子冒顿就尴尬了。

为了能让小儿子上位，头曼心一狠，决定除掉冒顿。但冒顿毕竟是他的儿子，又没有大错，他不方便亲自动手，这才想出利用月氏除去冒顿这一借刀杀人的诡计。

他的诡计够歹毒，但他还是低估了冒顿。

听说匈奴大军杀来，冒顿就知道大事不妙，头曼对他的反感，他不会感受不到，这时他应该已经明白了头曼派他来做人质的真正用意。

但冒顿的反应相当快，他还未等月氏人对他动手，就抢了一匹快马逃了回来。

也许是出于愧疚，见冒顿居然能逃回来，头曼也就未再起杀意，还交给冒顿一万骑兵归其统领。

头曼是放下了，但冒顿对头曼却起了杀心。他很清楚，要不是自己跑得够快，这条小命早就交代了。

从那天起，冒顿就开始积极训练部队，时刻准备报复。

冒顿设计出一种叫鸣镝的响箭。他告诉手下的士兵，他的响箭射向哪里，他们就必须跟着射向哪里，如有不从令者，就地处死。

冒顿很快就开始了他的考验，他将鸣镝射向了他的战马，这实在出乎很多人的预料。在匈奴，战马是日常生活必不可缺的，草原那么辽阔，总不能靠着两条腿去抢劫放牧，所以，匈奴人对马匹是十分爱惜的，特别是好马，更是不可多得。冒顿却将鸣镝射向宝马，很多人犹豫了，不敢射，于是，这些犹豫的人，就被冒顿毫不犹豫地杀掉了，而听从号令的人活了下来。

过了不久，冒顿又带着他的骑兵搞训练，这次他将鸣镝射向自己的妻子，很多人当场就傻掉了，这人疯了不成，又有很多人犹豫了，不敢射。于是，这些人也被冒顿毫不留情地杀掉了，而服从命令的人再次活了下来。

经过两轮海选，冒顿成功淘汰了一批临阵爱思考的部下，剩下的人也形成了条件反射，只要冒顿下令，立即执行，不动大脑，不做思考，唯冒顿马首是瞻。总之，你命令，我服从。

冒顿要的就是这个效果。他要干的是政变，只许成功，不许失败，关键时刻，任何稍微的迟疑犹豫都可能导致功亏一篑。

犹豫就是不坚定，犹豫就是有顾虑，而跟着他冒顿的人是不允许不坚定的，更不允许犹豫。但凡犹豫的，都已经被他杀掉了。

剩下的这些人都是经过考验的。

但在动手之前，冒顿又做了一次试验，他将鸣镝射向了头曼单于的宝马，这次手下们没有任何犹豫，大家争先恐后地将箭矢射向宝马，哪怕这是头曼单于的宝马，因为大家都清楚迟疑的代价。射，也许以后会被追究甚至处死；不射，当场就被杀死。因此，大家表现得都很坚决，冒顿的鸣镝射向哪里，他们就跟着射向哪里，真正做到服从命令听从指挥。冒顿对测试的结果很满意，看来时机已然成熟，可以动手了。

于是在一次随同头曼射猎的时候，冒顿突然将鸣镝射向头曼，而追随在后的部下们，想都没想，就一窝蜂地将箭射向鸣镝射出的方向，头曼还未弄明白是怎么回事，就被射成了刺猬。

冒顿随即以迅雷不及掩耳之势，将头曼宠幸的阏氏及其所生之子杀死，接着又将不服从自己的旧臣全部处死，换上他的人。

冒顿自立为匈奴的新单于。

匈奴内乱，旁边的东胡也想趁机搞点小动作，但冒顿的动作实在太快，等他们得到确切消息，匈奴那边早已尘埃落定，新班子已经搭起来了。

但东胡并不甘心，对这个新单于，他们很感兴趣，为了摸摸新单于的底，他们做出了在后来看来是作死的试探。

东胡派出使者来见冒顿，在祝贺他上位的同时，也提出了极具挑衅的要求，他们想要前任头曼单于的千里马。冒顿当然知道这是东胡对他的试探，但他却不急于做答复，而是将这个问题交给大臣们，让他们讨论。群臣的反应很一致，不给。咱们的千里马凭啥给东胡！在得到群臣的答案后，冒顿的态度却让众人大感意外，他说，东胡是我们的邻国，人家只不过来要匹马，我们都不给，显得我们多小气，还怎么做邻居，于是下令将头曼留下的千里马送给东胡。

不久之后，东胡使者又来了，这次提出的要求更过分，他们要冒顿宠爱的阏氏。这哪里是要东西，分明是挑衅！

就算是普通人，如果他的邻居提出要他的老婆，这人都会跟邻居玩命，更何况是匈奴的首领单于。

消息一经公布，群臣立即炸了锅。大家都怒了，纷纷表示要集合部队打过去，狠狠教训得寸进尺的东胡人。

不出预料，冒顿再次做出了有别常人的反应。冒顿说，怎么能因为一个女子与邻国失和呢！他们想要，就送给他们好了。

于是，冒顿将一个宠爱的阏氏送给了东胡。

大臣们彻底郁闷了。他们的这位新单于，即位以来的所作所为，几乎就没有正常过。

东胡王更是十分得意，在他看来，冒顿明显是怕他呀。正常人，谁能答应他这些极其不友好的请求呢。经过两轮试探，东胡王认定，这个匈奴的新单于冒顿也不过如此，自己还有啥可担心的。

东胡王醉生梦死，开始放飞自我。

也许是欺负冒顿上了瘾，东胡王又有了新想法。

在匈奴与东胡之间有一大片未确定归属的土地，游牧部落的界限本来就是一笔糊涂账，通常也只是大致划定一个边界，很少有明确的界定。

东胡王认定冒顿好欺负，就蹬鼻子上脸，派使者来找冒顿，表示东胡希望拥有两国之间那块土地的所有权，希望匈奴方面承认东胡对这片土地的占有。

冒顿还是老习惯，自己不表态，先让大家发表意见。

从古至今，领导都是这个套路，提出问题后，自己不表态，先让下属说，这也是有原因的，因为大部分人都是顺着领导的意思走的。领导要是先发言，确定风向，那后面几乎就是一边倒的顺风接腔，那就啥意见也问不出来了。

因此，但凡重要决策，需要开会讨论的，领导都不急于表态，等大家说得差不多了，他再定调拍板。

冒顿的领导经验确实丰富，可是，手下的大臣们被他前面两轮的胡乱操作折腾得已经没有了精气神，反正你啥都能送人，还问我们干啥！于是底下开始七嘴八舌，有的说不能给，有的说可以给。

冒顿终于表态了，他表明态度的方式是发怒。冒顿说，土地是国家的根本，怎能让与他人？他随即下令，但凡同意给的，全部处死。做冒顿的手下真是不容易，他总是让你做题，虽然都是二选一的选择题，可是选错的代价就是死，多么恐怖。上次做题之前，好歹事前还划定范围，大家也有准备，这次完全是闭卷，而且这位老兄一向不走寻常路，之前，人家要啥都给，这次突然翻脸，一点征兆都没有，谁也摸不准他的脉，谁知道他是怎么想的。可是，这个题还必须做，冒顿这次也不装了，下令全国动员，立即对东胡发动全面进攻。之前的示弱，要啥给啥，就是为了麻痹对手，他的最终目的是干掉整个东胡，之前的一切表演，都是他精心布下的局。

东胡果然完全被冒顿之前的示弱所蒙蔽，对匈奴的突然进攻，全然没有准备，被打了个措手不及，冒顿仅用一战就干掉了东胡这个势均力敌的对手，成为北方草原的霸主。

接着，匈奴四面出击，在向东扫平东胡后，又转向西击溃河西走廊的月氏。

连战连胜的匈奴并未停止征伐的脚步，此时中原正在混战，冒顿又趁机重新占据水草丰茂的河南地。

匈奴在冒顿的率领下到处扩张，势力达到极盛。

而此时的汉王朝却恰恰相反，处于最弱的时期。

楚汉战争几乎波及整个中原，兵火所及，满目疮痍。刘邦在位的时间很短，而且他的主要精力都用于收拾异姓诸侯，等这项工作接近尾声，他也驾鹤西去了。他的相国萧何不久也追随他而去。

刘邦的儿子刘盈虽然接班，但实际大权在吕后手里，吕后也是很实际的人。她很清楚，这个时候国家刚刚经过战乱，需要与民休息，崇尚无为而治的黄老学说很适合当前的形势，很快被确立为官方的指导思想，汉初的执政理念就是黄老之术。

汉惠帝刘盈年轻，起初还颇想有点作为，可是他遇到了一个黄老学说的坚定执行者曹参。他也留下一个成语，萧规曹随。曹参也是个实在人，对汉惠帝说，您不及先帝，我不如萧何，他们制定的政策都挺好，我们只要照着执行就好了。

整个汉初的数十年，朝廷的中心思想可以概括为三个字：不折腾。

这个指导思想在国内的表现是轻徭薄赋与民休息，在对外方面则是奉行与匈奴的和亲政策，避免发动大规模的战争。

汉惠帝刘盈还有曹参很快也去世了。

真正将不折腾贯彻执行下去的是吕后。

作为汉朝此时的实际执政者，吕后在稳定内部的同时还不得不对外维持与匈奴的关系。

而在敌强我弱的情势下，主动权并不在汉朝方面。

汉朝与匈奴长期打交道的不是刘邦是吕后。

刘邦与冒顿的交集并不多，最著名的也就是那次白登山上的七天七夜的野外生存训练。

那是双方的初次交锋，匈奴骑兵让汉军士兵见识到了啥是套马的汉子，而汉军也让匈奴人领教了啥是强弓劲弩坚甲利兵。在意识到对方不好惹后，双方各自收兵。

汉匈双方各有优势，但在汉初，掌握主动的还是匈奴。一个势头正盛，闲得到处惹事；一个还在恢复，能不惹事儿就不惹事。

反映在两国关系上就是，匈奴频频南下骚扰，汉朝的政策还是刘邦那时留下的传统，送公主和亲，还要给对方丰厚的嫁妆，只希望能消停几年。

吕后在国内那么跋扈霸道的人，面对匈奴也只能老老实实搞联姻。

汉惠帝三年（前192），冒顿给吕后写了一封信，原本波澜不惊的汉匈关系差点因为这封信走向决裂。

冒顿在信中说，我听说您死了丈夫，我不久前，妻子也刚刚去世，我们都失去了各自的伴侣。不如我们重新组合，那我们俩人就都不会寂寞了。

吕后见信后大怒，也难怪她会发怒，换你你也得急！

这就是挑衅哪！

吕后随即召集群臣开会商议对策，大臣们看到信反应也很一致，大家都愤怒了。

啥也别说了，开战吧。

这是赤裸裸的羞辱。

是可忍孰不可忍！

吕后的妹夫开国功臣樊哙尤其激动，当即在朝堂上放话，给他十万人马，他这就带兵横扫匈奴。

樊哙话说得慷慨激昂，但国家之间讲的是实力，说大话谁都会，但解决不了实际问题。相似的场景在刘邦那会儿就不止一次出现过，韩信、英布反叛，老将们也都很激动，嚷嚷着要带兵去活埋这俩小子，但刘邦心里清楚，这些人也就是发发嘴炮，他们谁都不是韩信、英布的对手，不过是顺着他的意思而已。最后，还是刘邦亲自出马搞定。

刘邦有谋略又会打仗，但吕后只会权术，打仗她是外行，只能指望手下这些老将，但老将是指望不上的，樊哙是其中的代表，他的这番表态完全是做戏。

吕后当然明白，只是不便戳穿。

但中郎将季布就没有那么多顾忌，当场拆台，说樊哙当面欺君，可杀。季布说，当年高祖被围平城，樊哙也在前线，身为大将却不能解围，如今却在这里大言不惭。当然，季布站出来不是单纯让樊哙当众出丑，接下来的话才是他真正想说的。

季布对吕后说，匈奴都是蛮夷，如同禽兽，得其善言不足喜，闻其恶语不足怒。

这是在给吕后找台阶下，言下之意，匈奴是禽兽，您何必跟禽兽一般见识。他说啥都不用往心里去。

吕后这时也冷静下来，从最初的怒火万丈，到这会儿心绪也渐渐平复。

她知道如今国力未复，需要休养生息，这个仗打不得，最后只能回了一封很客气的信，忍下了这口气。

吕后不是个好脾气的人，但国家贫弱，此时还不能跟匈奴翻脸，也只能打落牙齿和血吞。

再之后，汉朝经过诸吕之乱的宫廷喋血，汉文帝刘恒上台，由此开启了历史上著名的文景之治时期。

第五章

烽火照甘泉——负重前行的文景时代

汉文帝刘恒是一个极其幸运的人。这份幸运首先来自他的母亲薄姬。

首先要说的是，这位薄姬是位美女，这点很重要。虽然她生活在楚汉相争的乱世，但貌美的薄姬靠着脸蛋依然过上了尊贵奢侈的生活，因为她嫁给了魏王豹。

但世事难料，她的贵妇生活还未持续多久，就沦为阶下囚，因为她的丈夫魏王豹站错了队。

魏王豹先是跟着刘邦讨伐项羽。等刘邦在彭城被项羽击溃，他又搞顺风倒，投了项羽。然而，很快，刘邦又打了回来，叛徒魏王豹自然要被收拾，而刘邦派去收拾魏王豹的是大将韩信。结果，不出意料，魏王豹做了俘虏，跟着他的薄姬自然也是，但她好看的脸蛋再次拯救了她。

一次，刘邦遇到了颇有姿色的薄姬，就将她收编了。

但刘邦身边这时早已是美女如云，忙不过来，很快就把薄姬给忘了。

薄姬还是少女时有两个闺蜜，能做美女的闺蜜自然也是美女，这俩人因姿色出众也被刘邦收编了。

早年，薄姬跟两个闺蜜也曾说过陈胜在田间给人种地说过的话，苟富贵，勿相忘。

这俩闺蜜富贵后，确实未忘薄姬，但得宠的她们并未对身份依然低下的薄姬伸出援手，反而拿当初的约定取笑她。

但她们说的话，偏偏被刘邦听见了。

刘邦出于同情就召见了薄姬，进而临幸。但那一夜之后，刘邦就很少再召她。那次临幸也是出于怜悯之心。

但薄姬就是那么幸运，一发即中，很快怀孕，生下一子，即是刘恒。

之前说过，后宫真正的规则不是母以子贵而是子以母贵。

刘恒的母亲不受宠爱，他自然也不受待见。刘邦将自己与情妇生的私生子刘肥分封到富庶的齐国，却将刘恒分到代国。这里土地贫瘠，气候寒冷，只有一个"好处"，距匈奴很近。

但正因为薄姬不受宠，刘恒不招待见，这对母子才得以躲过吕后的迫害。

吕后对情敌下手之狠毒从人彘事件就可见一斑，但她对薄姬却很宽容，允许她去代国与儿子团聚。

吕后当政，违背非刘姓不王的白马之盟，大封吕氏为王，割齐国的济南郡设吕国，封吕产为吕王，封吕禄为赵王。

值得一提的是，在封吕禄之前，吕后提出想让代王刘恒去当赵王，但刘恒很礼貌地回拒了，表示自己愿为祖国守边防。

之前的三任赵王，刘如意、刘友先后被吕后所杀，刘恢自杀，而且吕后要大封诸吕也是世人皆知。赵国这么好的地方，吕后是要留给吕家人的，提议让代王去，不过是做做姿态，客气客气。要真去了，那就死定了。代王刘恒自然明白吕后的心意，代地虽然苦寒，反而更安全。

刘邦的八个儿子中赵王刘如意、刘友被吕后所杀。从梁王改封赵王的刘恢自杀。燕王刘建忧惧而死。齐王刘肥险些被毒杀，不久也抑郁而亡。再加上已死的惠帝刘盈，刘邦的八个儿子，只剩下淮南王刘长跟代王刘恒。

刘长能逃过吕后的大清洗，是因为他是吕后带大的，与吕后感情极深，凭着这层关系才活下来。只有刘恒是因不受重视加上他的谨慎小心才得以幸存。

刘恒之所以能成功上位，笑到最后，靠的是吕后跟功臣集团还有同姓诸侯王一次又一次的助攻，这其中少一个，刘恒都可能当不上皇帝。

先说吕后，她的野心大，胃口也大。她想让吕家世代富贵，强行搞政治联姻，将吕家女儿嫁给刘姓诸侯王，又封她的侄子们为王。

这个其实还在其次，功臣集团对诸侯王姓吕还是姓刘，也不是那么上心，刘姓诸侯王对吕后的包办婚姻虽然不满但大多数时候也能忍受。

但吕后千不该万不该，动了他们的奶酪。

吕后重用诸吕，从功臣集团手里夺走兵权，让侄子吕产、吕禄分掌京师的南北军，又让吕产当相国，从功臣集团手里夺去相权。如此安排彻底得罪了功臣集团，让后者与吕氏决裂，转而死心塌地拥护刘氏。

吕后对刘邦的儿子们疯狂迫害，大封诸吕为王，令刘姓诸侯难免有兔死狐悲朝不保夕的危机感。她封诸吕之地又都是从刘姓诸侯王那里夺来的，这让刘姓诸侯王们对她恨之入骨。

吕后为人强横霸道，她在的时候，不论是功臣集团还是刘姓诸王，都不敢轻举妄动。

但吕后一死，吕氏瞬间就被功臣集团与刘姓诸侯王内外配合联手打倒，因为她留下的吕产、吕禄水平过低，给他们相权兵权，他们也守不住。

当京城的功臣集团讨论由谁来继承帝位时，平时低调的好处就显露出来了。

惠帝的儿子们首先被排除，他们都是吕后带大的，为防报复，肯定不会选，而且还要干掉。

那只能迎外面的诸侯王。

齐王刘襄反吕响应功臣集团，很有实力，但功臣们认为齐王势力过大，他背后的姥姥家也很强势，让他上台等于又扶起一个吕氏。

因吕后的清洗，刘邦的儿子只剩下刘长跟刘恒。

刘长也不能选，之前说过，他是吕后带大的。

吕后的助攻就是将刘恒的竞争对手一一清除，如果不是她对刘姓诸

第五章 烽火照甘泉——负重前行的文景时代

王的迫害，也轮不到刘恒做皇帝。

剩下的只有代王刘恒比较合适。

之所以说他合适，是因为站在功臣集团的角度，这个刘恒平日低调，为人也谦虚，扶他上台，日后便于控制，那朝廷依然是功臣集团的天下，而外面那些野心勃勃的刘姓诸侯王也说不出反对的理由，因为论血缘亲疏，刘恒最亲。

在吕后、刘姓诸王、功臣集团的助攻下，本来与帝位不沾边的庶出皇子刘恒被拥立为帝。

这对母子可以说是历史上罕见的幸运选手。

靠运气上位，但要守住还得靠实力。

吕后想"赢者通吃"，但她过于贪婪，将各方势力得罪了个遍，使吕氏成为大家共同的敌人，让她的家族被功臣集团与宗室诸侯联手强行抹去。

汉文帝刘恒充分吸取前人的经验教训。他即位后让周勃、陈平重掌相权，将吕后从诸侯那里抢来的土地还给他们。

功臣集团他是要打压的，对朝廷已然构成威胁的诸侯他也是要收拾的，但不是现在。如今他要做的是坐稳这个位置，至于功臣集团与各路诸侯，来日方长。

数年后，位置坐稳的汉文帝对功臣集团跟各路诸侯动手的时候可是一点都不犹豫。

但他的方式相当温和，以至于令功臣们都找不到反对的明确理由，他的办法是让列侯就国。

这些功臣大都是封了侯的。按规矩，他们早就应该去自己的封地。但这些人常年待在长安，一点走的意思都没有。功臣集团之所以强大在于他们彼此通过同乡姻亲结成庞大的关系网，他们在长安，这个网才能发挥作用。诛杀诸吕时，功臣们正是通过这个网及时互通传递消息。

汉文帝敏锐地意识到问题的关键,让列侯去封地,就能拆散这个网。列侯们去了封国,彼此离得就远了,距离不会产生美,只会削弱他们的力量。

在那个时代,信息的传递是很慢的,在京城,他们可以左右政局。一旦被分散安置,他们形不成势力,对皇帝的威胁也就大大减轻,接下来,分而治之,各个击破就容易多了。

列侯就国,对功臣集团的打击简直是釜底抽薪。

从功臣集团的首领周勃的遭遇可以看得很明显,诛杀诸吕迎立刘恒都是周勃策划的。

刘恒进京后,迅速将太尉周勃变成丞相周勃,不动声色地夺其兵权,之后又故意设局免去周勃的丞相,让绛侯周勃去他的封地。

被赶回封地的周勃,地方的太守守尉到地方巡视,只要路过他家,他都极其紧张,以为是来收拾他的。曾经在京城呼风唤雨甚至能决定天子人选的权倾朝野的周勃以列侯回到封地就是这个处境。

在基本解除功臣集团的威胁后,汉文帝接着马上将矛头指向同姓诸侯。

首当其冲的就是齐国。八个同姓诸侯,为何偏偏齐国是首选呢?因为齐国的实力最强,威胁也最大。还有更重要的原因,汉文帝即位后,很快就知道了,当初功臣集团决定人选的时候,最初的候选人是齐王刘襄而不是他刘恒。诸吕被推翻是功臣集团与外面的同姓诸侯通力合作的结果,诸侯中出力最多的就是齐国,但关键时刻,功臣集团担心齐国势力过大不好控制这才选的刘恒。

得知前因后果的刘恒自然不会对齐国客气。

不久,齐王刘襄死去,不知是不是郁闷死的。

汉文帝趁机将齐国一分为三,让刘襄的儿子接任齐王,但同时从齐国分出两个郡册封给诸吕之变中立下大功的朱虚侯、东牟侯,分别封为

第五章 烽火照甘泉——负重前行的文景时代

城阳王与济北王。

肢解齐国，但又不夺走，而是将地分给刘襄的兄弟。反正肉烂在锅里，失地的、得地的都是你们兄弟，这就是后来的推恩令的雏形。

齐国被一分为三，力量自然就被削弱了，威胁相应地也小很多。

此即众建诸侯而少其力。

汉文帝正是听从了贾谊的献策，优雅地消除了功臣集团与同姓诸侯对皇权的威胁。

西汉也是靠着这项政策逐步瓦解同姓诸侯势力。

靠着贾谊的献策，大汉政权日益巩固，但他却遭到既得利益集团的一致痛恨，谋国不谋身的贾谊被群起攻之。功臣集团不敢冒犯皇帝，只能将满腔怒火发泄到贾谊身上。汉文帝也只能将贾谊外放，但这其实也是对贾谊的一种保护。贾谊确实才华横溢，但锋芒毕露，过于惹眼，招致功臣集团的嫉恨。汉文帝是想将贾谊作为汉朝未来的股肱之臣。但不久，这位为国家殚精竭虑的国士便抑郁而终。

世人知贾谊多是通过李商隐那句"可怜夜半虚前席，不问苍生问鬼神"。似乎贾谊是怀才不遇，文帝只向他询问鬼神之事，却不问世事。

然而，真实的历史是，文帝对贾谊不仅是重用甚至是越级提拔，贾谊的建言献策如瓦解功臣集团的列侯就国、众建诸侯而少其力的削藩策略都得到了贯彻执行，后来汉武帝的推恩令也是在贾谊削藩策略的基础上进行的。

汉文帝六年（前174），汉文帝刚刚稳定了内部，匈奴又来了。

匈奴冒顿单于又给汉朝写了一封信，只不过这次的收信人是汉文帝。

冒顿也是真能熬，汉朝这边经历汉高祖刘邦、汉惠帝刘盈、吕后、汉文帝，冒顿居然还活跃在台上。

冒顿的信从来都是不同凡响的，这次也不例外，不过相比之前给吕后的那封，这次要收敛许多，但依然是在炫耀实力。

冒顿在信中告诉汉文帝，他已经搞定了祁连山一带的月氏，现在北方的游牧部落都归他管，所谓"诸引弓之民并为一家"。不过，也可能是嘚瑟得过了头，冒顿很快就死翘翘了。

接班的是他的儿子稽粥，即老上单于。

但不管谁在位，匈奴的本质是不会变的。匈奴骑兵又开始频频南下骚扰。

面对匈奴的挑衅，汉文帝依然选择忍让，接着和亲、送东西。

但如果认为汉文帝会甘心妥协，那就大错特错了。

他何尝不想恢复秦朝对匈奴的辉煌，令他们不敢南下而牧马，士不敢弯弓而报怨。

但汉文帝的睿智在于他很清楚他的历史定位和他的使命：守成。至于开拓进取，那是留给后辈儿孙去做的事。

攘外必先安内。此时，功臣集团与同姓诸侯对汉政权的威胁要远远大于匈奴。

草原上的匈奴只不过想抢点东西，功臣集团则是要掌控朝政，至于实力强大的同姓诸侯，他们的目标是皇位。

在彻底解除他们的威胁之前，汉朝是难以全身心投入对匈奴的战争的。

但汉文帝也并非没有作为，他虽然未亲自主导对匈奴的反击，却为反击积蓄了国力。汉武帝后来能敞开打匈奴，那是因为有文景两代为他打下的基础。

汉文帝已经在为反击匈奴布局。

具体表现在他提拔了一个人——晁错。

贾谊并不是唯一一个忧心国事的人，世不乏贤，汉朝人才济济，晁错也是一个忧国忧民的人，为了汉朝，他也不怕得罪权贵，又是一个谋国不谋身的人。

他们都是那个时代具有远见卓识又能对皇帝施加影响的人。

他们不仅有想法，更将他们的想法写了下来。贾谊的代表作是《过秦论》《论治安疏》。晁错的奏疏则更多，《削藩策》《论贵粟疏》《守边劝农疏》《言兵事疏》。

贾谊的《论治安疏》讲了九个问题，但最重要的就是削藩。晁错的《削藩策》则是专门说削藩。贾谊力主削藩，晁错比他更激进，当然，晁错的结局也比贾谊更惨。贾谊的削藩，形式是分封诸侯子弟，将矛盾引向诸侯内部。而晁错则简单粗暴，直接削。他们都认识到削藩的重要以及刻不容缓，但显然贾谊的策略更高明。

晁错更大的贡献其实是在防备匈奴上，《论贵粟疏》《守边劝农疏》《言兵事疏》讲的是同一个问题，如何对付匈奴，只不过侧重点不同。

在北方漫长的边界上防御匈奴，不仅需要众多的士兵，更需要大量的粮食。

当时的情况却是"民未尽归农"，"游食者众"。之所以出现这种情况，是因为种地的收益低，做工经商都比种地获利多。晁错的《论贵粟疏》建议提高粮食价格，让种地有利可图，大家自然也就愿意种地，粮食产量也将随之增长。

但有了粮食，运输也是问题。古代陆运成本极高，长途运输，不仅运粮的百姓劳苦，损失也大，运去的还不如路上吃的多。

既然如此，那还不如直接在边地种，省去巨大的陆运成本。

这个道理谁都懂，关键是如何执行。

因为大家都知道，匈奴经常来袭扰，住在边地可是很危险的。

晁错的《守边劝农疏》解决的就是这个问题。

移民实边，这是最好的办法。

但趋利避害是人的本能。边界危险，正常情况下，人们都是往安全的富庶的地方迁移，不会反着来的。

晁错的办法是给予优厚的待遇，来了就给地、给房子，有罪的免罪，没罪的给爵位。

在新移民能自食其力之前，衣食由国家供应。

以上政策对贫苦百姓的吸引力还是相当大的。

新移民不仅是农民，还是后备兵源。

汉代的边防军会定期轮换，从中原来的士兵不熟悉当地情况更不了解匈奴，还特别容易思乡。长期住在边地的人，在长久熏染下，民风彪悍，保家卫国，对他们而言可不是口号，他们的家就在这里，因此，他们的战斗力会很强。

为了鼓励边民奋勇杀敌，还要给予足够的赏赐，重赏之下必有勇夫。

晁错的办法是边民在战争中的缴获，一半归其个人所有，另一半则由国家出钱购买。

给地，给房子，免罪还给爵位，打胜仗还能发财，大家自然愿意去。

经过移民实边，汉朝的军力迅速增强。

接下来要解决的是具体的战争细节，敌我的态势分析，这仗该怎么打，如何打。这些在晁错的《言兵事疏》里都有体现，虽然是纸上谈兵，但不得不说，晁错谈得还是很有水平的。

相比汉军，匈奴的优势在于马多，与匈奴作战，骑兵是主力，步兵只能做守城以及运输等辅助作用。而汉军此时的劣势就是战马数量严重不够。

这条建议，汉文帝也听进去了。于是汉朝开始实施马复令，鼓励民间养马，有马的人家可以减免赋税徭役。

匈奴人从小在马背上长大，骑射是他们的优势，而从事农耕的汉人再怎么练也比不过。

晁错的办法是招募归义的胡人。

草原上有许多游牧部落，他们并不是铁板一块，所谓匈奴不过是众多部落组成的松散联盟。要利用这点，以丰厚的酬劳招募南下归附汉朝的胡人，他们也精于骑射，再配上汉朝的精良锋利的兵器，足以战胜匈奴。

匈奴人生存条件恶劣，比较能吃苦耐劳，这点归义的胡人也行。

以胡制胡是最现实的也是最实际的策略，但文帝并未采纳，不是他不想，只是缺乏条件。而真正将这个策略贯彻执行的是他的孙子汉武帝。因为那时条件已经具备，后来打得匈奴人闻风丧胆的骠骑将军霍去病手下就有很多归附的匈奴人，这些人中还有不少立功封侯。这也是后来被实践证明的行之有效的策略。

汉军也有自己的优势，但匈奴人却找不到弥补的办法。

首先，就是汉朝强大的军工实力，汉军的强弓劲弩足以抵消匈奴的骑射优势。汉军的兵器锋利铠甲精良，这些都是穿着兽皮用骨制箭头的匈奴人做梦也得不到的。

其次，汉军严明的纪律和强大的组织能力也是匈奴不具备的。

更重要的是汉军在人数上是匈奴的数十倍。以人多打人少是取胜的基本准则。以少胜多的经典战役之所以为人津津乐道，正是因为很少出现。

描述匈奴兵力，经常出现，动不动就是数十万骑，对这些只需不要当真，草原的承载量是有限的。相同面积的土地，农耕的产出是游牧的十倍，这是农耕民族的优势，农耕战胜游牧靠的其实是体量的碾压。

汉军的劣势可以通过各种办法补齐，但汉军的优势，匈奴人是找不到弥补办法的。

双方敞开打，最后胜利的只能是汉朝。因为决定战争胜负的永远是实力。而汉朝的实力在经过文景之治后急剧上升，强汉之名并非虚名，那真是打出来的威名。

汉文帝对晁错的奏疏相当满意，凡是当时有条件执行的，他都尽力去做。

但补齐短板也是需要时间的。问题是匈奴人不会等你准备好再来，他们是经常来，说来就来。除了牛羊肉，他们啥都缺，啥都不会做，只能来抢。

汉文帝十四年（前166），匈奴老上单于率十四万骑兵从西北方向的萧关杀入关中，所过之处，烧杀抢掠，匈奴的前哨游骑甚至已经突击到甘泉。

烽火照甘泉。

形势瞬间严峻起来。

汉朝方面立即进行了军事动员。

汉文帝下令以中尉周舍、郎中令张武为将军率十万大军屯驻长安防备匈奴。

汉文帝亲自出城劳军鼓舞士气。

这是自汉匈白登之战以来，汉军对匈奴规模最大的一次军事调动。

为何匈奴游骑进到甘泉，汉军的反应如此之大呢？

因为甘泉的战略地位非同小可。

甘泉所在的云阳是从关中长安到北方边界的战略枢纽，在汉匈百年战争中，汉朝皇帝为及时了解军情，往往会选择靠前指挥，当然，靠前也要有个限度，不能过于靠前，但也不会过于靠后。靠得过近有危险，距离远了，又起不到督战指挥的作用，而介于前线与长安之间的云阳很合适，云阳的甘泉宫也就成为战时皇帝的指挥中心。后来的汉武帝就长期待在甘泉。

甘泉是汉军的前敌指挥所，最高领导又常常亲临，地位当然重要。

甘泉的重要性还不止于此，这里的甘泉仓是汉军的军粮储存仓库。

甘泉仓的规模非常之大，能与之相比的只有太仓，都是国家级的战略储备仓库。

两座仓库都接收来自全国各地的粮食输送,太仓主要供应长安,而甘泉仓供应的是北方边防驻军。

前敌指挥部加上军粮储备仓库受到威胁,汉军自然不敢大意,做出上述反应也就很正常了。

汉文帝一度打算御驾亲征,只是太后反对才作罢,当然,更可能的是,汉文帝此举是做做姿态,局势如此严峻,身为皇帝要做出表率。

汉军已经做好与匈奴决战的准备,但匈奴好像并没有要大打的意思。匈奴骑兵在骚扰抢掠一个多月后就主动撤走了,汉军尾随追击,将匈奴赶到塞外也就班师了。

双方此时都没有决战的意思。这仗自然也打不起来。

匈奴骑兵的强项仅限于骑射,真正要与汉军硬抗,十之八九会死得很惨。此时,汉军的主力还是步兵配有少量车兵,虽然打得过也打得赢,但追不上对方。

相似的场景在十一年前汉文帝即位之初就出现过,那次汉军调集了八万大军,领兵的还是功臣集团的丞相灌婴,但匈奴抢完就跑,汉军也是将敌人赶走就行了。

匈奴人其实从未想过要与汉军决战,他们想要的只是汉朝的铁器布帛。

汉朝却是一直想打的,只是此时缺乏实力,等实力具备了,自然要大打的。

汉文帝的车驾路过郎署时与郎署长冯唐闲聊。汉文帝问冯唐:"你是哪里人?"冯唐回答:"臣祖父是赵人,臣父迁居到代地。"这引起了汉文帝的兴趣,因为他在当皇帝之前就是代王。

汉文帝来了兴致,说我做代王的时候,常常听人说到赵将李齐,很是钦佩他在巨鹿之战的表现,我现在即使在吃饭的时候也会不由自主地想到李齐。

很明显，汉文帝被匈奴困扰，国难思良将。他现在特别渴求能为他分忧解难的大将。

汉文帝就问冯唐，你父亲知道李齐吗？冯唐说李齐虽为良将但尚不如廉颇、李牧。

秦国的白起、王翦，赵国的廉颇、李牧，被后世称为战国四大名将。

在汉代，这些名将的知名度已经很高，汉文帝连巨鹿之战的配角李齐都知道，当然更清楚赵国大将廉颇、李牧的事迹。

被触动心思的汉文帝不禁有感而发，说我要是有廉颇、李牧这些名将，岂会为匈奴忧心。言下之意，匈奴嚣张是因为他手下缺乏良将。但冯唐却当面打脸，说陛下即使得到廉颇、李牧这等名将也不会予以重用的。

汉文帝与冯唐对话的时候，周围还有很多人在场，冯唐的回答让汉文帝很尴尬。

换成普通人，这么被怼也会十分不爽。

汉文帝的反应很正常，大怒之下，拂袖而去。

过了一会儿，气消了，汉文帝又单独把冯唐找来，说你怎么能当着众人那么说话。冯唐也赶紧道歉。但汉文帝心胸宽广，他在意的不是这些，特意召冯唐回来也不是听他的道歉而是有话要说。因为冯唐的话，明显是话里有话。

汉文帝去而复返，就是要问冯唐话中之意。

汉文帝上来就问冯唐，你为何说我即使得到廉颇、李牧也不会重用呢？冯唐说要想使将军发挥其才干，君主必须对其充分信任，给予充分的授权，有便宜行事的权力，让统军大将不受后方的掣肘。前方将士有军功要及时封赏，还要重赏。

臣听家父说过，当年李牧守边，军市的租税收入都用来赏赐将士，赵国的国君从不过问，只看战绩，前线的事情都交给李牧。也正是有国君的信任，李牧才能北逐匈奴，西抗强秦。

臣听说云中太守魏尚也是将租税收入都用来奖赏士卒，也因此得士卒心，匈奴轻易不敢进犯。但最近，魏尚却被下狱问罪，剥夺爵位，只是因为上报战绩的时候，多报了六颗敌人的首级。臣以为陛下对前方将士，处罚过重而赏赐太薄。因此，臣才说陛下即使得到廉颇、李牧也不会予以重用。汉文帝听后也大有感慨，当天就下令赦免魏尚，让其官复原职。

汉文帝十四年（前166）的这次匈奴萧关入寇也令一员小将脱颖而出，他就是后来大名鼎鼎的"飞将军"李广。

精通骑射的李广在汉军里很快就被发现，因为在战场上作战勇敢，以骑射杀敌，受到上级的重视，被选送到皇帝身边做中郎也就是侍卫。中郎的职位不高却是令很多人羡慕的职位，原因在于，近水楼台先得月，常在皇帝身边，被提拔的机会自然多。

果然，很快，李广就凭着精湛的骑射水平受到汉文帝的赏识。汉文帝常去打猎，陪在身边的李广一身的本事也在此时充分施展。这时候不展示更待何时。李广百发百中的高超箭术，给汉文帝留下了深刻的印象。汉文帝不禁感叹，说李广你真是生不逢时，你这身本事要是在高祖朝封个万户侯是不成问题的。

这个评价相当高，刘邦虽然封了一百多个侯，但万户侯真不多，只有张良、萧何少数几个人是万户侯，周勃那么牛的人也才八千户。

李广也由此成名。想不成名都难哪，皇帝亲自夸，都说冯唐易老李广难封。可李广至少在这时的机遇运气简直好到令人嫉妒。

汉文帝后元三年（前161），匈奴老上单于死去，其子军臣单于即位。

三年后，匈奴再度大举入寇，三万骑攻入上郡，三万骑杀进云中，烽火再通甘泉。

汉军再次紧急动员。前太尉周勃之子河内太守周亚夫为将军屯兵西柳。宗正刘礼为将军屯霸上。祝兹侯徐厉为将军屯棘门。

这已是文帝朝为应对匈奴进犯的第三次大规模军事集结。整个过程与前两次如出一辙，匈奴抢了一个多月就走了，汉军也是追到边塞就回来了。

这次真正的亮点不是战斗过程，主要也是双方未发生大的战斗，而是一次载入史册的劳军。

出场的主角是周勃的儿子周亚夫。

汉文帝虽然打压功臣集团，但也不是将对方彻底拍死，对军功集团有才干的人还是重用的。这就是汉文帝比吕后高明的地方。

吕后是便宜全都要占，皇权得是她们吕家的，皇后得是她们吕家人，各个诸侯王的王妃也必须配上吕家的姑娘，军权是她们吕家的，相权也必须是她们吕家的。她们吕家不仅要吃肉，连汤都不打算给别人留。这就是贪得无厌了。

也因此，吕氏遭到几乎所有政治势力的反对，功臣反对，诸侯反对，连普通士兵百姓都对吕家很反感。

但汉文帝则不同，他虽然打击功臣集团，却始终留有余地，他打压周勃却重用周勃的儿子，打压的同时也重用，打压是因为受到威胁，当这种威胁减弱也会适当补偿缓和关系，他始终给功臣集团以希望。

如同上次的重演，汉文帝又亲自出城劳军。跟随文帝出城的官员大都认为这不过又是一次走过场的劳军，文帝自己估计也是这么想的。

汉文帝先后巡视了霸上、棘门两处军营。两军都是远接高迎，早早大开营门，迎接皇帝的车驾，将领们都在营门口列队欢迎，等待皇帝检阅军队。

在霸上、棘门的巡视结束后，皇帝的车驾直奔第三处也是此行的最后一个目的地，周亚夫的细柳军营。

皇帝的使者按照惯例先行抵达，本意是让驻军提前做好准备迎接圣

第五章　烽火照甘泉——负重前行的文景时代

驾。

使者原以为军营的士兵得知消息会大开营门，犹如之前的两处军营列队迎接，却不想，营门紧闭。虽被告知，皇帝的车驾即将驾临，守门的士兵也不为所动，个个顶盔掼甲悬弓佩剑，全副戎装严阵以待。

使者再三申明，天子圣驾即将到来，但军门都尉回答得倒也干脆："将军有令，军中但闻将军令，不闻天子之诏。"

很快，汉文帝也到了。但他也吃了闭门羹。不得已，汉文帝只好令使者持节诏告周亚夫，说我要入营劳军。周亚夫这才让人打开营门，入营后又被告知，不得在营中疾驰，于是，皇帝的车驾只得缓缓进入，直到这时，周亚夫才出现，但见到皇帝却未行大礼，而是以军礼相见。史书记载，汉文帝也因为周亚夫治军的严整动容。劳军结束，陪同的大臣都很吃惊，只有汉文帝对周亚夫的举动大加赞赏，对众人说，这才是真将军。霸上、棘门两处治军散漫简直如同儿戏。

这是一个著名的小故事，因为周亚夫的军营在细柳，这次让天子吃闭门羹的巡视也被称为细柳劳军。

这个故事长期以来都被当作治军严整的典范。然而，事情远不是表面上看起来的这么简单。

从群臣的反应中就可窥见一二，随驾群臣的反应是惊，这个是很正常的，哪有周亚夫这么办事的，皇帝来劳军，不但不迎接，连营门都不开。这不是治军严整，这是不尊重领导。

皇帝要来劳军的消息，事前肯定已经传出去了，而且，怕各处招待不周，还提前派人打招呼。

要知道，皇帝劳军的地方不是前线，是在长安附近，敌情并不严重。汉朝是有严密的烽燧体系的，对匈奴主力的动向是十分清楚的。如果真有敌情，皇帝也不会选这个时候出来劳军，而且，各营都有斥候（侦察兵），对附近的情况是清楚的。连军营周边的状况都搞不清楚，这个将军就不要干了。

因为以上原因，群臣对周亚夫的态度吃惊就一点也不奇怪了。

明知道皇帝要来，明知道周边很安全，却故意摆出严阵以待的姿势，连皇帝的车驾都不理不睬，不出门迎接不说，连皇帝本人亲自来都不开门，这谱摆得有点作死的节奏。这是故意给皇帝难看。

周亚夫还特意让士兵传话，对皇帝的使者说，军中只闻将军令，不闻天子之诏。

一个将军敢在军中这么说话，那真是在找死，这跟造反也差不多了。

类似的话还有，将在外君命有所不受。

这些话也就是说说，有几个领兵的将军敢这么干？

将越是在外越要听话，服从君命听从指挥。真要是君命有所不受会死得很难看。即使不是当时被干掉，也会被秋后算账。

军队是国家的，是皇帝的，可不是你周亚夫的。

细柳军营的一幕，其实，场面是很尴尬的。

汉文帝吃了闭门羹，进营后还被要求"学习"军规，真是丢尽面子。

但汉文帝不但不生气，还当众表扬周亚夫。

群臣的反应是很正常的，汉文帝的反应是很不正常的。

放在其他任何皇帝身上，这都是不能容忍的。

但汉文帝忍了。

他不但忍了，还夸奖那个挑衅他的将军。

汉文帝原本是跟皇位不沾边的，要不是周勃等人临时改主意，汉文帝是坐不上皇位的，只能老老实实做他的代王。

周家是有拥立之功的，不管最终的目的如何，汉文帝都是被周勃拥立上台的。

但汉文帝即位之后，对周勃的态度，在周家人看来可不是那么厚道的。太尉周勃先是被任命为丞相，看上去是晋升，其实是明升暗降，夺

第五章 烽火照甘泉——负重前行的文景时代

其兵权。不久，汉文帝又故意找碴儿给周勃难堪，迫使对方辞去相位，再之后就被赶回老家。

身为周勃的儿子，周亚夫对皇帝是很有些不满的。细柳军营事件就是一种不满情绪的发泄。

汉文帝从外地赶到京城，进宫前，也曾被一伙人堵在宫门口不让进，那次就是周勃对他的示威，现在堵门不让他进的是周勃的儿子周亚夫，看来堵门是周家的传统艺能。不知汉文帝在细柳军营门口会不会想起多年前的往事，他明知道这是周亚夫故意的，却也容忍了。也是因为周家当初确实有功，周亚夫敢这么干也是因为有拥立之功。

换成别人敢玩这么一出，早就被拉出去砍了。

至于汉文帝夸周亚夫治军有方，那纯粹是给自己找个台阶下，不然，那么尴尬的场面，如何收场。

汉文帝临终时对即将接班的太子说，若有缓急，周亚夫可将兵。

这个缓急对外是匈奴，对内则是诸侯王。

汉文帝如此交代说明他对周亚夫的能力是认可的，但这句话的言外之意，承平时可不要让周亚夫执掌兵权。

汉景帝刘启即位后，曾经的太子家令晁错也迅速得到提升担任御史大夫，而他真正的能量超过丞相。

晁错是汉文帝选拔出来辅佐太子的，他可以看作太子的老师。刘启对这位老师极为尊敬，几乎是言听计从。

晁错的确也很有才能，人称智囊。

如今大权在握，晁错决定实施他筹谋已久的削藩策。

晁错对外主张抗击匈奴，对内则力主削藩。贾谊的众建诸侯而少其力可称得上是温水煮青蛙，痛感不强，让诸侯王的儿子们为争遗产而折腾，诸侯家里打成一锅粥，朝廷却在旁边看热闹，明知道是朝廷的圈套，却有苦说不出。

但到了晁错这儿，可就没那么温和了。他的做法是直接拔毛。只要诸侯犯错就借机削地。吴王刘濞不来上朝被削去豫章郡、会稽郡，赵王淫乱被削去常山郡。楚王有罪被削去东海郡。

当时全国也没有多少郡，诸侯王就更不多了，就那么几个郡，今天削一个，明天削一个，照这个节奏，还未等留给儿子们就被削光了。

贾谊的策略虽好，但见效慢，诸侯们虽然难受，好歹是肉烂在锅里，但晁错可没有那么多耐心，这下诸侯们也急眼了。

这些人聚在一起一商量，干脆反了吧。

朝廷削夺吴国豫章、会稽的诏书刚送到，吴王刘濞就反了，接着，胶西、胶东、淄川、济南、楚国、赵国都跟着反，加在一起，正好七个，这即是历史上有名的七国之乱。

消息传来，汉景帝也蒙了。他是想削藩，但他接班还没多久，还未见过这等阵势，有点手忙脚乱。

七国叛乱，打出的旗号是"诛晁错，清君侧"。

汉景帝就找来晁错，那意思，事到如今，怎么办。

晁错说，好办。我留守长安，您御驾亲征去平定叛乱。

晁错是怎么想的不知道，但对汉景帝而言，这个主意相当不地道。

晁错的悲剧也由此注定。

祸是你闯的，事到临头，你让领导去背炸药包炸碉堡，你自己在后面喊加油，是个领导都会有想法。

从这也能看出，晁错这个人，虽然有智商，却没有情商。也许，他这么安排有他的道理，但很明显，这个建议不近人情。

历代以来，只有开国皇帝领兵打仗冲锋陷阵，以后那些皇帝大都是生于深宫之中，长于妇人之手。你让他去领兵打仗，你留在后方，他会怎么想你？汉景帝当然对晁错的建议大为不满，甚至就在此时，已经起了杀心。

第五章 烽火照甘泉——负重前行的文景时代

不久，晁错在上朝的路上被收捕，穿着朝服的晁错被腰斩于长安东市，全家被杀。

此时，叛军主力在吴王刘濞率领下从广陵起兵一路北上，气势汹汹。

关键时刻，还是亲兄弟靠得住，虽然也是诸侯王，但梁王刘武毅然站在皇帝这边，还主动站出来堵枪眼。其实，也不是他想堵，主要是他的梁国位置太好，处于天下之中，堪称膏腴之地。正因为是好地方，梁王之母窦太后才为小儿子争取到这块封地。更主要的是，梁国处在叛军西进长安的必经之路上，躲都没处躲。

梁王也不想打，但这时候也只能咬着牙往上冲，结果就是被诸侯们围住群殴，打得那叫一个惨。

但不管有多惨，梁国还是顶住了叛军的攻势，为朝廷调兵平叛争取了宝贵的时间。

这时，汉景帝想起了父亲临终前的话，立即起用中尉周亚夫，任命其为太尉，带兵平乱。

出发之前，太尉周亚夫将他的作战计划报告皇帝，他认为叛军多是南方楚地士兵，楚兵勇悍善战难以争锋，现在正陷于与梁国的激战，不如先让梁国牵制住叛军主力，他率军从侧后出击，切断叛军的粮道，令叛军首尾不得相顾。叛军缺粮将不战自乱。

汉景帝批准了周亚夫的方案。这个计划不能说不好，但周亚夫同时也给自己挖了一个大坑。梁王是窦太后宠爱的幼子。周亚夫明显是将梁王豁出去了。这仗不管胜负，他都得罪人了。

周亚夫率军出征后，坚守不出。这时梁王已经被叛军围攻数月，岌岌可危，几次派人来求救，周亚夫都不理不睬，而是派轻兵袭击叛军粮道。不出其所料，叛军很快崩溃，七国之乱平息，从出兵到平乱，周亚夫只用了三个月。

周亚夫虽然性情高傲，但用兵打仗很有章法。汉文帝果然没有看错人。

但周亚夫在关键时刻对梁王见死不救，让梁王当肉盾的做法给他惹来大祸。他将太后、梁王算是得罪透了。

叛乱平息后，汉景帝便让周亚夫转任文职，担任丞相。从太尉到丞相，从武职到文职，他爹当年走的就是这个程序。

周亚夫不久又陷入一场更大的危机，汉景帝要罢黜栗妃所生的太子，改立刘彻，也就是未来的汉武帝。

但周亚夫反对，而汉景帝不理他，该黜的还是黜了，该立的还是立了。

周亚夫也被罢免。

汉景帝晚年开始为太子刘彻的接班布局。周亚夫是他重点清除的对象。

很快，周亚夫便被逮捕下狱，具体罪名已经不重要。皇帝想要收拾你，申辩已经没有意义。

周亚夫当然也清楚，最后在狱中绝食吐血而死。

一代人有一代人的使命。

汉文帝解除了功臣集团对皇权的威胁。

汉景帝则通过平定七国之乱解除了同姓诸侯对中央的威胁。

接下来接班的汉武帝则负责收尾。

内部的功臣、藩王被解决了，剩下的就是对外解除匈奴的骚扰。

汉武帝的使命不在对内而在对外，他的主要工作是打匈奴。

在他出场之前，李广已经在北方前线奋战很久了。

总说"冯唐易老，李广难封"，但至少在文景时期，李广还是很顺的，年纪轻轻就当上汉文帝的侍卫，得到夸奖，获得优先提拔的机会。汉景帝即位，李广升任陇西都尉，七国叛乱李广又以骁骑都尉随太尉周亚夫平乱，表现相当亮眼，可他千不该万不该私下接受梁王的将军印。

第五章 烽火照甘泉——负重前行的文景时代

汉景帝的主要工作就是打压诸侯王，即使他亲弟弟也不例外，但汉景帝待李广确实不错，犯下严重政治错误的李广并未受到追究，这次事件也未影响他的仕途。

不久，李广被任命为上谷太守，这是两千石俸禄的高官。从此，李广正式开启了他的边塞生活。他的一身骑射本事也终于有了用武之地。太守是当地的最高军政长官，这下总算没人管他了，终于可以敞开干啦。于是，太守李广在边境几乎天天与匈奴开战，当然，都是些小规模战斗。

虽然李广这时打的都是小仗，但因为过于活跃，他还是出名了。

朝廷见他这么能打，就把他调到敌情更为严重的上郡，李广的表现依然可圈可点，此后的二十多年，李广都是在与匈奴的追逐对射中度过的，当然，主要是他追匈奴。

二十年间，李广先后担任上谷、上郡、北地、雁门、代郡、云中、陇西七郡太守，汉朝的北方边界，李广几乎打了个遍。

李广也成为景帝朝最好用的救火队员，哪里有险情，李广就出现在哪里。这种考验骑射的小规模追逐战特别适合李广，他的主要战绩都出现在这个时期，这也是李广为将最舒服的岁月。

李广是舒服了，可是匈奴人郁闷了。

因为骑射水平过于高超，表现过于抢眼，李广在边塞很快就成了名人。不仅在汉军中有名，在匈奴那里更出名。

匈奴人对李广印象深刻，因为以骑射来说，汉军整体水平远不如匈奴，将领也是如此。但李广是个例外，他的水平，匈奴人里面也找不出几个对等的人。

匈奴人又敬他又怕他。敬他是有如此对手实属难得，棋逢对手将遇良才，从专业角度讲也是幸事。怕他是这哥们儿是真厉害呀，跟他对射能活下来算命大。

但对匈奴人来说，抢劫放牧都是他们的主业，任何一个都不会放弃，也不能放弃，但李广实在厉害，不好惹，可是，抢劫又是必须干的。

于是，匈奴人达成共识，轻易不要去李广的防区搞事情。有的时候遇上都要远远躲开。

朝廷也发现李广好用，本着人尽其才的原则，李广被频繁调动，哪里匈奴闹得凶，就把李广派去救场。

很快，匈奴人发现李广几乎无处不在。去上郡遇上李广，惹不起，避开；去雁门又遇上李广，还是惹不起，又躲；去陇西，结果发现，堵在那儿的居然还是李广。这种状况，不郁闷是不可能的。

边塞上，流传着许多李广的传奇故事。

李广做上郡太守时，一次带兵追杀三个匈奴的射雕高手。这类人在匈奴中也是极少见的，能射雕的都不简单。但遇上李广，再牛的射手也胆战，李广一路追射，三个射雕高手玩命地跑，但还是没跑了，两个被射杀，一个被生擒。但在追杀的时候，李广也不知不觉远离防区，进入了匈奴的势力范围。他也发现追得有点猛了，正要率军返回，结果遇上了匈奴的大部队，有数千骑兵，此时李广身边只有一百多人。

随行的一百骑兵当时就吓傻了，他们做出了本能的反应，拨马欲逃，想跑。

李广及时制止了他们，不能跑。李广说我们已经远离大军数十里，跑已经跑不掉了，就我们这一百多人，人家追上来一通乱箭就把我们都射死了。

我们不但不能跑，还要主动迎上去。敌人见我们人少，却不躲不逃，肯定会认为我们是大军的诱敌部队，不敢紧逼，等到天黑，再找机会撤退。

说完，李广第一个冲了出去，部下们的内心是崩溃的，但现在也没有别的办法，只能硬着头皮上了。

李广说得没错，他们已经追击数十里，人困马乏，跑是跑不掉的，

第五章 烽火照甘泉——负重前行的文景时代

打又打不过，对方人数是他们的几十倍。伪装诱敌，也许还能忽悠过去。

匈奴人见到李广他们，起初也被吓了一跳，再仔细一看，对方只有一百多人，虽然人少，见到他们却不跑，还主动凑过来。照以往的经验，这肯定是汉军的诱敌部队，不然，你没办法解释这个反常现象。

李广就是摸透了匈奴人的心思，才敢这么玩。

李广带着一百骑兵向前进，直到距匈奴骑兵二里远的地方才停下来。

接下来，李广又下了一道让部下们抓狂的命令：解鞍，下马。部下真急了，说敌军众多近在咫尺，万一有变，咱跑都来不及呀。

李广却不以为意，说咱玩的就是心跳，做戏就要做全套。敌人以为我们是在诱敌，那我们就必须让他们坚信这一点，做给他们看，咱把马鞍都解下来，他们才会深信不疑，认为我们附近有大军埋伏，才不敢轻举妄动，咱们才有机会全身而退。

事情果如李广所料，数千匈奴骑兵就在不远处一动不动地看着，全程围观，既不攻击，也不退走。

双方就这么一直僵持到天黑，匈奴人摸不清眼前这些汉军的底细，始终不敢出击。匈奴人怕附近真有汉军埋伏趁天黑来夜袭他们，就退走了。

李广他们等匈奴走远，才敢走，天亮前终于回到军营。

这次经历告诉我们，李广不仅骑射精湛，还很有脑子，他打仗不是一味地好勇斗狠。只靠蛮劲狠打硬冲，十条命都是不够的。

危急时刻，临危不乱、处变不惊，迅速做出应对，将敌人的心理揣摩得透透的，李广的智商是在线的。越是危险的时候，越能沉得住气，李广能在北方边界纵横二十年，历任七郡，不是偶然，人家真的是凭实力。

但这里面多多少少也是有点运气，如果对方的指挥官不管不顾直接冲过来，李广也是凶多吉少，但好在此时运气在李广这边。

李广属于文景时代。但属于他的时代即将远去。

第六章

马邑之谋——汉匈全面开战

汉景帝后元三年（前141）春正月，皇帝刘启为十六岁的太子刘彻举行冠礼。

依古礼，古人二十而冠。

举行冠礼意味着成年。

太子才十六岁，明显年龄还不到，刘启为何这么着急？因为他已经等不到太子到二十岁了。

就在举行冠礼的当月，汉景帝刘启驾崩于长安未央宫。

刚刚举行过冠礼的十六岁的太子刘彻即皇帝位，他就是威名赫赫声震寰宇的汉武大帝。

这意味着，一个时代的结束。

文景之治已经成为过去。

同时也意味着，一个新的时代的开启，拓土开疆，征伐四方。

这是一个开拓进取的时代。

中国的版图轮廓在此时确立。

这是一个将星闪耀的时代。

很多名将脱颖而出并将充分施展他们的才干。

汉武帝建元六年（前135），匈奴使者又来了，请求和亲。其实就是要东西。每逢汉朝新君登基，匈奴都要来求亲，汉朝也总是答应，顺便送一堆丰厚的嫁妆。匈奴收到东西，通常都会消停几年。多年来，双方已经达成默契。

之前说过，匈奴只是一个松散的部落联盟，散布在草原各处的部落

第六章　马邑之谋——汉匈全面开战

之所以愿意让单于领导，在于单于能给他们带来利益。汉朝给的东西，单于也要给各个部落分红，首领也不是那么好当的。

单于有底气跟汉朝叫板，也在于他手下有一群听招呼的追随者。

单于之所以隔几年就派人来要东西，也是因为他需要这些东西来维系他的权威。

但雄才大略的汉武帝不打算维系这个默契了，显然，对汉朝而言，这是屈辱。汉武帝这时虽然还很年轻，才二十出头，但在政治上已经很成熟。

他要结束屈辱，对匈奴全面开战。

但在做出决定之前，他要先看看朝廷的风向，看看大臣们的反应，听听他们是怎么说的。

出于这种考虑，汉武帝召集群臣，故意将匈奴请求和亲的事情拿到会上，他先不发表意见，让大臣们各抒己见。

主管外交礼仪的大行王恢应该是揣摩到了武帝的意思，加上他熟悉边事，这些年也受够了匈奴的嚣张跋扈，率先发言，反对和亲，理由也很充分，匈奴不讲信用。和亲只能维持几年的和平，匈奴人很快就会撕毁盟约，袭扰边境。与其受辱求和不如主动出击，与匈奴开战，在战场上狠狠教训这些蛮夷。

但御史大夫韩安国反对。

这个韩安国也非寻常之辈，七国之乱时，他的表现很不错，只是风头被周亚夫、李广抢了去。那时，他在梁王帐下为将，正是他带兵坚守梁地拖住叛军主力，为周亚夫争取了机会。这是一个防守型的将领，在文景时代，他的善于防守的特长得到充分的发挥，他也因此受到重用。但在武帝朝，他的优点就是缺点，因为武帝要的是攻不是守，汉武帝要的是进攻型将领，他不是，只会固守的他，等待他的只有被淘汰的命运。

只会防守的韩安国顽固守旧，他反对开战，主张维持现状。他的理由似乎也很充分,他说匈奴人到处迁徙,行踪不定,数千里劳师远征,得不偿失。不如和亲,保境安民。群臣大都附和韩安国,主战的成了少数派,主和派仍占大多数。

汉武帝见此情形,也只好不情愿地答应和亲,毕竟,他刚上台不久,群臣的意见不得不考虑,但他心里始终是反对和亲的,看似赢了场面的韩安国,大概也在此时被武帝拉入了黑名单。

汉武帝想要与匈奴开战,首先得有人才行,只会蹲点高喊和亲的韩安国第一个被排除,但他刚接班,还未形成自己的班底。不管他愿不愿意,都只能先用前朝旧将。

将军们都有自己的风格打法。

在众多老将里面,以卫尉李广与中尉程不识最为典型。这俩人都是从边地太守干起来的,也就是说都是靠军功起家,但他俩的带兵方法却几乎是完全相反的。

李广的部队行军时可以不按队列,安营时士兵也可以自己自由选择地点,大家都很随便,完全随心所欲。李广甚至连斥候都不派,就是这么任性。然而,人家还经常打胜仗,虽然都是小仗,但也从侧面说明李广的运气是真好。

他带部队的风格与他的对手很相似,虽然很粗糙很危险,但人家一直都这么干,也未出大错。

程不识的作风则完全是按汉军的操典来的,纪律严明,行军立营都规规矩矩,斥候是必派的,而且派出去很远,也总能打赢。

士兵们都很喜欢跟着李广,因为随便,不会受条条框框的束缚,很舒服。

程不识则规矩太多,跟着他会很累,但因为他谨慎小心,通常都很安全。

上级应该是更喜欢后者,因为放心,李广的过于自由式的打法,他

第六章 马邑之谋——汉匈全面开战

自己是挺自由的，可别人看着提心吊胆。

李广是艺高人胆大，也只有他能这么干，但必须说明的是，他的这套打法只适用于小规模的边境战争，文景时代的防守反击。即将到来的武帝时代是大兵团作战，李广的战术越来越与这个时代不兼容。

汉武帝不甘心屈辱地和亲，经过汉初七十年的积累，汉朝早已今非昔比，国力强盛。武帝已经有了足够的资本与匈奴进行硬对硬的较量。

不久之后，北方雁门郡马邑县的一个叫聂壹的地方土豪找到王恢，因为知道他是主战派，所以来找他。

聂壹向王恢献计，说匈奴贪婪，可以利诱之，引其深入，然后设下伏兵，聚而歼之，可获全胜。

王恢觉得这个主意好，就汇报给了汉武帝，当即得到采纳。

去草原上找匈奴确实难办，但把他们放进来，关起来打，相对还是容易的。而且这是有先例的，当年赵国边将李牧对匈奴就是诱其深入然后大军合围，全歼匈奴主力。汉武帝认为此计可行。

于是，汉武帝再次召集群臣开会，这次不是讨论要不要和亲，而是要不要打匈奴。

汉武帝刘彻对匈奴的态度来了一个一百八十度的大转弯。

从妥协转向对抗。

汉武帝到底是年轻气盛，他再也不想隐藏自己的意图。

王恢首先发言，说当年战国时，赵国地处边地，外有匈奴内有强国争衡，但匈奴依然不敢侵犯。今海内一统，以陛下之威灵，匈奴却寇盗不已，时常进犯，边界常年烽火不息。这是为何？匈奴畏惧赵国，却不惧我汉朝。言下之意，匈奴就是欺软怕硬，必须狠狠地打他们，让他们知道我汉朝的厉害，他们有所畏惧，才会收敛，边地才能真正安宁。这也是在刺激汉武帝。过去，一个赵国尚且不惧匈奴，今堂堂汉朝怎能受匈奴欺辱！是可忍孰不可忍！

韩安国又跳出来反对，还是老调重弹，主张和亲。不出预料，这个家伙又拿高祖的平城之围说事。他说高祖当年在平城被围七天七夜，解围之后，也没有找匈奴报复，自刘敬提出和亲之策，世代享受太平。

韩安国以平城之围恶心汉武帝，和亲是汉初国力衰弱之际不得已而为之，这厮却不以为耻反以为荣。

汉武帝已经没有耐心听韩安国在那里聒噪，当即做出决定，依王恢之计而行，马邑设伏，围歼匈奴。

元光二年（前133）夏六月，汉廷以御史大夫韩安国为护军将军，做此次军事行动名义上的总指挥。汉武帝做此安排大有深意，他明知韩安国是主和派，却故意派韩安国来，就是想用胜利堵住主和派的嘴。

当然，用韩安国做主将，其实更多还是不得已，因为此时的汉武帝刚刚继位不久，尚未组建起自己的班子。汉武帝不喜欢韩安国，但韩安国毕竟是老将，有经验。而开局的第一战，至关重要，即使是激进的汉武帝也想求稳，希望稳中求胜。因而主将的经验特别重要，正是因为事关重大，汉武帝不敢在首战起用新人。但用一个主和派做主将，似乎也预示了这场战役的结局。

卫尉李广为骁骑将军率北军精锐，太仆公孙贺为轻车将军率车兵，大行王恢为将屯将军率边军，太中大夫李息为材官将军率步兵，共计三十万大军，兵分四路埋伏于马邑城四周山谷之中，派聂壹为间谍入匈奴诈降。

马邑之谋的精髓可以概括为八个字，诱敌深入，聚而歼之。

汉军的作战计划是以马邑为诱饵，将匈奴主力骑兵诱入汉军事前布置的口袋阵，然后集中优势兵力予以合围，实施围歼。

这个作战方案似曾相识，对，当年赵将李牧大破匈奴用的就是此计。而战斗的结果是，十余年匈奴不敢近边。

秦、赵、燕三国都曾与匈奴接壤，但战国时代，反击匈奴的战争，

第六章　马邑之谋——汉匈全面开战

打得最好的却是赵国。当年汉文帝被匈奴寇边折磨得头痛不已，渴求良将，对赵将李齐十分倾慕。汉文帝当然知道李牧，但当时的他不敢奢望得到李牧那个级别的良将，能得到李齐这类战将就已经心满意足了。李齐是何许人也，今天已经不得而知，由此可见，汉朝对良将的渴求。

而汉武帝首战即决定全盘复制赵将李牧的经典战例，说明他一开始学习效法的就是这位战国名将。李牧就是汉武帝渴求的大将。不过，可惜的是，此时的汉武帝还未找到他的李牧。当然，后来发生的事情，我们都知道，汉武帝得到了两员大将卫青跟霍去病。他们后来的威名战绩甚至超越李牧，而成为抗击匈奴的汉朝名将。

但此时，汉武帝能用的还是韩安国、李广这些前朝旧将。

兵好招，但将难寻。因此，才有那句话，千军易得，一将难求。能带十万兵的大将屈指可数，能带百万兵且多多益善的那是韩信。

汉武帝想效法李牧，但他的主将是韩安国。理想很丰满，但现实很骨感。用李牧可以打胜仗，用韩安国最终只能收获失望。人与人的差距就是这么大。

想要在战场上对敌人进行围歼是很难的，围歼骑兵更是难上加难。因为骑兵的高度的机动性与强大的冲击力，即使围住，也很容易被突破。即使拼尽全力，也只能围歼一部，大部敌军仍能溃围而出四散奔逃。

那李牧当年又是如何做到的呢？

赵将李牧能围歼十余万匈奴骑兵，关键在于三点：

首先，边地赵军本身就是以骑兵为主精于骑射能战善战的部队。赵国自赵武灵王推行胡服骑射，即形成骑兵优势，即使对阵游牧部落骑兵也不落下风，很多时候甚至占据上风。以步兵围骑兵很难围住，但以骑兵围骑兵就相对容易。对付骑兵最好的办法就是骑兵，边地赵军的骑兵部队极为精锐，在大将李牧的卓越指挥下，才能做到对匈奴骑兵的围歼。

其次，为引诱匈奴，李牧很有耐心，也舍得下本钱。为使匈奴骄傲轻视赵军,在匈奴犯边时,李牧有意示弱,接连败退,令匈奴从上至下都对赵军产生轻视之心,而且每次都故意让匈奴掳走很多百姓抢走很多牛羊牲畜。这需要主将有极大的决心跟魄力,需要承受很大的压力。能做到这点的将军少之又少。李牧却能顶住压力,坚定执行。

最后,即使李牧前期的骄敌之计做得很充分,戏演得足够逼真,赵军骑兵的实力也足够强大,想围歼十余万匈奴也非易事。李牧的第三条胜利秘密就是地形。匈奴被引进的是山间谷地。自然形成的山川可以有效地对敌人实施分割,到时只要守住几处谷口,就能实现瓮中捉鳖,骑兵再能突击,也爬不上山,只能束手就擒,坐以待毙。

汉武帝对以上三点有充分的认知,并在现有条件下尽力去实行。三条他都做了,但都未做好,结果,可想而知。

聂壹告诉军臣单于,他能斩杀马邑令、丞,以城降,到时城中财物都归匈奴。

单于贪财,这种好事,他哪有不愿意的道理,当时就同意了。

到了约定的日期,聂壹按计划杀了一个死囚冒充县令,将人头悬在城楼上,然后告诉匈奴使者,我已杀了马邑县令,请单于火速入塞接应。

军臣单于得报大喜,当即率十万骑兵从武州塞攻入,直奔马邑杀来。

沿路之上,只见遍地牛羊,却不见一个人影,单于不禁疑惑起来,有点反常。为了解开疑惑,他下令攻击边塞上的汉军堡垒,抓获雁门尉,经过审问,得知汉朝大军就在附近,正等着他往口袋里钻。得知真相,单于大惊失色,好险!好险!险些中计。当即急令后队改前队,立即撤退。

等汉军主力得到消息前来追赶,已经来不及了。匈奴都是骑兵,即使打不赢,这时也跑得赢。而此时的汉军,人数虽多,但主力是步兵,速度慢,只能眼睁睁看着匈奴逃遁远去。

最有机会与匈奴一战的是王恢率领的三万边军。原本按计划,要等

第六章　马邑之谋——汉匈全面开战

匈奴主力进入马邑，各路汉军再发起总攻，王恢这路的任务是袭击匈奴的后队。

可情况突变，原本要打后队，结果人家全队而来，三十万汉军，此时能投入战场的只有王恢的三万人。机动力就是战斗力，速度有时可以决定战场的胜负走向。

三万对十万，这个不用想也知道强行拦截的结果。王恢理智地让开大路放匈奴逃走。三万军队是保全了，但王恢是死定了。他不明白这一仗对汉武帝的意义有多重要。

原本计划得挺好，诱敌深入，多路围攻，大军围歼，以胜利迎来开门红。结果，弄得灰头土脸，出动三十万大军，却连匈奴的人影都未见到。

这都怪他们没有好好研究李牧大破匈奴的历史。

有的时候真的是细节决定成败。

史书上记载得很明确，"大纵畜牧、人民满野。匈奴小入，佯北不胜，以数十人委之。单于闻之，大率众来入"。

人家李牧布局的时候是有牧羊人的。匈奴收获牛羊的同时也抓了几十个放牧的人，"以数十人委之"。

为了胜利，有的牺牲是必需的，胜利是有代价的。

很显然，汉朝在准备工作方面是不合格的，这也反映出，因为长期不打大仗，汉军普遍缺乏大兵团作战的经验。

战后，汉武帝以"畏战失机"为由，将王恢下狱，王恢最终于狱中被逼自杀。

那么，汉武帝为何非要处死王恢？

因为"马邑之谋"在汉匈战争中的地位太重要了。这是汉武帝即位以来的汉匈首战，也是他亲政以来的第一次重大军事行动，政治意义远大于军事意义，不容有失，开头炮一定要打响，打得漂亮。

但王恢辜负了武帝的期望，他始终未弄明白武帝的战略意图，也不懂此战的政治目的，他只有在与匈奴开战这一点上与武帝是契合的一致的，其他都不同步。

结果，期望越大，失望越大。

开头炮成了哑炮，不用想都知道，韩安国那帮主和派会是一副什么嘴脸，站在旁边看笑话呗。

汉武帝亲政主持的第一次重大军事行动，筹划准备了一年多，却是竹篮打水一场空。这个结果，武帝是不能接受的。王恢如果真懂武帝的心思，他就应该出击，即使会打得很惨烈，那也是打了。即使打败，能打出汉军的血性来也是好的。对汉匈战争的长期性、艰苦性，武帝是有心理准备的，他也没指望这一战就能把匈奴打服。能不能打赢是水平问题，打不打是态度问题。战争是政治的延续，王恢吃亏就吃在不懂政治。

早在建元三年（前138），汉武帝就派出以张骞为首的使团前往遥远的未知的西域去寻找西迁的大月氏。使团此行的目的就是寻找大月氏并说服对方与汉朝联合共同对付匈奴。也就是说，汉武帝早就想打匈奴了，他能等到现在已经很不容易了。

汉武帝希望王恢对匈奴亮剑。汉军需要亮剑精神来振奋士气。结果，王恢却来了个保存实力。

王恢死得冤不冤？

只就马邑之围而言，冤。但如果就汉匈战争整体而言，也不冤。

伏击失败的责任不在他。他在辩护的时候说得也很明白，当时的情形，拦也拦不住，还不如保住这三万人。

问题是汉武帝不懂吗？当然不是，这么浅显的道理，汉武帝自然懂，问题又回到起点，这场仗的意义。

汉武帝要通过此战告诉所有人，匈奴人欺人太甚，老子要跟匈奴开战啦。

第六章 马邑之谋——汉匈全面开战

一场仗改变不了汉匈目前的格局，却可以影响朝廷的政治风向。

汉武帝打这仗，不仅是要教训匈奴人，更是打给国内那些反对他的主和派看的。

马邑之谋受挫，是因为汉武帝虽然意识到了李牧战胜匈奴的三个条件，并努力地去学习，但因为客观原因都未学到位，才导致伏击未能取得预期效果。

首先，此时汉军的骑兵实力远远不如当年的赵军骑兵。赵军胡服骑射数十年，才练成能与匈奴对阵的精锐骑兵。而汉朝自开国以来，奉行黄老之术，与民休息。战略上，实现的是国土防御。战术上，执行的是防守反击，偏重于防守。汉军的主力是步兵、车兵、弩兵。骑兵虽有，但普遍骑射不强，水平与匈奴骑兵相去甚远。这就造成汉军的机动能力很差，如前所说，步兵是很难围住骑兵的。

再次，汉军的诱敌水平比当年的李牧也相去很远。事前不做铺垫，未通过败仗骄敌，临战布置又是漏洞百出，牛羊布野，却不见放牧的人，摆明就是让人随意抢。匈奴虽蛮，但是人家不蠢，能做单于的，更是精得脑袋冒烟的人。搞得这么假，是个人都能看出来有问题，单于怎么可能看不出来呢！

最后，汉军在战场的选择上充分考虑到了地形的因素。马邑被作为预设战场肯定是经过反复考察之后才确定的。但因为前面两条未能做到预期的效果，单于不进口袋，匈奴骑兵还未进入包围圈就逃了。结果，选好的有利地形也未用上。

到元光元年（前134），汉武帝已经登基七年了，但亲政才一年。

之前，朝廷大权在他奶奶太皇太后窦氏手里，现在，窦氏虽死，但其势力还在，而他母亲王太后跟舅舅田蚡的势力又迅速崛起，大肆提拔党羽。

汉武帝要想真正掌握实权，必须扳倒这些旧势力。对匈奴开战是得行其志的开始,在这个过程中,他可以发现人才,选拔亲信,打击反对派,树立自己的权威。

战争可以迅速凝聚人心,多年来,汉朝百姓饱受匈奴的袭扰抢掠,早就想复仇反击,对匈奴开战,可以得到大多数士民的支持,在全国形成同仇敌忾的氛围,到时,所有的反对派都得闭嘴,当然,前提是,你得打赢。

马邑之围的失败让汉武帝在反对势力面前大失颜面。王恢入狱后求谁不好,偏偏去找田蚡帮忙,这又触动了汉武帝敏感的神经。本来是想自救,结果却是事与愿违,死得更快。

马邑的围歼战虽未打成,汉匈之间却彻底撕破脸皮,双方随即在漫长的边界线上大打出手,汉匈全面开战。真正能力挽狂澜的人即将上场。

第七章

迂回侧击——卫青河南之战

汉匈闹翻之后，匈奴对汉朝的侵扰更加频繁。

元光六年（前129），匈奴骑兵攻入上郡，烧杀抢掠，待汉军主力赶到，看到的只是遍地狼藉。

汉朝迅速做出反应，派大军出塞，进行反击。

汉军兵分四路，车骑将军卫青率骑兵一万出上谷，骑将军公孙敖率骑兵一万出代郡，轻车将军公孙贺率骑兵一万出云中，骁骑将军李广率骑兵一万出雁门。

这是汉朝自建国以来对匈奴主动发动的第一次正式反击。

以往的战争模式都是匈奴进攻，以步兵、车兵为主的汉军依托边塞防守反击，更多时候是只守不击，因为追不上，只能目送对方远去。

但以元光六年的这次出塞反击为标志，汉匈战争的模式彻底改变。

最重要的标志是，汉军开始出塞了。

战争不再是一方攻一方守，而是互有攻守。

主动打出去，去草原寻找匈奴主力决战，这是根本性的战略转变。

寇能来，我亦能往！

来而不往非礼也！

汉军在兵种上的变化也是根本性的。

马邑之围，以步兵为主的汉军围不住以骑兵为主的匈奴。汉武帝已经充分认识到，在这场战争中的主力兵种是骑兵，车兵步兵只是辅助性兵种。

这次出塞的汉军兵力只是四年前马邑之围的十分之一，却是清一色

第七章 迂回侧击——卫青河南之战

的骑兵。

对匈奴作战必须以快制快。

这应该是马邑之围带给汉武帝的最大启发。

对之前的将领，武帝也是不满意的，韩安国已经退出一线，李广是历经三朝的老将，目前在现有将军中知名度最高，"飞将军"的名号是实实在在打出来的。

李广也是出塞远征的四员大将中唯一一个完全凭实力赢得这次机会的将领。其他三人，公孙贺，是当年武帝当太子时的太子舍人，公孙敖，是武帝身边的骑郎，卫青更不用说，是武帝的小舅子。

这次远征，汉武帝在排兵布阵上也是大有深意，四路出击，不设主将，各路兵力都是一万，不分主攻助攻。这个安排既有多路出击扰乱匈奴的意图，也有考察将领指挥作战能力的目的。

因为对汉军而言，以骑兵为主的大兵团机动作战，是全新的模式。汉初，骑兵是配合步兵作战，但从现在开始是步兵配合骑兵作战。战略兵种从步兵转变为骑兵。

以前的经验很多已经不适用了。

兵种的变化带来的是战法的变化。远程奔袭取代固守防御是大势所趋。

这次远征是武帝对四员大将的考试，结果将决定他们未来的仕途命运。

很快，战报传来，喜忧参半。

四路汉军，两路遭遇匈奴主力，两路未遇匈奴。

公孙敖与李广都撞上了匈奴主力，结果一个比一个惨。公孙敖部一万人战死七千，折损大半。李广更惨，全军覆没，他也被敌人生擒。但李广趁看守的匈奴兵不备，夺马逃了回来。按律，两人都是死罪，花钱赎罪，才被免为庶人。

公孙贺是怎么去的怎么回来，他没有找到敌人，匈奴人也没有找到他。

四路之中，只有卫青一路获胜。

这个结果既有水平的原因也有运气的成分，还有布局的因素在其中。因为从他们出击的路线上看，公孙敖从代郡、李广从雁门出发，他们直面的是匈奴单于本部，遇上匈奴主力也不算意外。

公孙贺出击的云中更靠近匈奴右贤王的地盘。匈奴从西到东，依次分别为右贤王部、单于本部、左贤王部，其中实力最弱的就是右贤王。

而卫青出击的上谷则是匈奴本部与左贤王的接合部，大家都知道，防区的接合部往往是守备的薄弱点，危险小，机会大。

考虑到卫青是武帝的小舅子，公孙贺是曾经的太子舍人，关系亲近，再考虑到仅是骑郎的公孙敖、边郡太守出身的李广相对疏远的关系，这个安排也许不是偶然的。

机会出现，还要能把握住才行。

卫青没有让汉武帝失望。虽然是第一次带兵远征，但卫青很快就适应了战场，带队长途奔袭，避实击虚，顺利杀到匈奴的龙城，俘杀匈奴七百人。

虽然只是小胜，但相比其他三路的惨淡，已经是很不容易了。

汉王朝"双璧"之一的卫青正式出场。

卫青是外戚，但他能够青史留名靠的是自己的实力。

当然，有实力也要有机遇。

人这辈子要想成功、出人头地，才气、运气、机遇、贵人，缺一不可。

卫青很幸运，全赶上了。

他的人生经历堪称传奇，用一部电影的名字概括就是从奴隶到将军。

卫青能实现逆袭很大程度上要感谢他的姐姐卫子夫，还要感谢他的

第七章 迂回侧击——卫青河南之战

主人也是他未来的妻子——平阳公主。

事情还要从汉武帝的一次做客说起，正是这次不同寻常的串门，彻底改变了卫青姐弟的命运。

建元二年（前139）三月，十八岁的刘彻去霸上祭祖，祈福消灾，回来的路上路过已经出嫁的大姐平阳公主的府邸，于是就进去坐坐，看看姐姐。

平阳公主似乎对弟弟的来访早有准备，一场蓄谋已久的招待即将开场。

平阳公主可不是一位简单的女人，她的家里有很多漂亮姑娘。这些姑娘都是平阳公主为她的亲弟弟精心准备的。这真是一位"贴心"的好姐姐。

她希望有一天弟弟来做客时，能将这些"礼物"送给弟弟。

成熟的女人最懂男人。特别是那些初长成人、尚显青涩的男人。

成熟的女人知道血气方刚的小伙子最本能的需求。而她们很懂得如何调教年轻男子，更懂得如何在他们面前展示女性的魅力。有一个很文艺的词叫色诱。

刘彻刚刚坐定，一群打扮得花枝招展的姑娘便出现在他的眼前。

普通人见此情形可能会特别兴奋，但刘彻是皇帝，他见过的美女成百上千，人家是见过世面的，这种小场面他见得多了，不为所动。

不要紧，公主还有后招儿，酒宴开席，歌舞表演。

好戏开场。

又是一群漂亮姑娘登台献唱。

这次，刘彻被姑娘们的翩翩舞姿吸引住了。

仅有色是很难满足年轻的皇帝的，还要有才艺才行。色艺俱佳才有杀伤力。果然，很快，刘彻的目光就长久地停留在其中一位姑娘身上。表演结束，刘彻就迫不及待拉着这位姑娘的手到闲人免进的地方畅谈人生去了。

一番深入交流之后,刘彻告诉姐姐,他对这个姑娘很满意。他想带她走。

这个姑娘,叫卫子夫。

对今天发生的事儿,卫子夫当然更满意,因为她的命运将因这次临幸而彻底改变。

两人的身份悬殊,一个是皇帝,一个是歌女,如果不是平阳公主的刻意安排,有意撮合,他们这辈子恐怕都不会产生任何交集。

卫子夫出身寒微,她的母亲叫卫媪,也可以叫卫婆婆,"媪"不是名字,只是老年妇女的泛称。

卫媪是平阳侯家的女仆,身份低微,但她生了很多孩子。卫子夫上有一兄二姐,长兄卫长君,长姐卫君孺,次姐卫少儿,下面还有个弟弟。

这个弟弟是卫婆婆年轻时与一个叫郑季的平阳府小吏生的孩子,他叫卫青。

她的二姐卫少儿后来与一个姓霍的小吏私通也生下一子,他就是霍去病。

汉朝的风气是开放包容的,连刘彻的母亲都是二婚改嫁给汉景帝的,这要放在明清两代简直不敢想象。

但不管风气如何开放,卫家的家风也是有点过于超前,私生子在任何时代都是见不得光的,也都是不光彩的。

私生子不合礼法,有伤风化。在等级森严的时代,出身对一个人的成长几乎是决定性的。

不要说上不得台面的私生子,大家族里即使是庶出的妾所生的庶子,都很难有出头之日。

在不久之后的魏晋南北朝,那是典型的门阀时代,阶层固化,门第出身几乎决定了一个人的仕途命运。

第七章 迂回侧击——卫青河南之战

如果卫青与霍去病晚生二三百年，那他们将不会有任何机会。

他们生对了时代，这是大幸运。

卫子夫从小跟着母亲在平阳府中帮忙，长大后，因为姿色出众，被选中习歌练舞，成为一名歌女。

多年的苦练终于收到回报。

刘彻再次回到宴席上，心情很好，一高兴，当场赐给姐姐黄金千两。平阳公主自然也很懂事，即请将卫子夫送入宫中，刘彻欣然同意。

临别之际，平阳公主抚着卫子夫的背说："好好努力，将来若是富贵了，可不要忘了我的引荐之功。"这句话还有一个流传更广的版本，苟富贵，勿相忘。

但卫子夫进宫后才发现，事情远不是那么简单。

皇帝身边美女如云，卫子夫很快便被遗忘。直到一年后，按照惯例，宫中年老体弱的宫女可以出宫，卫子夫终于又见到皇帝，哭着请求准许她回家。

汉武帝这才想起这位歌女，再次临幸，卫子夫也真是幸运，很快怀孕。

卫子夫从此深受宠爱，先后为汉武帝生下三女一男。

接下来是宫斗戏。

受宠的卫子夫遭到皇后陈阿娇的嫉恨，吃了不少苦头，连带她的弟弟卫青也受到牵连。

阿娇的母亲馆陶长公主听说女儿受了委屈，当然要为女儿出头。卫子夫她不好动手，就将目标瞄向了在建章宫当差的卫青，派人将卫青劫走，要给卫青放血。眼看未来的将星就要性命不保，卫青的好哥们儿公孙敖得到消息带着一群兄弟及时赶到，冒着得罪长公主的危险，抢走卫青。大难不死必有后福，卫青也是知恩图报的人，公孙敖的这份情义，他铭记在心，日后他飞黄腾达，始终不忘这个好兄弟。

作为一个私生子，卫青从小就吃了很多苦，尝尽人间冷暖。

卫青之母只是一个女仆，这么多子女，负担过于沉重，就将卫青送到了情夫郑季家。

但郑季对这个私生子很不待见，拿卫青当苦力用，让年幼的卫青去放羊做苦工，本家的几个孩子也不把卫青当兄弟，经常欺负他。

这导致卫青对生父一家谈不上一点感情。

虽然卫青与霍去病都是私生子，但霍去病跟的是父姓，卫青却是随母姓，从这个差别也能看出他们对生父的不同态度。

在熬过苦难的童年后，卫青再也不愿待在郑家过被奴役受虐待的生活，世上只有妈妈好，他又回到母亲身边，成为平阳公主家的骑奴。

卫青想不到，多年以后，他会率领强大的骑兵军团驰骋沙场横扫漠北。

出身最底层的卫青，对于未来是不敢有奢望的，对他来说，不被责骂，有口饱饭吃，就已经心满意足了。

曾经有看相的人对他说："你是封侯的面相！"

卫青苦笑道："身为人奴之子，不被笞骂，已是万幸，哪里敢奢谈立功封侯！"

姐姐的受宠让卫青也从骑奴摇身一变成为皇帝身边的侍卫，在幸运地躲过馆陶长公主的暗杀后，卫青因祸得福，受到武帝的重视，被刻意提拔栽培。

之后的九年，卫青都在武帝身边磨炼。

九年磨一剑。

汉匈开战，边界烽火相望，这口宝剑终于到了出鞘的时候，亮剑龙城是卫青的首战，从此一发而不可收，卫青也开始书写属于他的传奇。

汉军在春天出塞反击。秋天，匈奴就展开报复性进攻。被攻击最厉害的是东北方向的渔阳。于是，卫尉韩安国被派了过去，以"表彰"他

第七章 迂回侧击——卫青河南之战

长期以来跟皇帝唱对台戏的"功绩"。韩安国算是彻底被边缘化了。

第二年秋天,匈奴又来了。这次比上次更激烈,两万匈奴骑兵再次从东北杀入。辽西太守战死,被掳去百姓两千多人,韩安国也被包围,受到匈奴骑兵的四面围攻。韩安国部下一千骑兵死伤殆尽,眼看他即将性命不保,救兵及时赶到。不久,韩安国被安排移防右北平,但他显然已经油尽灯枯,很快去世。接替他的是老熟人"飞将军"李广。匈奴人也是欺软怕硬,自从李广做了右北平太守,匈奴在这个方向的进攻明显减少。

与此同时,匈奴单于本部攻入雁门,击败雁门都尉,杀害军民千余人。

汉武帝令驻防马邑的卫青救援雁门,驻防代郡的李息驰援渔阳。

马邑距雁门仅二百里,卫青率三万精骑一天就赶到雁门战场,堵个正着,一场混战下来,斩杀数千匈奴骑兵,杀败匈奴,解雁门之围。

元朔元年(前128)的雁门之战,卫青将骑兵的速度优势充分发挥出来,迅速机动,及时补防,来之能战,战之能胜。

卫青指挥骑兵大军团作战的能力也由此得到武帝的认可。

一年前的四路出击只是试探性进攻,接下来的才是真正的战略进攻。

这次雁门之战是武帝在决定起用卫青为大军主帅进行战略反攻之前的又一次考验。

一年前,四路出击,每路只有一万骑兵,而仅仅一年之后,卫青已独自统领三万骑兵。

九年后的漠北决战,汉军倾尽主力,也只有十万骑兵。

此时尚在发展壮大的汉军骑兵数量只少不多,这也就意味着,卫青此时率领的已经是汉军骑兵的主力。

李息这路可能是路远的原因,等他们赶到,敌人早已不见踪影。这位老兄经常露脸总有戏份儿,但只是配角。

元朔二年（前127），匈奴左贤王部进攻上谷、渔阳，还是从东北方向袭扰。匈奴还是老套路，而汉朝要出新招了。

这次是汉匈开战以来，汉军最大规模的反攻。

匈奴还在玩袭扰抢掠的小把戏。

但对汉武帝来说，小打小闹已经不能满足他。

这是一个有着大格局的皇帝。

他要的是关乎国家安危的战略要地——河南地。

阴山以南被黄河滋润的这片土地，对整个汉朝都是不容有失的国防安全线，现在它被匈奴人控制，卫青的任务就是将它夺回来。

汉武帝要的还远不止河南地，他还要夺取阴山以南的控制权，将匈奴赶回阴山以北。

"但使龙城飞将在，不教胡马度阴山。"

这句唐诗，很多人从小就十分熟悉。

为何不教胡马度阴山呢？

因为过了阴山的胡马对中原的威胁会几十倍、几百倍地飙升。

阴山，确切地说应该叫阴山山脉，横亘于我国内蒙古中部，从地图上看恰好位于黄河大"几"字上方，是由一系列东西走向的山峰组成，西起阿拉善高原，东至多伦以西的滦河上游谷地，从西向东包括狼山、乌拉山、色尔腾山、大青山，绵延1200多公里。

阴山山脉平均海拔在1400米到2300米。阴山山脉有一个非常显著的特征，南北坡度非常不对称，北坡缓，南坡陡，落差近千米。

阴山是我国重要的地理分界线，是温带半干旱和干旱气候的过渡带，在历史上亦为农牧分界线。阴山南北气候差异很大，山北降水少，以牧业为主；山南湿润，又有黄河之水灌溉，农牧皆宜。

阴山之南就是"黄河百害，唯富一套"的河套平原即"河南地"。

阴山之所以如此出名，是因为在历史上它的极其重要的战略地位。

第七章　迂回侧击——卫青河南之战

在漫长的历史中，阴山长期成为中原农耕民族和蒙古高原游牧民族两方势力反复争夺拉锯的战场。

对游牧民族来说，阴山是他们的生命线。这里水草肥美，适合畜牧；这里林木茂盛，制造各种器具需要木材；这里气候温暖湿润，相比荒凉的漠北，更适合居住生活。

农耕民族占据阴山，游牧民族只能被迫退往漠北苦寒之地；若游牧民族占据阴山南麓，拥有肥沃的河南地，则会实力大增，中原将门户大开，方便游牧部落南下抢掠。

在游牧民族心目中，阴山不仅是一座山峰，更是成为他们心中的"圣山"。匈奴冒顿单于就将阴山作为他最重要的根据地。后来匈奴失去阴山，"过之未尝不哭"。

阴山可以让匈奴人在冬季躲避暴风大雪。

由于降水量低，蒙古草原没有大面积的森林。匈奴需要阴山的木材制作车具、穹庐、弓箭。

汉朝也十分清楚匈奴对阴山的依赖，"冒顿单于依阻其中，治作弓矢，来出为寇，是其苑囿也"。

阴山对匈奴人很重要，对汉朝更重要。

匈奴人一旦控制阴山南北两侧，关中也就在他们的攻击范围之内了。以关中为首都的秦汉两朝，都想尽办法构筑对匈奴的防线。

统一的秦朝对北方的匈奴采取筑长城而拒敌的办法。秦对北方游牧部落的仇恨由来已久。且不说匈奴与秦、赵、燕三国都有交战的记录，受到匈奴授意的义渠人甚至还配合五国攻秦。秦始皇派蒙恬率三十万大军北伐，秦军攻下了阴山山脉的大部分，把防线推到山脉北麓。但蒙恬的防御计划并不完善，紧紧贴着阴山山脉北侧建造的秦长城只能非常勉强地防备匈奴。匈奴人一旦兵临城下就只能背水一战。

汉朝兴起之后迅速修建了新的汉长城。这道长城部分沿用了秦城墙，其后，随着汉军的接连胜利，汉长城不停地向北推进，在阴山北麓也开始修筑长城，以便在匈奴人抵达最后防线之前留下足够的缓冲余地。

匈奴人赖以为生的畜牧业高度依赖天气条件，一旦天气变得干旱寒冷，就必须寻找类似河套平原这样的水草丰美之地度过灾年。有了长城以后，这个南北避险通道被堵死，大大降低了匈奴抗风险的能力。

对匈奴而言，他们最中意之地就是阴山以南的这片草原。

而对汉朝威胁最大的就是"河南地"，因为这里距长安最近。

"河南地"，现在通俗的说法是河套地区，在贺兰山、阴山和蒙古高原之间，自古就有"黄河百害，唯富一套"的说法，河套地区，水草丰美，土壤肥沃。这里是农耕民族和游牧民族共同向往的一块宝地，也是中原王朝和草原势力强弱的晴雨表，谁强这块土地就归谁所有。

占据"河南地"，进可攻，退可守。

游牧民族占有这里，南下牧马抢掠都特别方便。中原王朝占据这里，可以从此地进兵，直插草原腹地。

在双方形成对峙的格局下，谁控制河南地，谁就掌控主动权。

汉军接下来的目标就是收复"河南地"夺回主动权。

这是敌必守我必攻，也是敌必攻我必守的战略要地。

秦始皇曾派大将蒙恬率秦军北逐匈奴，夺过河南地。但匈奴趁楚汉相争之际又再次夺走，现在，汉武帝决心把它重新夺回来。

汉武帝是一个有雄心的皇帝，更重要的是，他的实力配得上他的雄心。

汉武帝已经选好了他的"蒙恬"。这两年有着上佳表现的大将卫青就是汉武帝的"蒙恬"。

经过两年的考察，汉武帝相信卫青堪当此任。而汉武帝比秦始皇的目标更加远大。汉武帝要的不止"河南地"，但收复"河南地"是基础。

元朔二年（前127）的春天，汉军出塞，卫青的成名战河南之战即将

第七章 迂回侧击——卫青河南之战

打响。

匈奴南下通常都选择在秋天,因为秋肥马壮,此时的匈奴骑兵战力最强。

而汉军出塞大多选在春天。原因也很简单,此时的匈奴最脆弱。

春天,羊要产羊羔,整个草原都很忙,各部落都在接羔、分群,经过一个冬天,羊瘦马弱人忙,不适合出征。秋冬时节,匈奴人才有时间,马牛羊才贴过秋膘,这个时候对匈奴人来说,又到了一年之中的抢劫时间,反正闲着也是闲着,只有这个时候,他们才愿意跟着单于去打仗。

元朔二年春,车骑将军卫青、将军李息自云中郡(今内蒙古托克托县)率军出塞北进。

出塞后,卫青并未选择直接北上进攻,而是先向北进,然后沿黄河向西迂回,在秦长城的掩护下,从匈奴各部的缝隙之间穿插而过,然后突然出现在"河南地"匈奴各部的背后,迅速南下,从匈奴人想不到的地方发动突袭,以迅雷不及掩耳之势发动攻击,兵锋直指高阙(今内蒙古杭锦后旗西北)。

卫青一改汉军作战中惯用的伏击、阻击、增援为主的模式,反而"以其人之道还治其人之身"。游牧部落最擅长的运动战被卫青发挥到极致。

汉军在占领高阙后未作停留,而是沿着黄河、贺兰山突然折回南下,直扑"河南地"的匈奴楼烦王、白羊王。匈奴人还未反应过来,便被汉军摧枯拉朽般的攻势打得晕头转向,占据河南地的白羊王、楼烦王与匈奴单于本部的联系被切断,"河南地"的白羊王、楼烦王在汉军的突然攻击下,张皇失措,只能各自为战。汉军的长途奔袭、迂回包抄的战术运用得极其成功,"河南地"的匈奴人被彻底包了饺子,陷入汉军的合围。

此时正值草原泛青的季节,是牲畜产子后补充营养的关键时期,之前分散于山谷中过冬的匈奴诸部纷纷涌入"河南地"为牲畜寻找牧草。

面对神兵天降的汉军，楼烦王和白羊王的部众根本无心抵抗，很快便被击溃。

被打成光杆司令的楼烦王与白羊王仗着熟悉地形，仓皇逃走。但他们的部下就没有那么幸运了。两王所部几乎全军覆没，数以百万计的牛羊尽归汉军所有。

此战，卫青所部汉军斩杀俘虏匈奴数千，己方"全甲兵而还"。

战果辉煌，损失很小。之所以会出现这个结果，还是那四个字——出其不意。

匈奴人想不到汉军有能力组织大规模的骑兵进行远程奔袭。匈奴人还在以老眼光看人，以为汉军只会防守，即使出塞也不会走很远。但此一时彼一时，汉军的实力早已今非昔比，士别三日，当刮目相看。

匈奴人想不到汉军会迂回侧击。在匈奴人看来，汉军即使出击也是从南往北，但汉军却反着来。匈奴人的注意力都在南面，但汉军却突然从背后出现。匈奴人被打了一个措手不及，来不及组织即被击溃。

两个想不到注定了匈奴的惨败，汉军达到了出敌不意攻其不备的远程奔袭的预期效果。

河南之战，汉军彻底收复"河南地"，解除了匈奴对长安的直接威胁，汉武帝终于可以睡上踏实觉了。

攻守易形，汉军也可出塞野战了。

河南之战向天下展示了汉军的军威，此战相较于龙城之战，是双方更大规模的一场战争，是在匈奴进攻右北平同时发起的一场战争，对匈奴的震慑作用远远大于此战的收获。

河南之战告诉了匈奴人一个现实，未来两军作战的主动权不再属于匈奴人。汉军比他们更有资本获得战争的主导权。汉军出塞作战，早已不是文景时代只能被动地在边塞防守，现在的汉军不但能守，还能攻，更能战而胜之。

此战标志着，汉军有能力开辟第二战场，你打你的，我打我的，你能入塞，我能出塞。汉军有长城，坚守城池，守住是没问题的，但匈奴人攻不进来，更守不住。

此战极大地打击了匈奴的嚣张气焰，此战可以看作匈奴由盛而衰的转折点。河南战后，汉朝已经恢复了秦朝鼎盛时期的版图，从此以后，汉朝将开创属于自己的伟大时代。

这是自蒙恬北击匈奴之后，中原王朝百年以来取得的最大的一场胜利。汉武帝得到捷报，大喜，当即加封卫青为"长平侯"，卫青的部下张次公、苏建跟着沾光也以军功封侯。校尉张次公受封岸头侯，校尉苏建受封平陵侯。别人知道这个消息也许不会多想，但李广听说了，心里肯定是酸酸的。

河南之战实现了两大战略布局。

一是第一次大规模的骑兵出塞远征作战的胜利，极大地鼓舞了汉军的士气，狠狠打击了匈奴的嚣张气焰，从此被赶出"河南地"的匈奴失去了南下的前进基地。

二是汉军收复"河南地"后，汉武帝迅速派人赶筑朔方城，设置朔方郡，取《诗经·小雅·出车》中"城彼朔方"之意。在秦九原郡的基础上，汉朝新设五原郡，彻底堵住了长安北部的缺口，同时这里也成为进攻匈奴的前沿要地，一举扭转了对匈奴的战局！

朔方郡是在中大夫主父偃的建议下修建的，此举意义重大。

夺回来，还要能守得住。

汉朝在收复的"河南地"设置朔方郡（今内蒙古鄂尔多斯西北）、五原郡（今内蒙古包头），同时耗费巨资，命将军苏建率十多万民夫修筑朔方城（今内蒙古乌拉特旗南），并重新修缮秦将蒙恬所筑旧长城，并移民十多万人充实边郡，调运大批粮食补给移民边军，整个过程，消耗巨大，国库为之一空。但与朔方郡在后来发挥的巨大作用相比，这些付出是值得的。

　　河南之战后,朔方郡的成功设立使汉朝开始变被动为主动,朔方成为汉军出击匈奴的前进阵地。汉匈战争的战火将从汉朝边塞全面引向匈奴的栖息之地蒙古大草原。

第八章

突骑冲锋——汉军的全新战术

为战胜匈奴，汉军在战术上进行了全面改变创新，以射程更远杀伤更大的强弩对抗匈奴的弓箭，以骑兵集团冲锋抵消匈奴的骑射优势，以长途远程奔袭压制匈奴的轻骑兵袭扰。

其中，最重要的战术转变是骑兵突击战术。

汉军将步兵时代的集团冲锋直接复制到骑兵部队。骑兵保留了步兵时期的严明纪律，速度更快，冲击更猛。

之所以有这种转变，也是因敌制变。

战争是国力的比拼，更是智慧的较量。

战争，要根据己方以及敌方的特点制定战术。原则当然是扬长避短。在充分发挥己方特长的同时最大限度压制敌方的优势。

汉军的新战法——骑兵突击战术即是这一原则的具体体现。

李广征战数十年也未能封侯，原因在于，他用匈奴人的打法去打匈奴人，以骑射对骑射，这是以己之短击敌之长。他自己的骑射是精湛的，但这不代表他的部队都能达到他的水平。

卫青能迅速得到晋升并扭转战局，数年之间封侯拜将，成为汉军主帅，原因在于他找到了打败匈奴的方法，骑兵突击战术。卫青始终坚持以己之长攻敌之短，最大限度发挥自己的优势。

不同的际遇是水平的差距。

不能说李广不努力，其实他一直奋战在前线，很勇敢也很尽力，只是他努力的方向错了。

卫青很努力也很成功，起初他被起用，的确有外戚身份这个背景，但他后来的成绩则完全靠的是自己。

相比匈奴，汉军的优势在于严明的纪律，精良的兵器铠甲，以及庞大人口基础上的强大的后备兵源。

匈奴的优势在于人少马多，机动性强，骑射技术精湛，吃苦耐劳。

强大的纪律性组成的军事方阵放大了中原民族的战斗力量！

汉军从来不惧与匈奴正面硬拼。

之前是步兵追不上，现在骑兵已经成形，自然要敞开打，以吐多年来的闷气。

正面对抗，匈奴人不是尸山血海里冲杀出来的汉军的对手。

比骑射，汉军比不过匈奴人；但是，比纪律，匈奴人也比不过汉军。

这个世界上，只有团结才能生存下去。

但匈奴人的松散是与生俱来的，更多的时候，他们都在各自为战！

汉军建立在马上的移动军团将弥补匈奴在个体上的骑射优势。

汉军具备了数量足够多的骑兵，制作堪称精良的防护铠甲和严明的军纪下步调一致、整齐划一的军阵，便足以对抗虽精于骑射却只会穿兽皮、用兽骨箭头的组织松散的匈奴骑兵。

卫青开启了汉军的骑兵新战术，从此汉军不再与匈奴人纠缠骑射，而是将步兵的正面冲锋战术直接搬过来，骑兵突击冲锋，跟匈奴人近战肉搏，以抵消匈奴人的骑射优势。

所有的骑兵都要组成编队，以方阵冲击匈奴，如步兵般成建制向敌人发起集团冲锋！

这是从未见识过老一辈骑兵作战的卫青对西汉骑兵部队做出的跨时代的战术转变！

突骑战法赋予了汉军骑兵前所未有的战斗力。汉军骑兵迅速完成从"骑射部队"向"突骑部队"的战略转变。

在马镫尚未出现的汉朝，以突刺为主的战法面临很多困难。

有马镫的情况下，骑兵与战马可以看作一个整体，骑兵的双手可以腾出来持矛突刺以及砍杀，既准又稳而且不用担心刺杀对手时的后坐力。

但此时汉军的突骑战法是骑兵只能一只手挽住缰绳，一只手将长矛长戟夹在腋下手腕攥住枪杆，利用马的冲击力击杀匈奴骑兵。

高速奔跑的战马靠着强大的惯性，向前冲，只要汉军的长戟刺中匈奴人，对方非死即伤。

汉军敢于直面匈奴骑兵的箭雨冲锋，除去严明的纪律，还在于汉军制作精良的铠甲有很好的防护作用，能很好地保护冲锋的骑兵。匈奴粗糙低劣的兵器制造水平也是汉军有勇气直冲对方的信心来源。

确定战术后，接下来是选择兵器，汉军骑兵的制式装备不是马刀而是长戟。

一寸长，一寸强，骑兵方阵大戟长枪的正面肉搏冲杀比匈奴人的马刀更具杀伤力。

汉军的战马吃的是小米，比初春吃不上嫩草的草原战马跑得更远更快。

这也是国力充裕下才玩得起的打法。

匈奴骑兵也清楚自己的优势跟劣势，通常都不会选择与汉军肉搏，常见的战法就是射箭。汉军骑兵射不过匈奴，只比箭是必输的。

射箭本身就是个技术活，训练一名合格的弓箭手至少需要一年的时间，骑在马上射箭的难度更大。训练的时间长不说，最后能练出多少合格的射手也难说。

训练的成本过大，时间又长。

汉武帝可等不了那么久。

而骑兵突击战术，只要会骑马就行，不用训练骑射，这个难度就大大降低，成本也低很多，简单实用才是最好的。

汉军改变战法后，再也不用与匈奴人比箭，上来就冲，冲上去就刺，

第八章 突骑冲锋——汉军的全新战术

整个过程简单粗暴，但是有效。

匈奴人的骑射水平虽然不错，但骑射的有效杀伤距离只有几十米，最多不过百米，相比骑兵的冲击速度，这点距离几乎可以忽略不计，匈奴人射不上两箭，汉军骑兵就成片压过来了。

初春的草原战场上，匈奴人很尴尬。因为这时他们才发现，面对汉军的新战术，他们打也打不过，跑也跑不过，只能等着被汉军收割人头。

匈奴人吃草的马跑不过吃粮食的汉军战马；缺乏防护的匈奴人近战也打不过有铠甲护身的汉军骑兵。

战争从骑在马上的弓兵互射，变成骑在马上的步兵追杀骑马的弓兵。

匈奴骑兵的杀伤主要靠射，但汉军骑兵的杀敌方式主要是捅，用长戟长矛直接刺杀对方，追上去就捅。

但这么做也有风险，在全力冲锋刺死敌人的同时，由于反作用力的关系，捅死匈奴人的时候，汉军骑兵往往也容易被反作用力给顶下来摔伤。

但即使如此，突骑战法仍然是最现实的选择。

两害相权取其轻。

汉朝有数千万人口，匈奴最多也不会超过两百万。拼人口，匈奴拼不过汉朝，一个换一个也值。汉朝有巨大的人口优势。人口优势就是兵源优势，兵源优势就是军事优势。

更何况很多时候，一个汉兵的战斗力可以顶三个匈奴人，因为汉军还有装备优势。

兵源优势、装备优势，加上国家实力上的巨大优势，汉军对匈奴已经呈现碾压之势。

对血腥的近战肉搏，匈奴人一直是比较发怵的。

"利则进，不利则退，不羞遁走"才是匈奴人的习性。他们打仗不为保家卫国，只为抢东西。

看见情况不对，匈奴人的第一反应是跑！

当汉军骑兵发起冲锋，冲到足够近时，匈奴人不是摆开迎战而是扭头玩命地逃！

战斗变成追逐，匈奴兵在前头跑，汉军在后面追。因为匈奴的马没有耐力，被汉军撵上，直接一枪捅死。

双方的马都在往前跑，匈奴马的前冲速度抵消了很大的后坐力！追逐战中，汉军扎死匈奴人后反而受到的后坐力更小。

汉军的突骑战法，用来打匈奴人是对症下药，效果很好。

第九章

月夜突击——远程奔袭合围右贤王

河南之战的当年冬天，匈奴军臣单于去世了。

不知是不是郁闷死的。因为他亲眼见证了匈奴由强转弱的过程。他的爷爷冒顿单于，他的父亲老上单于在位时是匈奴最强横的时期，但他很倒霉，因为他遇上了汉武帝。以往随意抢掠的快意不复存在，取而代之的是汉军一轮接一轮的凶攻。但他不知道，他其实已经"很幸运"了。他的接班人比他更惨。相比下一任的悲惨遭遇，他能及时死掉已经是最体面的结局。

军臣单于的接班人原本应该是他的儿子於单，但他的弟弟左谷蠡王伊稚斜发动兵变，直接动手抢。於单打不过叔叔，战败后只得南下投奔汉朝。

估计於单是想借助汉朝的力量打回去，但他很快就死了。

随着於单的死，伊稚斜的位置算是坐稳了。

也许是想挽回颓势，也许是急于表现，新上位的伊稚斜单于接连派兵对汉朝边郡连续发动攻势，急不可待地在夏天进攻，先后攻入代郡、雁门，杀掠千余人。

元朔四年（前125），匈奴又在夏季出兵，九万骑兵兵分三路，同时对代郡、定襄、上郡发动进攻。

面对匈奴的如潮攻势，汉朝很淡定，不为所动。打了这么多年，匈奴也不过如此，只会对汉朝边郡进行骚扰，区别只是来的是数千还是数万。不管人多还是人少，也仅限于袭扰，匈奴既不敢与汉军主力决战，也不敢深入攻击汉朝的大城市。

第九章 月夜突击——远程奔袭合围右贤王

汉朝并没有因为匈奴的频繁袭扰打乱自己的节奏。

你打你的，我打我的。

汉武帝已经有了打击目标——匈奴的右贤王部。

匈奴的进攻是缺乏战略目的的。

但汉朝的每次重大军事行动都有着明确的战略目标。

之所以瞄准右贤王，还是因为他对汉朝构成了实质上的威胁。随着汉军收复"河南地"设置朔方郡，匈奴已经威胁不到长安，但对朔方郡的频繁攻击，还是给汉朝造成很大困扰。

谁最嚣张就先揍谁。

元朔五年（前124）春，汉武帝下令车骑将军卫青率骑兵三万出高阙，游击将军苏建、强弩将军李沮、骑将军公孙贺、轻车将军李蔡率军出朔方，大行李息、岸头侯张次公出右北平，总兵力十余万。

汉军在战略方向上兵分两路，其中，东路李息是诱敌部队，他们的目的是从东北方向攻击左贤王部，吸引左贤王以及单于本部的注意，以掩护真正的主攻方向——西路卫青部的行动。

在战术攻击方向上，以苏建等部出朔方，目的也是吸引匈奴右贤王部的注意，保护此次攻击的主力卫青的三万骑兵。

右贤王之前多次攻击过朔方，汉军从朔方出击，匈奴不可能注意不到，派这么多将军走这条路，也是希望匈奴认定这条路是汉军的主攻方向。

而真正的主攻部队，卫青的三万骑兵正在悄悄地快速接近目标右贤王的营地。

在内外双重掩护下，卫青大军在一个月夜，成功合围右贤王所部。而此时的右贤王对即将到来的危险毫无察觉，此刻，他正左拥右抱，搂着他的爱妾，与部下把酒言欢，匈奴营地一片载歌载舞，玩得正嗨。

右贤王这么放松，也是有原因的，因为他认为，汉军不可能来到这里。他的营地距汉军的边塞朔方郡有七百里远,而且途中不是沙漠就是戈壁,严重依赖后勤的汉军是过不来的。

入夜,匈奴右贤王营地的狂欢达到高潮。

而此时已经完成合围做好攻击准备的三万汉军铁骑,在卫青的率领下,对匈奴右贤王发起突然攻击。

一点防备都没有的匈奴人,在汉军突然的猛烈攻击下,瞬间土崩瓦解,稍作抵抗后,便束手就擒。

要说还是右贤王反应快,听到外面杀声四起,他心知大事不妙,匆忙之中,他也顾不得他的数万部众了。右贤王带着爱妾跟数百侍卫趁着夜黑混乱,突围向北方逃去。

"月黑雁飞高,匈奴夜遁逃。"

右贤王虽然跑了,但他的部下大部分做了汉军的俘虏,右贤王部将十余人、部众一万五千余人被俘,牲畜数十万头也被汉军缴获。

从战果来看,匈奴右贤王部基本被卫青一锅端了。

大军凯旋。

汉武帝得到消息,喜出望外,大军才回到边塞,皇帝的使者已经等在那里。使者带来的是大将军的印绶。卫青即在军中被拜为大将军,这是极高的礼遇,也是最大的荣耀。

卫青获封的户数也扩大到八千七百户,已经很接近万户侯的标准。

卫青三个还在襁褓中的儿子也被封侯。

这是卫青人生的巅峰。

四年前,他的姐姐卫子夫为汉武帝生下儿子刘据,刘据不久即被立为太子。他现在也成了汉军统帅。

但位极人臣的卫青,此时此刻头脑依然十分清醒。他没有得意忘形,更不会恃宠而骄。底层出身的他更懂人性,依然谦逊低调。

面对皇帝的赏赐,卫青把功劳归之于皇帝指挥有方,部下奋勇争先,

第九章 月夜突击——远程奔袭合围右贤王

而他不过是执行皇帝的既定方略罢了。

汉武帝对卫青的表现应该是满意的，自然也不会忘记加封有功将校：都尉公孙敖封合骑侯，都尉公孙贺封南窌侯，都尉韩说封龙额侯，其余有功人员也依次得到封赏。

元朔六年（前123）春二月，大将军卫青率汉军主力出定襄北击匈奴单于本部。左将军公孙贺、中将军公孙敖、前将军赵信、右将军苏建、后将军李广、强弩将军李沮随同出征，十万大军兵分六路，由大将军卫青统一指挥。

右贤王部被几乎全歼后，接下来终于轮到单于本部了。

但大军出发不久就遇到一支数千人的匈奴部队，汉军随即将这股匈奴部队全歼，但大军的位置和意图也随之暴露。

汉军出塞最理想的情况是出敌不意，长途奔袭。卫青此前的两次大胜都是远程奔袭取得的。

眼看突袭的目的达不成了。用兵谨慎的卫青决定收兵回去，再等待机会。

四月，大将军卫青再次率军出定襄，寻找匈奴主力。

很快，汉军在阴山附近遇到匈奴本部主力，双方随即展开激战。

战斗刚刚打响，令卫青猝不及防的是，左贤王部突然从右翼加入战斗。

卫青在主战场听到东北方向有敌增援，令前军赵信与右军苏建合并前去阻击，保护右翼。

卫青则率主力和左军后军与匈奴本部主力激战，前军右军顶住了驰援而来的左贤王。

大战一天，以少敌众的汉军阻击部队死伤殆尽。

前将军赵信原来就是匈奴的小王投降过来的，见情势不妙，再次反水，带着所剩的本部兵马投降匈奴。

原本就是以少打多,这下雪上加霜,苏建的右军苦苦支撑一天为卫青争取到了宝贵的时间,代价是近乎全体战亡。

卫青率本部兵马大破伊稚斜单于的匈奴主力,斩杀一万九千人。

伊稚斜这次是领教了汉军精锐的恐怖战斗力,率匈奴主力向北逃去,左贤王见单于遁逃,也撤出战场。

卫青在匈奴单于本部与左贤王两大主力的夹攻下,依然能稳住阵脚,取得大胜,展现了一位优秀统帅的卓越指挥能力。

战败的苏建依军法当斩,卫青问大家:"该如何处置苏建?"

周霸说:"大将军出征以来,还未杀过副将,现在苏建弃军而逃,可斩苏建立威。"

军中的长史、军正则认为:"这次苏建仅以右军数千抵挡匈奴左贤王部数万,奋战一天,伤亡殆尽,不敢对朝廷有背叛之心,自动归来,如今反要被杀,这不是告诉将士们,今后如果打了败仗万万不可回朝吗?"

卫青的回答很有水平:"我侥幸以皇亲身份在军中为帅,不愁没有威严,而周霸劝说我树立个人的威严,大失作为人臣的本意,何况即便我有权可斩有罪的将军,我也不应在国境之外擅自诛杀,而应将情况呈报天子,请主上裁决。"

于是卫青将苏建送往朝廷请皇帝发落。苏建后来出钱赎罪。

卫青当场不杀苏建,实际上就相当于饶了他,做事留一线,日后好相见,而交给武帝处理,又是尊重领导的表现,在苏建的问题上,卫青处理得恰到好处。

卫青之前的两次大胜,随行校尉都跟着立功封侯,李广这次也来了。

可是,偏偏卫青这次未建大功。

汉朝原本是想在此战中围歼匈奴单于本部主力,实现占领全部阴山的战略目标。

卫青虽重创匈奴,但未能达成围歼的战前意图,因此未获封赏。相

第九章　月夜突击——远程奔袭合围右贤王

比之下，李广可能是最郁闷的人了。

又错过一次封侯的机会。

不过虽然未围歼匈奴主力，但占领阴山的战略目标却意外达成了。

这还得说是赵信的"功劳"。

赵信回到匈奴后，伊稚斜单于对赵信很是看重，封他做"自次王"，还将妹妹嫁给他。

赵信于是给伊稚斜献计：不如将王庭北迁，疲敝汉兵。汉军如果来攻，等他们穿过沙漠已是疲惫之师，然后我们以逸待劳，不愁打不赢。

伊稚斜采纳赵信之计向北转移。困扰汉朝百年的匈奴，就这样被赶出漠南，整个阴山山脉第一次全部纳入中原政权的版图。

赵信的这个计策与其说是为匈奴着想，不如说更像帮汉朝谋划。

这个赵信怎么看都像是人在匈奴心在汉的间谍。

伊稚斜在赵信怂恿下的这次北撤，归根到底还是取决于实力。

不是他们想撤，而是实在打不过，不得不撤。

水草丰美的漠南，与荒凉凄冷的漠北，反差如此之大，正常情况下，谁愿意去喝北风。

"河南地"与阴山被纳入汉朝版图，匈奴右贤王部被打崩，匈奴本部元气大伤，不得不远遁漠北。

汉军在卫青的率领下打出了第一次高潮。

接下来的第二次高潮是他的大外甥打出来的。

封狼居胥的霍去病终于登场了。

第十章

狂飙突进——霍去病河西之战

元朔六年（前123）这次出塞，卫青功过相抵。真正的亮点是他的外甥霍去病。

霍去病的初次亮相很像他的舅舅，也是孤军深入，在其他各路表现平平之时，独自闪耀。只不过，他的深入更冒险。卫青第一次带了一万人。霍去病只带了八百人。

也许是年少气盛，只带八百人就敢深入敌后，十八岁的霍去病一身是胆。

十八岁的票姚校尉霍去病独自带领八百精骑，作为一支奇兵脱离大军，在大漠纵横驰奔数百里，擒匈奴相国、当户，杀伊稚斜单于祖父，擒其叔父，斩杀匈奴两千余人，勇冠三军。本就对其十分喜爱的汉武帝加封霍去病"冠军侯"。

自古英雄出少年。

其实，卫青与霍去病的风格很相似，两个人都擅长远程奔袭，以快取胜。

卫青的战绩主要是在他当大将军之前取得的，那时他的风格就是快。

元朔二年（前127）收复"河南地"。

元朔五年（前124）长途奔袭合围右贤王。

卫青都是以快取胜，出敌不意，长途奔袭，大军合围，速战速决，得胜即归。

但当上大将军，成为前线汉军的主帅，卫青要指挥全军，协同各路人马，如此一来速度就快不起来，兵马多了，职权大了，反而束缚了他的手脚。

大将军的职责令卫青不得不谨慎用兵。职责所在，卫青只能改变风格，从求快到求稳。

但霍去病出现后，延续了卫青快速突击的风格，并将之升级到一个新的高度，成为新的闪击战专家。

有一种人，出道即巅峰。

有一种人，注定生来不平凡，注定要干一番轰轰烈烈的事业。

对匈奴的战争是长期的。

身为这场战争的总指挥，汉武帝不得不做长远的考虑。卫青是出色的将军，优秀的统帅，但仅仅一个卫青还是远远不够的，还需要有后续梯队。

霍去病就是汉武帝选定的卫青的接班人。

汉武帝对两个人的栽培模式都是相同的，在让他们挑起重任之前，都要进行考验。卫青的考验是那次四路出击，霍去病的考验即是这次深入敌后。

卫青通过考验，得到的是收复"河南地"的指挥权。

霍去病通过考验，得到的也是一次远征的机会——河西之战。

元狩二年（前121）春，年方弱冠的霍去病被汉武帝任命为骠骑将军。这是霍去病第一次独当一面。霍去病奉命率军一万从陇西出发向西出击，去打通河西走廊，驱逐那里的匈奴人，解除长安西北方向的威胁。

汉武帝对霍去病是很偏爱的，这从他给霍去病挑选的士兵配置的兵器装备上就能发现，全是最好的，全部顶配。霍去病的士兵虽然只有一万，却是优中选优的精兵。

霍去病率军从陇西出发，一路飞驰，穿乌鞘岭，过狐奴河，越焉支山，一路向西，狂飙突进，六天之中转战千里，杀折兰王，斩卢侯王，俘浑邪王子及其相国、都尉，俘斩首虏八千九百级。

霍去病率汉军精锐以横扫千军之势，席卷河西。

匈奴人向来以速度见长，这次，霍去病让匈奴人领教到了汉军快如闪电、迅如疾风的雷霆之击。

汉军以秋风扫落叶之势，将整个河西的匈奴人扫得七零八落。

取胜的关键就是一个字——快。

不给敌人反应的时间，不给敌人喘息的机会。

突然袭击，连续打击，霍去病将骑兵的速度与攻击性发挥到了极致。

霍去病的第一次河西之战以大胜结束，打击效果相当好。汉武帝相当满意，因为仅仅过了三个月，汉军就发起了第二轮攻击。汉武帝决定趁热打铁，一举搞定河西。

这次又是大动作，汉军又是在战略方向上兵分两路，东西并举，西北、东北同时出击。

当年夏天，霍去病与公孙敖率骑兵数万从北地郡，李广与张骞从右北平同时出击。

这次排兵布阵与三年前卫青合围右贤王那次的部署简直如出一辙。

战略方向上，还是西北主攻、东北助攻。

西线的霍去病担当主攻，东线的李广负责吸引火力，调动匈奴策应霍去病部的行动。

具体到战术层面，再次分兵。

西线战场，鉴于匈奴刚刚被暴揍过，印象深刻，汉军以公孙敖部沿着上次霍去病刚走过的路进兵，是的，这路也是吸引火力去的，目的也是转移匈奴的注意力，为霍去病部主力的进攻，制造更多的机会。

霍去病与公孙敖由北地分道出发后，不久，公孙敖就迷路了。

霍去病处变不惊，决定仍按原定计划进兵，只为达到出其不意攻其不备的奇袭效果。

霍去病率军避开正面，而以大迂回的方式从西北方向揳入，绕到匈奴侧翼，经居延泽（今内蒙古额济纳旗东）向东南突击，在祁连山麓与浑邪王、休屠王的军队展开激战，又打了对方一个措手不及，又是一场大胜仗。这次的战果更为辉煌，第二次河西之战霍去病所部汉军共计俘虏斩首匈奴三万余级，是第一次河西之战歼敌数的三倍。

霍去病的第二次河西突袭很像卫青合围右贤王那次的河南之战，都是在匈奴人意想不到的时间，出现在匈奴人意想不到的方向，然后以猛虎下山之势，突然发起攻击，猛扑过去，在匈奴人尚未弄清是怎么回事儿之前，就被汉军击溃。匈奴人连还手的机会都没有就几乎被全歼。这就是千里奔袭的闪击战所要达到的效果。

汉军的战果达到甚至超过了战前的预期。

上次卫青合围右贤王俘获一万五千人，霍去病这次直接翻倍，三万人。卫青上次已经创造了汉匈开战以来的最大战果，这次，霍去病再次刷新纪录。

第二次河西之战，霍去病以惊人的胆略，在没有后方支援与友军配合的情况下，充分发挥骑兵作战的特点，突飞猛进，灵活机动，深入匈奴侧后两千余里，聚歼匈奴主力于祁连山麓，第二次河西之战的大胜，也创造了中国古代骑兵作战远程奔袭的经典战例。

霍去病的大迂回战术首先需要的是速度，没有速度就谈不上攻击的突然性，也就很难对敌人形成合围；其次，要长途奔袭，没有远程奔袭也达不到进攻的突然性。

霍去病的部队是清一色的轻骑兵，高速、突然、攻击力强，往往使对方措手不及。

霍去病正是利用轻骑兵机动性好的特长，沿用卫青的快速机动以快制快的打法，从而完全掌控了战场的主动权。

以迂为直，避实击虚，扩大战争空间，节省兵力兵器，加速战争进程。霍去病的作战风格完全是一种飓风式的"闪击战"。

大迂回要远离后方，霍去病基本上是脱离后方作战。古人云："兵马未动，粮草先行。"但霍去病的军队有他们独特的后勤体系。具体说就是因粮于敌，从匈奴人那里抢吃的，走到哪里就打到哪里，攻到哪里就吃到哪里，将对后勤补给的依赖降到最低，负重过多，带着辎重，想快也快不起来。只有轻装上阵，才能保证速度，有了速度才能保证攻击的突然性，部下都是精兵强将才能大胆地向敌后纵深穿插，实施大迂回，令敌人侦察不到汉军的位置，才能保证远程奇袭的打击效果。

与西线的辉煌胜利相比，东线的战绩只能用惨淡形容。

负责执行牵制匈奴左贤王部的李广与张骞也是分道而进。

李广率四千骑兵前行。张骞领一万骑兵随后，两军相距数百里。

这个距离其实是有问题的，就算是骑兵机动速度快，相隔几百里还是有点远。一旦有事，相互之间来不及救援。

李广带领四千骑兵走在前面，遭遇匈奴左贤王部主力四万骑，旋即被后者合围。

李广部下将士都很慌乱，一比十，换成谁也很难淡定。

这时李广再次展现了久经战阵的沙场老将的英雄本色，虽然他心里可能也很慌，但表面上依然十分镇定。

这时候需要给士兵们打气，给他们树立信心，但光凭嘴说是没用的，必须来点实际的行动。

于是，李广的儿子李敢上场了。虎父无犬子，这话用在李敢身上特别合适，他继承了他爹勇敢悍战的作战风格。

李广对儿子李敢说，儿子，把咱平时练的那套拿出来展示展示吧，该你亮相了。

李敢年轻气盛，正是敢打敢拼的年纪，得令后，二话不说，带着几十个骑兵就冲了出去，直奔四万匈奴骑兵杀过去。

匈奴人估计也没想到，兵力只有他们十分之一的汉军居然会主动发

第十章　狂飙突进——霍去病河西之战

起攻击，而且，还是这么点人。

李敢率数十骑直冲匈奴军阵，进去之后，一路狂飙，左冲右杀，勇不可当，很快杀透敌阵，紧接着又返身杀了出来。但杀出敌阵的李敢并没有回归本阵，而是带着他的几十名骁勇敢战的部下又杀了回去。就这样，李敢带着几十个汉军骑兵，在四万匈奴骑兵的大阵里杀进杀出，如入无人之境，等他砍过瘾，杀够本，这才回到本阵，当着数千将士的面，对父亲李广说了句牛到极点的话："胡虏易与耳。"匈奴人不过如此，容易对付。

李敢这耍帅耍得简直帅呆了。

当然谁都知道，他这话明着是对父亲讲，其实是对全军将士说，不用害怕，咱们能搞定这帮匈奴人，别看他们人多，在咱哥们儿眼里，那都不叫事儿，他们敢过来，分分钟教他们做人。

李敢在匈奴军中纵横驰骋，大家都是亲眼看到的，此时此地，这次生动的骑兵攻击现场教学，比任何语言都有说服力。

四千汉军的情绪终于稳定下来。

然而，形势依然严峻。

毕竟，对方的人数是汉军的十倍。这仗依然很难打，不是所有人都有李广李敢父子的胆略跟骑射水平。

李广令四千汉军围成一圈，摆出环形防御阵型，弓弩拉满瞄向外面。

外面的匈奴骑兵使出的还是传统骑射艺能。

四万匈奴骑兵围着汉军开弓放箭，一时箭如雨下。汉军也以强弓劲弩对准匈奴人，弓弩齐发。

两军对射，箭如飞蝗。不时有人中箭倒下。

汉军的强弩射程更远威力更大，铁质箭头的杀伤力比匈奴的兽骨箭头强得多。但架不住对方人多，这个时候就是拼人数，谁人多，谁就占上风。匈奴兵力十倍于汉军，很明显，在这种对射中，汉军很吃亏。

在激烈的对射中，汉军死伤过半，当然，匈奴人也被射死很多。但这种"火力"输出很消耗"弹药"，很快，汉军带的箭矢就告急了。

李广知道不能再这么打下去，等箭矢耗尽，匈奴人围上来，自己这四千人一个也剩不下。

必须改变打法。

关键时刻，李广亲自上阵，操作所携带的大型强弩，对准匈奴的带队将领连续击发，接连射死数名匈奴裨将。射人先射马，擒贼先擒王。这个道理李广自然懂，杀小兵解决不了问题，必须杀领头的大将。

果然，李广的这一通操作过后，匈奴的嚣张气焰被打了下去，攻势顿时减弱，双方相持到天黑，暂时停战，各自休息。

一天血战下来，汉军个个疲惫不堪，很多人的脸上早已不见血色，而李广神态自若，越打越兴奋，往来奔走于军中鼓舞士气，大家看到在如此险境之下，李广依然气定神闲、丝毫不乱，都由衷钦佩，临危不乱、处变不惊，果然是大将风度。

熬过一个漫长的黑夜，第二天战斗继续，两军接着对射。

虽然汉军打得很英勇，但以少打多，再这么下去全军覆没只是时间问题。

在汉军就要顶不住的时候，援兵赶到。张骞率一万骑兵姗姗来迟。为啥才来？因为之前说过，两军相距数百里，张骞走得并不慢，只是距离太远。

但不管如何，援兵终于来了。尽管只来了一万人，仍远少于匈奴的四万。但久战之下的匈奴也已经是强弩之末，他们也打不动了。见汉军援兵赶到，匈奴人撤围退走。

东西两线的不同际遇，其实在战斗尚未开始时就已经注定。

原因在于他们对战场情报的掌控。

霍去病在战前对匈奴的情况就很清楚，他掌握了大量关于匈奴的情

第十章 狂飙突进——霍去病河西之战

报,所以才能准确找到匈奴的位置。霍去病的手下有很多匈奴人,所以他从不会迷路,也不会找不到敌人。霍去病是知己知彼,因而才能百战不殆。

以李广的多次出塞经历来看,他独自带兵出战,对匈奴的动向都很不清楚,出征前缺乏明确的目标,更多的时候,他是在碰运气,与匈奴的几次交战都是遭遇战。敌情不明,又缺乏情报,因此有时迷路,有时会与匈奴主力不期而遇。长途奔袭,迂回合围的战法,对李广是不适合的,因为他连敌人在哪都不知道,如何合围!李广的优点是他的战场反应能力,以及临危不乱的气场,也正是这些优点让他一次次化险为夷,平安归来。

情报对于战争的重要性不言而喻。韩信之所以能百战百胜,很重要的一点就是他特别注重搜集情报。以韩信的经典战役井陉之战来说,战前,韩信就对赵军的情况了如指掌,甚至连赵军战前会议的谈话细节都知道,情报做到这个份儿上,想不赢都难。李广的受挫与霍去病的大胜,很大程度上源于他们对情报的掌控。

李广经常遭遇挫败。

霍去病常常打胜仗。

简单地归之为运气并不科学也不客观。

一两场战斗的胜负,也许可以说是运气,但如果是经常挫败或常常大胜,再说是运气就很牵强。

李广的打法只适合边界上的小规模战斗,这种打法让他在文景时代声名远播。然而,属于他的时代已然远去。

霍去病的成功固然有运气的成分,但更多的是,他的风格更适合这个时代,强盛的国家为他提供了展示的平台。要说幸运,霍去病的幸运在于他生对了时代。

将领在前方打仗,战前要有侦察,有情报,战斗过程中要随机应变沉着指挥，战后还要有系统的总结。而战斗只是其中的一个过程。

《孙子兵法·始计篇》："夫未战而庙算胜者，得算多也；未战而庙算不胜者，得算少也。多算胜，少算不胜，而况于无算乎！吾以此观之，胜负见矣。"

谋定而后战才是古往今来的常胜之道。

河西之战的辉煌胜利，令青年将领霍去病一战成名，后来居上，成为名将之中最闪耀的那颗将星，璀璨夺目，光辉灿烂。

同期的将领与霍去病相比都显得黯然失色，逊色不少。

与霍去病同时出击的李广，打仗十分勇敢，即使深陷重围，仍能处变不惊，临危不乱，表现出一名沙场老将应有的大将风度。

但对一个将军的评价，到底还是要看战绩的，要能打胜仗才行。以李广所遇敌情，他能在匈奴十倍兵力的围攻下，与之杀伤相当，打成平局，已经难能可贵。甚至可以说，遇到这种局面，也只有李广才能做到全身而退。但李广此战最多只能算平局，而霍去病是大胜。如此结果，原因是多方面的。

李广的多次挫折，不是简单的敌情不明迷失道路，而是未充分认识到敌我的优势，以及如何利用自身的优势去战胜敌人的优势。

作为军人，李广很勇敢，这是军人应具备的基本素质，但仅仅有勇敢是远远不够的，还要深入钻研战术。

李广的作战风格，其实，更像游牧部落，纪律松散，士兵不受拘束，很是随意。与敌对阵，往往是与敌人迎面骑兵对冲，再就是正面对射。骑兵砍杀，汉军即使不落下风，但也不占优势。与匈奴对射，则更被动。因为匈奴的优势就是骑射，汉军多数时间只能结成军阵与之互射。匈奴骑兵是运动中的机动射箭。而汉军多用强弩是固定射箭。相比之下，敌人更灵活，而汉军更被动。

总而言之，李广总是在以自己的劣势去攻击敌人的优势。结果就是，即使他很勇敢，麾下将士也很奋勇，但多数时候只能打成平局，甚至还会遭遇惨败。李广虽与匈奴大小数十战，但多数只是边界上的自卫反击战，能击退击溃敌人，却很少能重创敌人。主要原因就在于，李广是在以己之短击敌之长。

而霍去病作战则充分发挥己方的优势，同时吸收对方的长处，来强化自己，保持优势的同时，还能扩大优势，并能将优势转化为胜势。

汉军的优势是坚甲利兵，以及严明军纪下的在步兵方阵基础上形成的骑兵突击。匈奴的优势是骑兵的灵活机动与出击迅速。

霍去病的部队则是二者兼而有之。有汉武帝的偏爱，霍去病得到的资源总是最好的，最好的兵员，最好的装备，最好的补给，最好的将校。霍去病出击河西只带一万骑兵，可是这一万人都是精兵中的精兵，精锐中的精锐。

为保证部队的快速机动，部队的规模不宜过大，十万大军是很难远程奔袭的，因为兵员素质、战具装备参差不齐，做不到步调一致，整齐划一。而只有选拔出来的精兵，配上最好的装备，以及一万人有限的规模才能做到。

匈奴的机动灵活只有在边界上才能显现出来它的优势，一旦战场转入草原匈奴本部，真正机动灵活的反而是汉军骑兵。因为匈奴也有老弱妇孺，也有牛羊辎重。匈奴骑兵可以往来飞驰，但这些妇孺做不到，反而会拖累其骑兵的速度。

汉军是纯职业军队，只要速战速决，最大限度减少对后勤的依赖，就可以保持对匈奴的战略机动优势。

霍去病的部队既有坚甲利兵骑兵突击的汉军的优势，又有匈奴骑兵快速机动的速度优势。

双重优势在霍去病的卓越指挥之下，便能转化为一场场辉煌的胜利。

为何别的部队，不是追不上敌人，就是被敌人合围，而霍去病的部队从来不会遇到这些状况呢!

原因主要有两点:

一,霍去病每次大举进攻,在战略方向上都有友军的协同配合,使匈奴兵力分散。河西之战,有李广在东线的配合。漠北决战,有卫青在西线的呼应。

二,霍去病的出击速度极快,远程奔袭,闪电出击,速战速决,得胜即归。这使得匈奴在被攻击时猝不及防,被攻击后溃不成军。好不容易集结兵力准备反击,却发现汉军早已不见踪影,想打都找不到人。

曾几何时,这是匈奴的战法,如今却被霍去病充分利用来打击匈奴。以其人之道,还治其人之身,才是最好的报复方式。

优势叠加,双重加持下的霍去病自然是逢战必胜,所向披靡,令匈奴闻风丧胆,使汉军胆壮志坚,遇敌必破,百战百胜。

第十一章

张国臂掖——汉设河西四郡

霍去病在春夏两次的出击将河西的匈奴浑邪王、休屠王彻底打崩溃了。

其实被打蒙的不只他俩，还有他们的单于伊稚斜。

听说浑邪王、休屠王连遭败绩，损兵折将，伊稚斜单于大怒，派人召二人去单于庭述职。一年来，他俩的业绩只能用惨不忍睹来形容，单于这时候找他们去述职，明显就是要收拾他俩。浑邪王、休屠王也不傻，这哥儿俩聚在一起一商量，得出一致结论，不能去，去就是死，这是个人都能看明白。

可是不去，就是抗令，到时候，单于亲自带兵来找他们谈，也是个死，这可如何是好？

最终，在经过痛苦的思考后，二人又得出一致结论——降汉，这是唯一的出路。

商议已定，两个人迅速派出使者与汉朝取得联系。

汉武帝得到消息的第一反应不是惊喜，而是怀疑这可能是匈奴的诈降，目的是趁汉军放松警惕，偷袭边境。但如果是真的，将其拒之门外又将错过一举占领河西的机会。

左思右想后，汉武帝找来霍去病，让他带兵去河西接应投降的浑邪王与休屠王。

霍去病是带着双重使命出发的，如果对方是真投降，那就将他们接过来优待安置。如果对方耍花招，那霍去病就顺势发起第三次河西突击。

受降如受敌，霍去病自然不敢大意。

事实证明,汉武帝的担心是有道理的,果然出现了意外状况。

霍去病如约赶到约定的地点接应二王及其部属。但就在这时,休屠王却反悔了,不想投降了。

这就坑了浑邪王,现在他已经是开弓没有回头箭。得知休屠王反悔,浑邪王当即与之反目,刚才还是战友转瞬间就变成仇敌。事到如今,已经没有退路的浑邪王一不做二不休,直接杀了休屠王,兼并了其部众,在他的率领下与前来接应的霍去病会合。

两军相望在即,却又出状况。此时休屠王旧部不少人看到汉军,临阵反悔,纷纷掉头逃窜。一时场面极度混乱,连浑邪王也控制不住局面。

霍去病远远望见,知道情况有变,当即只率少数侍卫策马驰入匈奴军中,与浑邪王相见。

弄清情况后,霍去病令浑邪王所部原地不动,立即组织兵马追杀逃亡者,斩杀八千匈奴逃兵。

霍去病以与年龄不相称的成熟稳重,出色地完成了这次河西受降。随后,霍去病护送浑邪王到长安朝觐皇帝。河西四万匈奴尽数归降。汉朝成功占领整个河西走廊。

失去河西对匈奴的打击是沉重的。

在卫青的持续打击下,匈奴失去肥沃的"河南地",又失去他们理想的过冬地阴山。水草丰美的牧场,天然的避风港,只能留存在记忆里,再也回不去。阴山是匈奴人的精神家园,失去阴山的匈奴如同被折去臂膀,以至于每次路过阴山都痛哭流涕。

卫青已经让匈奴人流了很多的泪。但霍去病认为还不够,于是,通过两次河西之战,又从匈奴人手里夺走祁连山跟焉支山,让匈奴人长久地伤心哭泣。

失去河西的匈奴人悲伤地唱道:"亡我祁连山,使我六畜不蕃息;失我焉支山,使我妇女无颜色。"

匈奴妇女喜欢的焉支山也叫胭脂山，因山中盛产红蓝花而得名，这种紫红色的花，汁液可以用来做化妆用的胭脂。女人都是爱美的，即使是匈奴女人也不例外。

化妆品丢了，素颜还是小事，六畜不繁息才是最要命的。作为游牧部落，草场是匈奴的生命线。匈奴最为中意的是阴山以南的草场，其次就是祁连山下的河西草场。现在这些地方都是汉朝的了。

失去上佳草场的匈奴不可避免地走向衰落。尽管他们也挣扎过，但是在汉军的打击下，他们屡战屡败，正以肉眼可见的速度急遽衰落下去。

汉军的每一次重大军事行动都有布局深远的战略目的，开战以来，先夺"河南地"解除直接威胁，再取河西消除来自侧翼的威胁，步步为营，很有章法。

反观匈奴，面对汉军的步步深入，只会搞些在边境的袭扰，从汉初到现在都是如此，匈奴的这个打法几乎没有变化。对汉朝边郡的袭扰，对汉朝的影响微乎其微，几乎可以忽略不计。匈奴人的战略就是没有战略。他们只会乱打一气，处处陷于被动。

汉军的胜利可以说是战略的胜利。

汉朝在接下来的二十年里陆续在河西设置武威、张掖、酒泉、敦煌四郡。

四郡的名字都有着不同寻常的含义。

武威，是为彰显汉军的武功军威。

张掖，张国臂掖，以通西域。

酒泉，因城下有泉，甘醇似酒而得名。

关于酒泉还有一个更浪漫的传说。

霍去病在前线接连大胜，捷报频传，汉武帝龙颜大悦，下令送去几坛美酒以示犒赏。

但美酒送到军前，霍去病却犯了难。美酒只有数坛，随他出征的将士却有数万。就算是一人一口也不够分,霍去病左右为难,看着眼前流过的河水,顿时有了主意。他将全军将士都召到河边,当众将皇帝御赐的好酒倒入河中,然后,全体将士举杯痛饮河水。霍去病倒酒的地方就是今天的酒泉。

敦者,大也;煌者,盛也。敦煌,即是盛大辉煌之意。

敦煌是河西四郡里最后设立的一个郡,也是四郡之中距西域最近的一个郡。

设立河西四郡后,汉朝将长城从令居(今甘肃永登县西北)延伸到阳关、玉门关,烽燧更是深入到轮台。

为巩固浴血奋战得来的疆土,汉朝有一套行之有效的治理方法。

汉军打到哪里,行政区划就设到哪里。卫青收复"河南地",汉朝随即设朔方郡、五原郡加以巩固,与此同时,在阴山南北修筑长城,以达到"不教胡马度阴山"的目的。为充实边防,又从内地移民,在当地屯田。新移民既是潜在兵源,他们所种的粮食也能补充边防驻军,省去从中原转输的损失。仅朔方一郡,汉朝就从内地迁移十万人屯田戍边。

霍去病开拓河西,汉朝很快设武威、张掖二郡,不久又增设酒泉、敦煌两郡,接着开始修筑河西长城,再然后还是老办法,移民屯田。

设郡、筑城、移民、屯田,环环相扣,步步为营。

现在的汉军面对匈奴充满自信,因为追得上,打得赢,守得住,占得稳。

日益强大的汉军骑兵,再也不用担心追不上来自草原的匈奴骑兵。

而汉军以骑兵突击的全新战法也足以击败擅长骑射的匈奴骑兵。

耸立在北方旷野上的汉长城,绵延万里,烽燧相望,将匈奴人挡在外面,军队有了可靠的防御工事,百姓也可安心种田。

汉朝自收复"河南地"之后就开始大规模修筑长城。随着汉军的接连大胜,战线向北向西持续延伸。为巩固胜利成果,长城也在向北向西推进。

太初三年（前102），匈奴远逃漠北，汉军控制漠南后，汉武帝派光禄勋徐自为率军从"河南地"北面的黄河以北的五原塞再北出数百里，在大漠南部边缘重新修筑一条新的长城防线。因为这条长城是由光禄勋徐自为主持修建，因而称之为光禄塞。

光禄塞将阴山及阴山以南的河套地区全部保护起来。

在霍去病夺取河西走廊后，汉朝又开始兴建新的长城，河西长城。

河西长城沿着河西走廊一直向西延伸。河西长城的兴建过程与汉朝对西域的开拓是同步进行的，直到汉武帝晚年才大体修筑完成。

河西的居延塞与漠南的光禄塞是同时修筑的。

河西走廊上的祁连山脉海拔在四千米以上，常年积雪。祁连山上的冰川融雪形成的黑河、疏勒河等河流冲积而成的绿洲即是河西四郡的武威、张掖、酒泉、敦煌。

从酒泉北部流出的北大河与从张掖流出的黑河合流而后汇成的河流就是人们常说的弱水。所谓弱水三千，只取一瓢，说的便是此水。弱水水量充足，自南向北，流入沙漠腹地，形成一个湖泊，此即居延泽，唐朝时称居延海。

开元二十五年（737），唐代著名诗人、时任监察御史的王维出使河西路过居延，见到居延汉塞的壮美景色，触景生情，写下了那首有名的边塞诗《使至塞上》：

单车欲问边，属国过居延。
征蓬出汉塞，归雁入胡天。
大漠孤烟直，长河落日圆。
萧关逢候骑，都护在燕然。

诗中所说的"长河"即是居延海。

从居延海再向北，就是漠北草原。弱水将河西走廊与漠北紧紧相连，因为有充足的水源，在河西与漠北之间便形成一条古道，居延古道。

匈奴想从漠北进入河西，最佳选择就是走居延古道。汉军从河西出击漠北，最便捷的路也是居延古道。如此重要的地方，自然要重点防守。汉朝即在居延泽修筑长城关塞，即居延塞。朝廷在此设居延都尉，归张掖郡守管理，长期驻守。

李广的孙子李陵率五千荆楚剑客组成的汉军北击匈奴就是从居延塞走居延古道进入漠北与匈奴决战的。

居延塞作为汉军在河西的重要边塞，驻有大量士兵，这些戍边将士在长期的边塞生活中留下很多历史记录。二十世纪三十年代，沉睡千年的汉代书简在居延被发现，这些书简大部分是汉军的档案记录，也有戍边将士的私人书信，这即是轰动世界的二十世纪最伟大的考古发现之一，居延汉简。

大规模的移民屯田，不但使边军有了充足的粮食，还有庞大的后备兵源，因此人心安定，胆气益壮。

很久以来，人们都有一种错觉，认为汉朝是打不过匈奴人，才被迫和亲。这是大错特错。即使在汉初，汉军也从不畏惧匈奴，其实，不是打不过而是打不着，因为那时汉军是以步兵为主，追不上马背上的匈奴人，缺乏骑兵才是最主要的原因。

组建骑兵当然要有战马，但汉朝最缺的就是战马。在占领河西后，这个困扰汉朝数十年的老问题得到了彻底的解决，因为河西有中国最适合放马的牧场，祁连山下的这片草场特别适合放牧，直到今天这里仍有我国主要的军马产地——山丹军马场。

有足够数量的战马才能组建成规模的骑兵部队。

有数量众多训练有素纪律严明的骑兵，还要有出色的优秀将领来指挥。

此时的汉朝国运正隆。

汉武帝的命是真好,一下就得到两个优秀将领,卫青还有霍去病。

第十二章

漠北决战——汉匈主力会战

霍去病率大军凯旋。汉武帝特意下令在长安为其修建了一座豪华宅邸作为对霍去病的嘉奖。

汉武帝是想给霍去病一个惊喜，可当霍去病看到豪宅时，脸上却并没有呈现出汉武帝期待的喜悦表情。正当汉武帝为霍去病的淡定感到惊讶时，霍去病说出了那句令后世动容流传千载的励志名言："匈奴未灭，何以家为！"

汉武帝是真的被震惊到了。

他想不到一个年纪轻轻的将领能说出如此一番话来。

汉武帝是一个有雄心有壮志更有大格局的人。他喜欢的当然也是相同类型的人。

霍去病能说出"匈奴未灭，何以家为"，说明他也是一个有大格局胸怀壮志的人。

汉武帝是很喜欢霍去病的，而且很明显是把他当作卫青的接班人来培养。相比霍去病的圣眷日隆，卫青则是明日黄花。

汉武帝想用霍去病取代卫青的意思已经再明显不过。卫青自己当然也很清楚。但卫青本来就是一个低调内敛的人，对这些看得很通透。

霍去病虽然出身不好，但足够幸运，他出生时家庭境况已经今非昔比。霍去病从小过的是锦衣玉食的贵族生活，基本没吃过苦。他的青少年时代与他的舅舅几乎是两个极端。

生活经历不同、阅历不同、年龄差异，性格迥异，造就了卫青与霍去病截然不同的为人处世方式。

第十二章 漠北决战——汉匈主力会战

卫青自合围右贤王军中拜将之后声誉日隆、权势日盛，在军中的威望更是旁人望尘莫及。虽然卫青为人谦虚低调，但汉武帝也意识到需要寻找新的接替者了。

汉武帝选定的人就是霍去病。

而卫青与霍去病的打法是相同的，都是骑兵远程奔袭快速突击，迂回包围，近战取胜。

不同的是，霍去病的速度更快。

要说霍去病的缺点就是过于年轻，又是少年得志，行事张扬，不懂低调，也不会体恤士卒。

但他的优点也在于年轻没有那么多的包袱，完全是轻装上阵。

虽然皇帝宠他是人尽皆知的事情，但人家也真争气。河西之战，狂飙突进，所向披靡，以战功而论，完全可以与卫青并驾齐驱。

霍去病身为汉朝名将，最大的优点是善于长途奔袭，进行大迂回包围战。之前的河西之战，接下来的漠北之战，霍去病将他的特点展现得淋漓尽致。

霍去病敢于进行大胆的战略机动，底气就在于出色的情报能力。其他将领经常出现的迷路现象，在霍去病身上从未发生过，这是因为他善于使用匈奴降兵。能够带兵且是大兵团远程作战，这本身就需要很强的领导能力，况且，霍去病指挥的很多是匈奴兵，不少人甚至是刚刚投诚过来的。他却能从容地指挥这些人作战，不仅能很快形成战斗力，还怎么打怎么赢。

这就是能力，这就是水平。

虽然此时的霍去病才二十出头，但这并不影响他成为大军统帅。

霍去病能屡战屡胜，还因为他发现了匈奴的一个弱点，战略机动性差。

以往人们有个错误的思维定式，那就是夸大了匈奴人的机动能力。

匈奴人善于骑马，作战时忽聚忽散，进退灵活，行踪不定，往往让汉军追之不及。然而，匈奴骑兵的这种机动性，来得快，逃得也快，属于战术机动性，不等于战略机动性。

匈奴人在外线作战，袭扰汉朝边郡，确实是来去如风。

但一旦战争引入匈奴的势力范围草原，那就另当别论了。

匈奴人也有老婆孩子，还有牛羊以及各种家当。拖家带口，辎重很多，一旦被查明位置，几乎跑不掉，除非丢弃妻儿财产。

游牧民族似乎有很强的机动性，但从军事角度看却恰恰相反。匈奴人还处于游牧社会的早期，军队和平民并没有严格的差别，属于原始的"全民皆兵"。

匈奴军队的后勤特别是食物，需要依赖本部落的直接供给。也就是说，成年男性出兵打仗，必须有老弱妇女赶着牛羊，随时提供肉食和奶制品，因此出兵的距离不会太远。所以，匈奴每次出兵中原，实际上等于全体部落一起向南移动。匈奴军队附近不远，一定会有老弱看守的大本营存在。一旦找到这个大本营并加以摧毁，匈奴就会立即陷入混乱。

游牧部落逐水草而居，每天的行进速度是由牛羊、马车的速度决定的，想快也快不了。

汉军与匈奴的最大区别，也是最大优势是军队的专业化，职业军队对阵原始部落，可以快速机动，及时捕捉信息，一旦锁定匈奴的具体方位，可以实现发现即摧毁。

匈奴骑兵的机动是很快的，但带上整个部落是很慢的。

霍去病正是发现了匈奴的这个弱点并且牢牢抓住，因此才能实现对匈奴的精准打击，一打一个准，每次都打得匈奴人怀疑人生。

卫青的两次长途奔袭迂回侧击，夺回"河南地"，又夺过阴山。

霍去病的两次西进大范围机动迂回包围，占领河西走廊，夺过祁连山。

两次遭受重创的都是右贤王部，经过卫青、霍去病的连续打击，右贤王部直接被打崩溃。于是，汉武帝的下两个打击对象也随之锁定，那就是匈奴单于本部以及左贤王部。

汉匈之间的战争表现在对山的争夺上格外抢眼。

匈奴虽然是游牧在草原上，但他们对山的依赖一点不比汉人弱。

大山，不仅是冬天的避风港，还是春天的栖息地。

有能遮风挡雨的地方，谁愿意去草原喝西北风？

但现在汉武帝连西北风也不想让匈奴喝了。他打算将漠南也全部拿过来。

霍去病河西归来，汉武帝就开始酝酿下一次行动。

这次军事行动的规模要超过以往任何一次。因为这次的目标是匈奴单于跟左贤王。目标大，投入的兵力自然要更多。

为了这次出击，汉朝整整筹备了一年。

不仅是筹军备，还要筹钱。

战争是最消耗国力的。十万之师，日费千金。更何况是比步兵成本更高的骑兵。

文景时代留下的老本早就被打光了。

为了筹措军费，汉武帝想尽各种方法弄钱，收回铸币权，实行盐铁官营，改革币制以此从诸侯王那里收钱。

这里特别要说的是"鹿皮币"，这个新型货币是汉武帝专门搞出来，用来敲诈亲戚的。材料就是一块白鹿皮，但汉武帝说，这块鹿皮就是货币了，标价四十万钱。

所有的亲戚都必须买。

汉朝礼仪，诸侯朝觐，祭祀祖先时，需要使用玉璧，但汉武帝进行了小改动，规定诸侯在使用玉璧的时候，都必须用鹿皮币做垫子，衬在玉璧下面，以示尊崇。

一块鹿皮就要四十万钱。这不是抢钱吗？对，就是抢钱。但亲戚们明知是个坑，也必须往里跳。

谁敢不买，皇帝就会收拾谁，具体就是，诸侯王削地，侯就剥夺爵位。

大家只能乖乖交钱，乖乖挨宰。

曾经能左右朝局的诸侯王们如今只能任由皇帝宰割。因为汉武帝将诸侯王们彻底治服了。

这就要说到武帝收拾诸侯王的招数——推恩令。

其实，推恩令只是当年贾谊的"众建诸侯少其力"的升级版。

虽然被评为千古第一阳谋，推恩令也不是有多高明。

贾谊的众建诸侯是推恩令的早期版本。这个建议好不好？好。

但文帝、景帝两代都是很小心很谨慎地在部分地区推行。晁错等不及想激进，结果激出七国之乱。

推恩令的好处显而易见。

那为何文帝、景帝不推行，直到武帝才做呢？不是文景两代皇帝不想做，而是实力不允许。

政策的推行要以实力做支撑。

汉初，汉高祖刘邦只有十五个郡，但诸侯国却有四十二个郡。到了文帝时期，朝廷控制的郡的数量增加到二十四个，景帝时扩大到六十八个，到汉武帝时已经达到一百零八个。

从汉文帝到汉景帝，削藩一直在进行。之所以不受瞩目，只是他们做得很低调。最主要的原因还是实力。他们的削藩行动不想过分刺激诸侯王，因为实力不占优势。

但到了汉武帝时期，经过文景两代的努力，朝廷对诸侯王已经形成压倒性优势。汉武帝颁布推恩令，甚至不考虑诸侯王们的感受，就是这么"任性"，就是这么豪横。原因在于国家的实力已经足够强大。

也正是因为一直困扰朝廷的诸侯王问题得到基本解决，汉武帝才能全身心投入对匈奴的战争。

到了有钱出钱有力出力的时候，汉武帝还不忘这帮一直被他打压的亲戚。

钱凑足了。

诸侯王们也老实了。

战前准备都做好了。

开打吧。

汉武帝从来不喜欢小打小闹，他向来都是大手笔，舍得投入。

舍得，舍得，有舍才能有得。

这些年，汉武帝舍了很多，到处砸钱。

现在是他得的时候了。

汉武帝决定进行全国动员，调集汉军精锐，深入漠北寻找匈奴主力进行战略决战。

毕其功于一役。

之前的数年，卫青与霍去病出塞都是分别出兵，各打各的。两人既不会同时出兵，更不会出现在一个战场上，因为他们都是主帅。在一个战场，只能有一个主帅。还有一个原因，那就是骑兵出击，成本过高，就算是豪横的汉武帝也得考虑成本。

但这次，汉武帝决定让两个汉军主帅做一次战略配合，同时出兵，相互呼应。

为了这次出击，汉武帝不计成本，集结十万精锐骑兵，这几乎是汉军骑兵的全部主力。

汉武帝将其中的五万精锐，交给了霍去病，任务是围歼匈奴单于本部主力。

剩下的五万给了卫青，他的任务是打击匈奴左贤王部。为何不理会右贤王，因为右贤王之前已经被卫青打垮，至今也未恢复过来。

两路大军，从两个方向同时出击。

一同出塞的还有五十万步兵，他们一面为前出的骑兵提供后勤支援，同时也随时接应，必要时投入战斗。

这个规模，很明显就是去找对方拼命的。

汉朝要在匈奴盘踞的漠北与匈奴主力决战。

按照战前的部署，霍去病军出定襄，卫青军出代郡。

但在出兵之前，汉军从俘虏口中得知伊稚斜单于已经率主力东去，于是改变计划，令霍去病出代郡，卫青出定襄。

这是卫青作为汉军主帅的最后一次出塞远征。

但谁也不会想到，这也将是霍去病的最后一次远征。

漠北之战将是大汉双璧卫青与霍去病军事生涯最辉煌的一战，同时也将是他们的最后一战。

不忍告别，但终将离去。

此战也是飞将军李广的谢幕之战，但李广的告别最为悲情。

为国家征战数十年的三朝老将李广早已鬓发如霜，本来汉武帝不打算再让他随军出征，但打了一辈子仗的老将军不甘心浴血拼杀一生，却不得军功封侯。

李广请求甚至是央求皇帝：再给我一次机会吧！

汉武帝看到白发苍苍的老将军，想想他为大汉辛劳一生，于是动了恻隐之心。

"你随卫青出征吧。"

但随后，汉武帝又喊来卫青，对他说："李广这人命不好，不要让他做前锋。"

元狩四年（前119）春，大将军卫青率太仆公孙贺、前将军李广、右将军赵食其、后将军平阳侯曹襄兵出定襄。

骠骑将军霍去病未配属裨将，但手下多是骁勇敢战的年轻校尉，很

第十二章 漠北决战——汉匈主力会战

明显这是一支青年军,从统帅到部将都是血气方刚的青年,他们都是汉军的精锐,也是皇帝有意栽培的储备干部,还有许多的归义匈奴人一同出征,兵出代郡。

因为匈奴主力早已逃遁到漠北,以往卫青、霍去病的长途奔袭迂回包围战术已经不适用。

长途奔袭也是有作战范围的,数百里之内,利用骑兵的机动性,是可以做到快速奔袭攻其不备的。

但随着距离的拉长,所需时间更长,这就增加了大军暴露的概率。

特别是伊稚斜单于听从赵信的建议,将人马辎重都转移到漠北。如此,拉长的不仅是距离,还有时间,汉军再想突袭已经不容易。从漠南到漠北,还要跨越沙漠,这大大增加了攻击的难度。

伊稚斜单于坚信汉军过不来,即使过来也已经十分疲惫,到时,他的匈奴主力便能以逸待劳,冲击远道而来的汉军。

可是,他实在低估了汉朝的决心,更低估了汉军的实力。

出塞后,卫青从俘虏的口供中得知,之前的情报不准,匈奴单于本部正在他的攻击方向。而原本受命进攻单于的霍去病对面的才是分给他的左贤王。

但大军已出,只能随机应变。

大将军卫青令前将军李广与右将军赵食其两部合并,从东路绕道出击匈奴侧翼,自率主力从正面攻击。

卫青大军在出塞一千余里翻越沙漠后,在漠北遇到了早已等在那里严阵以待的匈奴单于本部主力。

这次不是突袭。匈奴早有准备。

两军正面对阵,拼的完全是实力。

卫青并未急于进攻,而是下令用武刚车连接在一起环绕为营,稳住阵脚,然后才派出五千精锐骑兵直冲匈奴军阵,发动试探进攻,伊稚斜单于也下令出动一万骑兵迎战。

双方骑兵正面对冲,硬碰硬。

战斗进行了整整一天,双方死伤相当,但匈奴以两倍的兵力以逸待劳却占不到任何便宜,已经暴露出双方战力的差距。

战至黄昏,突起大风,飞沙走石,对面不见人脸。

这种沙尘暴在漠北很常见,并不值得大惊小怪。

但经过一天混战,卫青已经摸清匈奴的虚实,单于本部主力不过如此。

于是,卫青下令全军出击,从左右两翼对匈奴主力实施合围。

匈奴已经明显处于下风,伊稚斜单于见大势已去,丢弃大军,只率少数亲随向北逃走。

伊稚斜单于的这个举动说明他已经彻底放弃这次战役。只有在败局已定难以挽回的情势下,主帅才会抛弃部队独自逃走。

丢弃在前方厮杀的部下,只顾自己逃命,肯定会降低身为首领的威信,但伊稚斜已经顾不上这些了。

此时他最担心的是被汉军捉住。

伊稚斜单于临阵脱逃,说明汉军已经获得大胜。

天色将晚,卫青才得知单于逃走,于是,派出轻骑兵追击,大军随后跟进。

匈奴骑兵在失去统一指挥又被汉军四面围攻之下,很快土崩瓦解,溃不成军,四散而逃。

卫青顾不上抓这些散兵游勇,擒贼先擒王,此时抓单于才是最重要的。

汉军追了一天,追出二百里,但伊稚斜单于逃得确实够快,还是让他跑了。

此战,汉军斩首、俘虏匈奴一万九千人。

第十二章 漠北决战——汉匈主力会战

卫青大军追到匈奴在漠北的赵信城，停留一日休整部队。匈奴在城中的存粮被汉军全部缴获。

汉军大吃一顿，随即放起一把大火，将赵信城剩余带不走的粮食付之一炬，全部烧毁，然后班师凯旋。

汉军在失去突袭优势，兵力又不占优势，远征疲惫的情况下，对阵以逸待劳的匈奴主力，在骑兵野战中依然大胜，已经证明了汉军的强大实力。

卫青将汉军的步兵方阵引入骑兵部队，骑兵也由过去的骑射骑兵改为突击骑兵。避开骑射，改为突击冲锋，将汉军的骑射弱点化解，又将汉军的军阵优势充分发挥。

同时，卫青将车兵加以改进，将之前不加顶盖的"轻车"，改为增设车盖加护牛皮的武刚车。这些战车行军时用于运输，战时则可以充当堡垒。卫青将车兵与弩兵混编。

遭遇匈奴，进攻时由突击骑兵以军阵模式发起集团攻击；防守时，汉军弩兵依托武刚车可以从容射杀匈奴骑兵。

汉军将武刚车环列为营。匈奴骑兵攻不进去。匈奴骑兵的骑射有效杀伤只有几十米远。而汉军弩箭的射程可以达到二百米。百米之外，匈奴骑兵射不到武刚车后面的汉军弩兵，而汉军弩兵却可以准确瞄准匈奴骑兵进行精准射杀。

卫青的军阵攻守兼备，攻得猛烈，守得稳固。在攻与守两方面都对匈奴形成降维打击。匈奴的失败成为必然。而汉军的胜利则是多重优势之下的水到渠成。

卫青率汉军在与匈奴的漠北决战中取得大胜。

然而，李广却感受不到胜利的喜悦，他又迷路了。李广与赵食其因为缺少熟悉地形的向导，未能赶上与单于主力的会战。

等卫青率大军南归，穿过沙漠后，才遇到李广与赵食其所部。

卫青派长史向二人询问失期未至的原因。这其实只是例行公事，军中失期是大罪，之前李广同张骞出塞的经历已经足以说明失期不至的严重性，未按约定时间会合，可能影响战局乃至整个战役的胜负。

身为大军主帅，卫青有权力更有责任询问二人失期的原因。这原本是很寻常的事情。

但老将军李广的反应却很激动，他对部下将校说："我自结发从军，与匈奴大小七十余战，今有幸追随大将军出击匈奴，却因道远迷路。我已年过六十，不愿再面对刀笔之吏。"说罢引刀自杀。

李广激动是有原因的。作为一个与匈奴打了一辈子仗历经三朝的老将，他太清楚此战的意义。

李广此生最大的愿望便是立功封侯。以他的资历早应封侯，但因为各种原因都错过了。

此次出征是他最后的机会。皇帝原本不打算派他来的，是在他再三请求下皇帝才同意的。李广也很明白，皇帝是看在他三朝老将的情分上不忍驳他的面子。李广很清楚，这是他的最后一战。他很想以立功封侯来结束他的军事生涯，有一个圆满的结局。

然而，因为迷路失期，他永远错过了这次机会。老将军痛心之至，他知道他再也没有机会了。

失去希望才是最可怕的，也是最令人心碎难受的。老将军承受不住这个打击才会想不开，以自杀来结束自己的生命。

李广的死与卫青关系不大。李广也不是害怕面对狱吏，他早年兵败被关押又被贬为庶民，这种经历他早就有过。为将数十载，大场面他见得多了，不会惧怕小小的狱吏。

对于一个年过六十又急切渴望立功的老将军，失去最后的立功机会才是压垮他的最后一根稻草。

李广的死讯传出，不管认识还是不认识的人都很悲伤难过。

李广为将四十余年，死后家里却没有多少财产，因为每次他得到赏赐都慷慨地分给部下。

行军打仗，每遇到缺水乏粮，士兵不喝饱，李广一滴水也不喝；士兵不吃饱，李广不吃饭。

与士兵同甘共苦的李广也因此深受士兵的爱戴。

李广死后，一军尽哭。

桃李不言，下自成蹊。

卫青在漠北决战中击败匈奴单于主力。霍去病则依旧延续了他之前在河西的风格，闪电突击，快进快打，不给敌人反应的时间，不给敌人反击的机会。

因为军中有大量的来投的匈奴精兵，身边还有很多匈奴出身的将校，所以霍去病从不担心迷路，也不担心找不到匈奴人的营地。

匈奴的左贤王终于也尝到了霍去病闪击战的滋味。他还未搞清状况，他的部队就被击溃了。

霍去病还是老习惯，全部打包，擒获屯头王、韩王，将军、当户、都尉八十三人。

霍去病率军出塞两千里，俘斩匈奴七万之众，这是汉匈开战以来，汉军取得的最大胜利。

但令霍去病真正留名青史的是他接下来的举动，霍去病在匈奴人的狼居胥山祭天，又在姑衍山祭地。

从此，封狼居胥成为汉家儿郎的最高荣誉。

漠北决战，匈奴被斩杀俘虏九万余人，左贤王部主力基本被歼。

汉朝方面也损失不小，汉军战死三万多人。

出塞时的十四万匹战马，入塞时仅剩三万匹。

班师回朝后，汉武帝加封卫青、霍去病为大司马。卫青为大司马大将军。霍去病为大司马骠骑将军。

两个人看似得到的是不同待遇，而实际上是霍去病以大司马的职衔，已经与卫青并驾齐驱。

真正的差别在他们的部下身上，追随卫青的将校竟然没有一人封侯，而与此对应的是，霍去病的部下却有多人封侯，很多都是投效汉朝立下战功的匈奴人。

如此鲜明的对比，大家都已经看懂了上面的意思，于是许多卫青的部下纷纷转换门庭改投霍去病。

对此，卫青本人倒是很淡然，皇帝有意为之，顺其自然是最好的选择。已经位极人臣，保住现有的，君臣相安岂不更好。

卫青的外甥刘据在卫青当上大将军的前一年已经被册立为太子，如今另一个外甥霍去病又成为骠骑将军，他军事上的接班人。

经过漠北之战，匈奴已经被打垮，至少十年之内不会对汉朝构成威胁，卫青今后的职责已经不是对外征战，而是对内稳固既得利益，为太子刘据保驾护航，守护卫家。

但汉武帝跟卫青都未想到，他们寄予厚望的霍去病会因病早逝。

元狩六年（前117）九月，一代名将霍去病突然去世。

在出征漠北前，霍去病特意去了一趟平阳，去探望他的生父。

长大后的霍去病才知道自己的身世，他派人将霍仲孺请到休息的旅舍，跪拜道："去病早先不知道自己是大人子。"

霍仲孺愧不敢应，战栗叩头："老臣得托将军，此天力也。"

他的羞愧是真实的。

他虽为人父，却未尽过一天做父亲的责任。

但血缘亲情是这个世界上最牢固的感情。

霍去病为霍仲孺购置大量田宅，班师回朝再次路过平阳时还将同父异母的弟弟一起带回长安。

这个弟弟叫霍光。

霍去病的弟弟霍光才是武帝的托孤之人。

汉武帝对霍去病的死痛心之至。他专门调来铁甲军，从长安一直排到霍去病的墓地。霍去病的墓被修成祁连山的形状，以表彰他打通河西走廊的赫赫功绩。

第十三章

凿荒之行——张骞开拓西域

河西归汉朝所有之后，通往西域的道路被打通，有一个人异常兴奋，当即上疏皇帝请求再次出使西域。

为何说再次呢？因为二十年前，他就去过西域。

此人就是汉朝开拓西域的第一功臣外交家张骞。

早在建元三年（前138），张骞就曾出使过西域。

汉武帝是一个雄才大略的皇帝，尽管他有很多缺点，也做过很多错事，但至少在反击匈奴这点上，他是对的。

即位之初，汉武帝就开始布局，做与匈奴全面开战的准备。

他从归附汉朝的匈奴人那里得知，曾生活在河西一带的月氏人与匈奴是世仇，敌人的敌人就是朋友。于是，汉武帝就有了联合月氏对抗匈奴的想法。

月氏被匈奴打败后已经西迁到很远的地方，要联络月氏人必须经过河西走廊。但当时河西走廊尚在匈奴的控制之下。

月氏远在葱岭以西，距长安有万里之遥，还要穿越河西走廊数千里的敌占区，其中的凶险可想而知，但汉武帝并不担心，他相信汉家儿郎都是铁血男儿，纵有艰险，又有何惧！

汉武帝下令公开招募出使月氏的使者。很快就有人应募，此人就是张骞，汉中人，时任郎官。

渴望建功立业但又缺乏人脉资源的张骞很清楚，如果不寻找新的机会，他的仕途很可能就止步于郎官了。

当看到招贤榜的那一刻，张骞就敏锐地意识到，他的机会来了。

第十三章 凿荒之行——张骞开拓西域

张骞不是不清楚此行的凶险，但富贵险中求，对于他这种普通的寒门子弟来说，这是改变命运的为数不多的机会。

机遇来了，就要紧紧抓住。

张骞报名应募，很快就被录取，因为主动报名的人真不多。

张骞的任务是联络与匈奴有世仇的月氏，说服对方与汉朝联合共同打击匈奴。

月氏人原本占据河西，与匈奴为邻，经常与匈奴发生战争。

当时在河西一带游牧部落不只月氏，还有乌孙，但一山不容二虎，月氏与乌孙之间经常发生战斗。月氏还是略胜一筹，将乌孙打跑了。

被赶出河西的乌孙北上投靠匈奴。在匈奴的支持下，乌孙人以百倍于胡汉三的劲头又打了回来，匈奴与乌孙联合很快就把月氏打得没有还手之力。乌孙重占河西。月氏招架不住乌孙的攻势一路西逃，一直跑到伊犁河谷，但乌孙不依不饶，一路追着月氏打，也追到伊犁河谷，将对方再次驱逐。月氏被迫再次西迁，搬到更远的大夏。可乌孙人还来不及高兴就发现自己夺回来的河西已经住满了匈奴人。忙活半天，却是给别人作嫁衣裳。

乌孙人很郁闷，但匈奴人他们是惹不起的，于是就在伊犁河谷定居下来。就这么一个赶一个，河西不停地变换主人。

河西之战后汉人成为这片土地的主人，且是永久的主人。

当年，匈奴冒顿单于把月氏打得很惨。匈奴人杀死了当时的月氏国王，还把他的头割下来，将头骨制成酒杯。

如此血海深仇，汉武帝认为月氏是可以联合的力量。但他还是高看了月氏人。

被打败的月氏，大部西迁也就是史书上所说的大月氏，留下来臣服匈奴的被称为小月氏。

张骞此行的目的是说服西迁的大月氏打回来。

手持汉节的张骞带着一百多人的使团出发了。

在张骞的这一百多名随从中，最终跟着他走完全程回到长安的只有一个，此人名叫堂邑父，是个归附汉朝的匈奴人，他是使团的向导兼翻译，也是张骞的得力助手。要是没有这个堂邑父，张骞能不能生还都很难说。因为堂邑父不仅是向导、翻译，还是出色的猎手，他箭法高超。这项技能后来多次救了张骞的命。

虽然知道河西有匈奴骑兵，但想去找大月氏，只能从这里走。

结果，使团刚出陇西进入河西就遇上匈奴骑兵，张骞一行全被活捉。

当单于得知张骞等人此行的目的后被气笑了。

大月氏与匈奴是世仇，这点人所共知，如今汉朝不远万里派人去寻找匈奴的仇敌大月氏，想干什么，还用多说吗？

单于反问张骞，如果我派人去联系汉朝南面的越人，汉朝会让我的使者通过吗？这个问题不需要回答，大家都知道答案。接下来的话，单于并没有说出来，但他用实际行动做了回答，将汉使张骞一行全部扣押软禁。既然你们不会允许我的使者南下，同理，我也不会放你们西去。

虽然匈奴人各种威逼利诱，但张骞始终不为所动，谨守臣节。

匈奴人为迫使张骞就范，逼他娶妻生子，希望以此消磨他的意志。

光阴似箭，日月如梭，转眼十年过去了。

青年张骞变成了中年张骞，但他忠于汉朝的心始终如一。

终于，有一天张骞趁看守不严与堂邑父逃了出来。

这时，张骞有两个选择，折返向东回到汉朝，虽然未能完成使命，但这十年的艰辛也对得起汉朝了。

但张骞并没有这么做，他选择向西，继续前行，去完成他尚未完成的使命，联络大月氏。

十年过去了，但张骞从未忘记自己的使命。

"亦余心之所善兮，虽九死其犹未悔。"

第十三章 凿荒之行——张骞开拓西域

逃亡的路上，他随身携带的物品几乎丢光了，但有一件东西始终带在身边，那就是证明他身份的汉朝使者的符节。正是对使命的坚守，令他在最困苦的时候也从未放弃，终于等来机会，逃出虎口。

为寻找大月氏，张骞与堂邑父一路向西，戈壁大漠时而风沙走石，时而热浪翻涌，沿途人烟稀少，鲜有河流，白天酷热难耐，夜晚冷风刺骨，靠着堂邑父射取鸟兽充饥，张骞才得以穿过沙漠荒原。

两人翻山越岭向西走了几十天，来到大宛。听说有汉使到来，大宛国王热情款待，为向汉朝示好派人将张骞护送到康居。张骞几经辗转终于来到此行的目的地大月氏。

汉使张骞这一路走来备尝艰辛，其艰难困苦之情状实非笔墨所能形容。

此时的大月氏早已另立新主，还是一位女王，但月氏人对现在的生活很满意，他们现在待的地方水草丰美，生活富足。他们早已忘却昔日的仇恨，流连于此，乐不思蜀。

尽管张骞费劲唇舌尽力游说，但月氏女王不为所动，张骞在月氏活动了一年多，却始终不能说服对方改变主意，不得已，只好回国复命。

回去时，在路线的选择上，张骞特意避开河西，选择从更南面的青海羌人集聚区穿过，但羌人早已跟匈奴串通一气，张骞等于是主动送上门，又被押送匈奴。张骞回到了他的匈奴妻子身边，这次他没有被扣押多久，一年多后，他与堂邑父趁匈奴内乱，又逃了出来，这次他的匈奴妻子也追随他踏上东归之路。

元朔三年（前126），历尽艰险九死一生的张骞终于回到阔别十三载的汉朝。

当这个男人再次望见巍峨的长安城时，他匍匐在地，长跪不起。

十三年后，他终于回到了日思夜想的长安，但当初一百多人的使团，只剩下他与堂邑父两个人。

"行时百余人，去十三岁，唯二人得还。"

在所有人都以为他早已埋骨黄沙的时候，他回来了。

十三年，幸不辱命。

张骞将一路所见的西域各国的风土人情、山川河流、土地物产、兵力强弱等向汉武帝做了详细汇报。张骞的讲述令皇帝及众臣大开眼界。

虽然未达成劝说大月氏联合的目标，但张骞此行的收获依然巨大。

汉朝第一次对西域有了直接的也更深入的认识，这片新发现的土地从此与我们国家的命运紧紧相连。

后来的唐朝，唐太宗李世民用兵西域，魏徵反对，但唐太宗不予理会，执意进兵。

几十年后，武则天当政时也派兵收复西域安西四镇，狄仁杰反对，武则天也不予理会，坚决出兵。

又过了一千年，清代的乾隆皇帝也准备进兵西域，遭到几乎满朝文武的强烈反对，但乾隆不予理睬，坚决出兵。大臣们之所以激烈反对是因为之前雍正时多次对西域用兵，多次惨败，惨到北京的八旗几乎家家戴孝，户户死人，但乾隆依然不为所动，执意进兵。

西域就是今天的新疆。

新疆对中国有多重要，不须多言。

唐太宗、武则天、乾隆，历史已经证明他们的正确。

但第一次正式将西域纳入中华版图是在汉朝。

汉朝经营西域即始于张骞的这次出使。

汉武帝晋升张骞为太中大夫，堂邑父为奉使君。

其后，张骞以校尉从军随大将军卫青出塞反击匈奴，在军中为向导，元朔六年（前123）以军功封博望侯。

元狩二年（前121），张骞与李广出右北平反击匈奴，因路远失期被免去爵位。

第十三章　凿荒之行——张骞开拓西域

但霍去病打通河西，又让张骞看到希望，于是便有了之前的上疏。

这次的计划与上次相同，断匈奴右臂，只不过合作方从大月氏变成了乌孙。

自浑邪王归降汉朝，河西之地空虚，张骞提出将乌孙召回河西为汉守边。

汉武帝对张骞的提议深表赞同，任命他为中郎将率领一支三百人的使团，每人配两匹马，牛羊数万头，金银布帛数千万钱，再次出使西域。

但令张骞失望的是乌孙人的反应很冷淡，他们并不愿回到河西故地。张骞反复游说，但乌孙人怎么说都不肯走。匈奴的强大，乌孙是见识过的，但汉朝的实力他们并不清楚，而且，他们跟大月氏的情况相似，对现状都很满意。

张骞派出各路副使分别访问大宛、康居、大夏、于阗、大月氏等国。

之后，各国也派出使者随同汉使回访汉朝。各国使者的访问并不是简单的礼节性回访，而是要以此探看汉朝的虚实，这里面就包括乌孙的使者。

当这些使者亲眼见识到汉朝的富庶强大、文明先进，他们终于心悦诚服。

国家之间最终还是看实力的。

表面上看，张骞的两次出使都未达到目的，但从深层意义上看，两次出使都达成了战略目标。

一去西域，汉朝对西域这个战略要地有了直观的认识。

二去西域，令西域各国知晓了汉朝的富强，为下一步驱逐匈奴经略西域做好了准备。

从此，汉知天下，天下知汉。

自西域归来一年后，张骞病逝。

一介寒士，持节出国，筚路蓝缕，凿空西域。

东汉历史学家班固评价此时的汉朝：汉之得人，于兹为盛，兴造功业，后世莫及。

正是因为有许许多多张骞式的热血男儿才成就了强汉的盛世光辉。

那是个英雄辈出的时代。

那是个开拓进取的时代。

那是个汉家儿郎豪气干云纵横四方的时代。

第十四章

烽烟再起——汉匈重新开战

自漠北大战后十余年，汉匈鲜有战事。但武帝并未停止征伐，只不过换了主攻方向。在匈奴的威胁解除后，汉武帝开始将注意力转到别的方向，扫平南越，开通西南，东征朝鲜。

相比匈奴，南越、西南夷、朝鲜，实力都不足与汉朝抗衡。待扫平这些势力，汉武帝又将目光投向西北。

自漠北决战，汉军大破匈奴，威震很多民族部落，胡人不敢南下而牧马，士不敢弯弓而报怨。

匈奴依然得以苟延残喘，虽接连丢失"河南地"、河西之地，但还有西域为其输血。

汉朝是从张骞开通西域才对阳关以西有所认知，但匈奴对西域下手更早，而且要早几十年。

说起来，匈奴会侵入西域还是跟月氏有关。匈奴击败游牧于河西的月氏后，令休屠王、浑邪王分管河西之地，同时继续派兵追杀向西败逃的月氏。匈奴人是一路追击月氏进入西域的。

西域当时有着数量众多的国家，但大多是体量很小的绿洲城邦国家。说是国家，其实还不如汉朝的一个县大，很多小国甚至只相当于汉朝的乡。

这些小国在强悍的匈奴骑兵面前几乎没有抵抗力，很快就齐刷刷投降了。

匈奴横扫西域三十六国。

负责管理西部的匈奴日逐王在西域设置僮仆都尉，向西域各国征收

第十四章　烽烟再起——汉匈重新开战

赋税。

虽然匈奴在"河南地"、在阴山被汉军打得灰头土脸，但在西域的生活还是相当滋润的。

随着张骞通西域，汉朝势力的深入，匈奴人的幸福生活一去不复返了。

西域也从匈奴的一家独大，变成汉匈两强争霸。

张骞的英雄事迹在汉朝引发强烈追捧，去西域博取功名成为许多底层青年的首选。

现在，汉武帝不需要再张榜招人，因为想去西域寻找机会的人已经挤破头，大家争先恐后，唯恐比别人慢，错失良机。

有人愿意去西域冒险博取富贵功名，朝廷也希望能加强对西域的掌控，西域路途遥远又艰险，所以，朝廷对主动申请的人，来者不拒，只要愿意去就给符节。于是，一批又一批怀着立功封侯梦想的年轻人踏上万里长途。

楼兰、车师两个西域小国，正当要道，从河西入西域，有南北两条道路。

西域三十六国主要分布在南北两道沿线，南北之间是沙漠，楼兰与车师都是西域的东方门户，汉使入西域，南道必经楼兰，北道必经车师。

很快这两个国家就扛不住了，因为汉使来得有点多，一拨接着一拨。这些汉使需要吃饭住宿。

也许有人会说，这不是商机吗？可是，之前说过，西域的国家体量都很小，楼兰、车师充其量也就相当汉朝的一个县，人口有限，粮食也不多。《汉书》记载，楼兰全国人口才14100人，士兵2912人；车师（车师分前、后两国，此处指车师前国）更少，只有人口6050人，士兵1865人。汉使的频繁往来，常常数百人的规模更是令这两个小国崩溃。

于是，他们开始偷袭汉使，发展到后来甚至公开攻击汉使。

匈奴也常常派兵劫杀汉使。

国家的使者受到攻击,汉朝当然不能坐视不管。汉使是代表国家出使,攻击汉使就是攻击汉朝。

外交商贸的开展,需要有强大的军事实力做后盾。

汉使被欺,汉军出击。

元鼎六年(前111),汉朝派浮沮将军公孙贺率骑兵一万五千人从五原郡治九原出发,向西搜索两千余里,至浮沮井而还(浮沮井,沙漠中的一处绿洲。因命令公孙贺推进到浮沮井之故,所以命名为"浮沮将军"),又派匈河将军赵破奴率骑兵一万从令居出塞数千里,至匈河水(也是沙漠中的绿洲)而还。他们的目的是驱逐匈奴。

但匈奴显然是被汉军打怕了。

漠北之战的阴影还在,他们不敢与汉军主力交战,听到消息就远远躲开。

接下来就是收拾楼兰、车师这俩小国。

元封三年(前108),汉武帝派霍去病旧部赵破奴深入西域。

赵破奴率七百骑兵,千里突袭楼兰,生擒楼兰王。不愧是霍去病的部下,延续着闪电部队远程奔袭快速突击的传统。轻取楼兰后,赵破奴随后率军北上,又大破车师。赵破奴也以军功受封浞野侯。

虽有小胜,但汉军人才凋零也已是不争的事实。

元封五年(前106),长平侯卫青去世。汉武帝下令将卫青的陵墓修成阴山的形状,以纪念他驱逐匈奴于阴山的赫赫战功。

同年,汉武帝颁布求贤令,与其说是求贤,不如说是怀念。汉武帝想的是他的爱将霍去病跟卫青。

然而,千军易得,一将难求。

良将可遇而不可求。

一年后,匈奴乌维单于死,他的儿子乌师庐被立为新单于,因为年

第十四章 烽烟再起——汉匈重新开战

少号称"儿单于"。也是在这一年,匈奴开始向西迁徙,目的还是躲避汉朝兵锋。

新官上任三把火,"儿单于"虽小,但也不耽误他"放火",他想杀人立威,手下稍不小心就把脑袋混丢了。偏偏年景又不好,赶上雪灾,牛羊大批死亡。

匈奴正在以肉眼可见的速度衰弱,整个草原人心惶惶。

匈奴的左大都尉对前景失去信心,想给自己找条退路,派人秘密到汉朝联络,表示愿意袭杀单于,归顺汉朝。但汉朝距匈奴过远,如能派兵接应,我随时可以动手。

匈奴单于以下,官位最高者为左右贤王,是地方最高长官。匈奴以左为尊,左贤王权力地位高于右贤王。左贤王是单于副储,匈奴常以太子为左贤王。左右贤王以下为左右谷蠡王,左右谷蠡王以下依次为左右大将、左右大都尉、左右大当户。

左大都尉在匈奴排在第七,也是高级将领,位高权重,连他都动摇了,可见匈奴有多乱。

有人愿意归顺当然是好事,汉武帝下令让公孙敖率军出塞在居延海以北修筑受降城,以接应随时可能归顺的左大都尉。

但当时匈奴为躲避汉朝兵锋已迁徙到漠北深处,受降城距匈奴的单于庭依然很远。

于是,汉武帝又派浚稽将军赵破奴率两万骑兵出朔方向西北前进两千余里到浚稽山,以策应左大都尉。

赵破奴如期而至,但左大都尉这边却出了事,他正要动手,不想却被"儿单于"发觉,左大都尉随即被杀。匈奴立即发兵攻击赵破奴。

此时汉军深入匈奴腹地,处境危险。赵破奴率军返回,路上与匈奴骑兵遭遇,杀敌数千,但仍未摆脱险境。

汉军全速行军,希望能摆脱追兵,但匈奴人为了围堵这支汉军,调集了八万骑兵，这几乎是单于所能调动的全部主力。

就在距受降城只有四百里的地方，两万汉军被八万匈奴骑兵合围。

晚上，赵破奴率人出营取水，被匈奴人俘获。主将被擒，士兵们怕回去受到处罚，向匈奴投降。这次挫败开了一个很糟糕的头。匈奴因此战一扫之前十余年对汉军的畏惧。

然而，"儿单于"很快就死了。他的叔叔呴犁湖被拥立为新单于。

受此鼓舞，当年秋天，久已不见踪影的匈奴骑兵再次出现在边塞，匈奴左贤王部在云中、定襄大肆抢掠。匈奴右贤王部攻入酒泉、张掖，杀掠数千人。

面对匈奴的反扑，汉朝却未立即发起反击。

因为此时，汉朝正在应对另一场战争，征讨大宛。

第十五章

征伐大宛——万里远征意在西域

自张骞开通西域，汉朝很快就认识到西域的重要性，不仅对汉朝，对匈奴，西域也是必争之地。在连续失去漠南、河西之后，西域已是匈奴最后一个补血基地。

匈奴，早已不是从前那个嚣张跋扈的匈奴。但汉朝距西域有数千里之遥，匈奴认为汉军再厉害，也到不了西域。西域众多小国也是如此，他们畏惧匈奴，却不怕汉朝，具体表现是对匈奴老老实实缴纳赋税，供给各种所需；对汉朝使者则是百般刁难，羞辱甚至杀害汉使，就因为汉朝离得远。

汉武帝明白，他们尚未开化，跟他们讲道理是没有用的，只能武力征服。之前攻伐车师、楼兰就是为震慑西域诸国。但只收拾小小的车师、楼兰还起不到震慑的效果，必须找个体量足够大的国家，将其降服，做给各国看，杀鸡儆猴。

机会说来就来。很快那个找打的国家就出现了，大宛。

事情的起因是大宛的汗血马。出使西域的汉使向汉武帝报告，大宛的贰师城出产好马，可是这些马都被当地人藏匿起来，不肯卖给汉使。

由于马匹是对匈奴作战的重要战略物资，因此汉武帝对战马特别感兴趣，听说大宛出产好马，当即派出使者，携带黄金和一个用黄金铸成的金马作为礼物，前往大宛购买贰师城的宝马。

汉使携带重金来买马。大宛国王召集群臣商议卖还是不卖，商议的结果是不卖。

大宛君臣认为："汉朝离我们很远，走北道有匈奴人袭击，走南道则

第十五章 征伐大宛——万里远征意在西域

沿途多沙漠，往年汉使几百人来，有一半因为缺衣少食饿死在路上，使团尚且如此，更别说大军了。既然汉军过不来，也就不用怕了。他们怎么能派大军来呢？"大宛国王拒绝了汉使的请求，汉使失望之下，恼羞成怒，大骂国王。大宛国王也怒了，暗中指使东面的郁成国，在归途中劫杀汉使，将汉使携带的财宝也尽数劫走。

汉武帝得到消息，勃然大怒，从西域回来的使者告诉汉武帝，大宛兵弱，只需三千精兵，以汉军的强弩攒射，足以平灭大宛。上次赵破奴以七百轻骑攻破楼兰，就是这一说法的有力证据。

有之前的经验，汉武帝对此也深信不疑，他将这个征伐大宛的立功机会给了他的另一个小舅子李广利。

在说李广利之前，要先说说他的妹妹汉武帝的宠妃李夫人，而在介绍李夫人之前，还要先从一首歌说起。

北方有佳人，绝世而独立。
一顾倾人城，再顾倾人国。
宁不知倾城与倾国？佳人难再得！

在宫廷的一次宴席上，这曲《北方有佳人》成功引起汉武帝的好奇，不禁脱口而问，这世上真有如此美丽的姑娘吗？这时坐在一旁的汉武帝的姐姐平阳公主接话说："还真有。"平阳公主告诉弟弟，这首歌的谱曲者是李延年，他的妹妹就是一位倾国倾城的绝代佳人。

汉武帝听后，立即来了兴趣，吩咐人快去把这个姑娘找来。

见面之后，汉武帝对这位李姑娘很满意，而李姑娘带给他的惊喜还远不止于此，她不仅长得漂亮，还能歌善舞，曼妙的身姿、醉人的舞步令汉武帝如醉如痴。

汉武帝与美女的邂逅，总是少不了姐姐平阳公主的身影。前有卫子夫，后有李夫人。平阳公主为了弟弟的幸福，真是煞费苦心，不停地往弟弟身边送美女，并乐此不疲。这么善解人意的姐姐，哪个弟弟不喜欢！

李姑娘很快晋升为李夫人，独受专宠，后宫佳丽三千人，三千宠爱在一身。不久李夫人生下一子，即未来的昌邑王。

但好景不长，红颜薄命，李夫人在最绚丽的年华香消玉殒，留给汉武帝的是不尽的哀伤。

她病重时，汉武帝前去探望。李夫人却用被子蒙住脸，不肯让汉武帝看见她憔悴的面容。

以色事人者，色衰则爱弛。

李夫人不仅美丽还很聪明。她要皇帝永远记住青春靓丽的她。汉武帝对她也是用情至深，亲自写过一篇《李夫人赋》，以寄托哀思。

也许是对李夫人的思念，也许是出于对李夫人的补偿，汉武帝对其长兄李广利格外关照。而李广利也算有些才干。虽然他的能力比起卫青、霍去病相去甚远。但在人才凋零的武帝朝后期，李广利也是武帝为数不多的可用之将。

为了夺取宝马，汉武帝以其产地贰师城为名，封李广利为"贰师将军"，以赵始成为军正，王恢为向导，李哆为校尉，发属国骑兵六千，各郡少年数万，征伐大宛。

匈奴浑邪王降汉后，汉朝将其部众安置在边郡，称"属国"。汉朝常征召属国骑兵随同汉军外出作战。

太初元年（前104），贰师将军李广利率军出发，远征大宛。这是第一支来到西域的汉军。西域各国不知汉军虚实，他们秉承对汉使的不友好态度，纷纷闭门固守，不肯接纳。长途跋涉的汉军，所携带的粮草很快耗尽，只有攻下沿途的城池，才能获得一些补充；如果攻不下来，就只好饿着肚子前往下一个小国。

第十五章 征伐大宛——万里远征意在西域

好不容易抵达郁成，只剩下又饥又乏的几千人。郁成出兵迎击，将疲惫的汉军打得大败。李广利与部下们一商议，这还未到大宛，已经如此狼狈，以目前的状况，就算到了大宛，也是强弩之末，打不下大宛，到时可能一个都回不来。于是引兵而还，回到敦煌的汉军只有十之一二，大部分人都死在了路上。

李广利上疏汉武帝，说路途遥远，补给匮乏，请求退兵，增加兵马后再出兵。汉武帝大怒，派使者到玉门关，下令说："敢退入玉门关的，杀无赦！"李广利不得已，只好率部留在敦煌，不敢进关。

这时候，朝廷上围绕是否继续征伐大宛展开了激烈的争论。北方沉寂了十几年的边境，平静刚刚被打破，赵破奴的两万骑兵出塞，与匈奴的优势兵力不期而遇，结果全军覆没，赵破奴被俘。这种情况下，多数大臣主张集中力量与匈奴作战，暂时放弃征伐大宛。

但汉武帝深知其中利害，匈奴虽侥幸小胜，但在汉军的打击下，已经衰落，不会对汉朝构成大的威胁。此时的重点是经略西域，征伐大宛是经略西域的第一步。这一步至关重要，如果大宛打不下来，西域各国就会更加轻视汉朝，这将给下一步对西域的经营造成极大的困难，开弓没有回头箭，对大宛的战争必须进行下去，不仅要打，还必须打赢。汗血马其实并不那么重要，但汉朝的国威不容挑衅，必须狠狠惩罚杀害汉使的大宛。

于是汉武帝下令赦免囚犯，给李广利增兵六万，牛十万头，马三万匹，吸取之前的教训，这一次随军携带了大量粮草，仅领兵的校尉就有五十余人，一时天下骚动。

李广利率领大军第二次来到西域，这次各国见汉军势大，不敢抗拒，纷纷打开城门，给大军提供粮食，唯有小国轮台不肯出迎，汉军围攻数日攻破轮台屠其城。

轮台被屠，消息在西域传开，从此再没有一个国家敢将汉朝的使者拒之门外，汉宛之战以汉朝的全面胜利告终。不得不说，汉军的这次"敲山震虎"收到了两个效果：一是保证了战争的胜利，二是令西域各国归顺服从。如果还有第三个效果的话，那就是为未来西域都护府的设置提供了一片绿洲。数十年后，当汉朝决心派驻正式的行政机构经略西域时，大凡水草丰美之地均被当地人占据，唯有此前被汉军摧毁的轮台故地未被染指。于是，水到渠成，汉朝将西域都护府的驻地设在轮台，这里成为汉朝管理西域的指挥中心。

万里远征，沿途不是沙漠就是戈壁，沿途不断有人掉队，六万人，经过艰难行军，最终只有三万抵达大宛。

大宛军见汉军杀到开门迎战。汉军箭如雨下，大宛军抵挡不住退入郁成城。

两次远征，令李广利明白一个道理：远征不能计较一城一地的得失，因为军需跟不上，一座一座城地打，既损耗兵力又要分兵据守，得不偿失。

留下少量兵力围困，李广利率汉军主力绕过郁成城，直逼大宛国都贵山城。大宛军不敢出战。汉军随即包围大宛城，切断城中的水源，连续攻城四十多天后，攻破外城，俘虏大宛勇将煎靡。

退守内城的大宛人慌乱了。贵族们与汉军议和，他们将汉军的讨伐归罪于当初杀害汉使的国王毋寡，把他杀了，将头颅送给李广利，表示愿意献出宝马，只求汉军别再攻城。

李广利听说大宛城里已有汉人教他们挖井汲水，城中粮食尚多。这次远征是为讨伐大宛王杀害汉使的罪行，现在大宛王已经伏诛，对方也愿意交出宝马。于是李广利接受了大宛的议和。大宛提供了许多好马任由挑选，汉军从中挑选出三千多匹，另立一位亲汉的大宛人昧察为大宛王，与之结盟后引兵而归。

至于那个杀害过汉使，让汉军在第一次出征时吃了败仗的郁成，这

第十五章　征伐大宛——万里远征意在西域

次又让汉军吃了一个小亏。留下围困郁成的部队仅有数千势单力薄，遭到郁成的偷袭而全军覆没。旧恨未报，又添新仇，班师凯旋的贰师将军李广利当然不会放过与汉为敌的贼寇郁成，当即派部将搜粟都尉上官桀率军前往攻讨。郁成小寇在汉军主力面前自然是不堪一击，汉军攻破郁成后，郁成王逃到康居。上官桀率军紧追不舍一路追到康居。

这时，大宛业已降汉，康居不敢与汉军为敌，立即将郁成王交给汉军。上官桀派四名骑兵押送郁成王去李广利大营。这四人知道郁成王罪恶极大，担心押送途中出现意外，就相互商量着杀了郁成王，带着他的头去复命，商量好后，却没有人敢先下手，最后还是其中一个年轻的叫赵弟的士兵，胆子大，砍下郁成王的头颅，回营复命。

太初四年（前101），李广利从西域凯旋，当初出关时的六万大军，回到玉门关的仅有一万人，军马也仅剩千余匹。汉军的第二次出征，粮食已不是问题。汉军的损失不是因为补给，多数人也并非死于战斗，是带兵的将吏贪婪，不爱惜士兵，导致很多人非正常死亡。

不过汉武帝认为此次出征路程遥远，胜利来之不易，就没有计较将吏们的过失，而是对他们的功劳大加赏赐，李广利被封海西侯，军正赵始成战功最多，拜光禄大夫，上官桀深入追敌，拜少府，参与谋划军事的李哆拜为上党太守，那个砍下郁成王头颅的士兵赵弟，也因为勇敢，得以封侯。

东归路上，沿途小国听说大宛被汉军攻破后，纷纷派子弟随军入汉。见识到汉朝的真正实力后，这些小国开始讨好汉朝。西域小国之前经常抢掠杀害汉使，现在却纷纷主动供应粮草送上人质，争先恐后，唯恐不及，态度来了一个一百八十度的大转弯，不是他们突然良心发现，而是他们认识到了汉朝的强大。

史书记载，"大宛破后，西域震惧"，自此，汉使西向通行顺畅。汉朝声威远播西域。

征伐大宛的目的就是震慑西域诸国，为汉朝接下来经略西域铺路，所谓汗血马不过是个由头。很多不明真相不知其中深意的人为此大肆抨击汉武帝，说他为了汗血马，劳师远征，劳民伤财，如何如何，他们哪里懂得雄才大略的汉武帝的壮志雄心。

征伐大宛是征服西域至关重要的一步，是为经略西域，以及最终击败匈奴这个最高国家战略做铺垫的。

万里远征确实损失巨大，但相比由此带来的战略利益，这些损失，以汉朝强盛的国力还是能接受的。

汉朝在敦煌设立都尉，从敦煌西至盐泽，沿途设置驿亭，开辟通往西域的道路。

为保证对西域的有效控制，汉军开始在西域派兵屯田，长期驻军。

国威只在剑锋之上。

大宛在西域的更西面，与汉朝相距万里。

汉军万里征伐大宛，用实际行动给西域众多小国做了生动的"教学演示"。相比西域小国，大宛更远，兵马更多，然而，强横如大宛在汉军面前也不堪一击仓皇落败，国王的脑袋都作为战利品被送往长安。

但远征的代价过大，不可持续。要长期控制西域，必须保持长久的军事存在。

驻军不难，但补给很难。

西域距中原路途遥远，靠内地转运，路上吃的粮食比运到的要多得多，成本过高。

可行的办法只有屯田，就地屯田，才能保证粮食的稳定供应，驻军才能长期屯驻，汉朝也才能保持对西域诸国的持久威慑。

有大宛的前车之鉴，不听话的下场，西域小国是清楚的，杀害汉使的郁成王被砍了脑袋，谋害汉使的大宛国王也被斩首示众。

一万次说教不如一次军事征讨来得有效。

第十六章

孤军深入——悲怆的浚稽山之战

太初四年（前101），汉军万里远征击败大宛，威震西域。昔日嚣张跋扈的匈奴也畏惧汉军的强大，明知汉军出兵西域的最终目的就是他们，也不敢轻举妄动。

这年秋天，匈奴呴犁湖单于死了。其弟左大都尉且鞮侯被立为单于。

汉武帝欲携大胜之威震慑匈奴，为此下了一份诏书，说当年高皇帝有平城之忧，高后时单于又言辞狂悖，这些都是国家之耻。昔日齐襄公复九世之仇，《春秋》义之。

话说得很明确，复仇的时候到了。

匈奴听说后赶紧认错，当年有多嚣张，现在就有多狼狈。出来混，迟早要还的。如今汉强匈弱，新单于知道此时的匈奴不是汉朝的对手，况且他刚刚上位，汉朝是得罪不得的。为向汉朝示好，匈奴将之前扣押的汉使路充国等人护送回国。

汉武帝对匈奴的这番举动很是满意，汉军虽远征大宛获胜，但损失也不小，暂时还不想对匈奴开战。汉武帝下诏的目的也是威慑匈奴，如今匈奴主动认错，送汉使归国，汉朝方面也投桃报李，礼尚往来，按照对等原则，第二年派中郎苏武率使团出访匈奴，顺便送还扣押的匈奴使者。

两国关系紧张时互相扣押使者，如今关系改善，放归扣押的外交人员也是释放善意。

但汉使到达匈奴后才发现情况并非想象的那么美好。匈奴单于尽管自知不是汉朝的敌手，但毕竟也是大国，还是不肯低头做小弟。

第十六章 孤军深入——悲怆的浚稽山之战

本来事情到此，使团完成任务即将回国，却突然卷入一场匈奴的政治事件。匈奴缑王与被迫投降匈奴的汉人虞常等密谋劫持单于的母亲阏氏归汉。苏武的副使张胜与虞常在汉朝时就相识。虞常将计划透露给张胜，立即得到后者的支持，这么一来，汉朝使团也被卷了进来。但结果计划失败，苏武也因此受到牵连。这件事情的详细情形稍后会说。这里只说这次政治事件的影响，汉匈之间刚刚缓和的关系也因此次事件而发生逆转，两国战事再起。

天汉二年（前99）五月，汉武帝令贰师将军李广利率兵三万出塞打击盘踞在天山一带的匈奴右贤王部。本来右贤王的地盘对应的是河西走廊，但此时的匈奴已经整体向西迁徙。

在派李广利出击的同时，汉武帝还打算让李广的孙子李陵率军转运粮草，为李广利军做后勤支援，但李陵却不愿意。

虽然谁都知道后勤的重要性。战争打仗就是打后勤。古人在这点上很早就明白这个道理，所以才有"兵马未动，粮草先行"一说。但具体到分工上，军人都愿意做先锋，冲锋陷阵。原因也很实际，做后勤很多情况下吃力不讨好，辛苦不说，而且很难立功。

李陵是名将李广的孙子，真正的将门虎子。军人世家出身的李陵比普通人更渴望沙场建功，而且他爷爷的遭遇人所共知，老人家打了一辈子匈奴到死也未能封侯，这是李广的心结，更是李家人全家的心结。

李陵虽年纪轻轻，但颇有乃祖之风，精于骑射，与士卒同甘共苦。因为是将门之后，他很早就开始了军旅生涯。汉武帝也很喜欢李陵，让他在河西走廊的酒泉、张掖一带守边练兵。

与祖父不同的是，李陵训练的是步兵。

从汉武帝决定对匈奴展开反击后，骑兵就成为主力军种，步兵大部分时间都是守城，即使出战也是给骑兵运输辎重。因为与匈奴作战最重要的是速度。步兵追不上匈奴骑兵，只能将主力的位置让给骑兵。久而久之，步兵逐渐成为骑兵的运输队。汉武帝之所以打算派李陵给李广利做后勤也是出于这种习惯性思维的考虑。

但李陵训练的不是普通步兵，按今天的标准应该算是特种兵。因为他的士兵大部都是来自南方荆楚之地的剑客，剑术高超，精于格斗，单兵战斗能力极强。李陵训练这些士兵的是战阵与箭术。这么一来，不论近战还是远战，这支精兵都不落下风。

李陵决定不走寻常路，就在很多人认为步兵已经不适宜对匈奴的战争的时候，他却反其道而行之，以荆楚剑客组成了汉军最强的步兵军团。

训练有素的荆楚剑客，配上汉军精良的铠甲锋利的兵器，强弓劲弩，足以狙杀匈奴，由大量弓箭手组成的军阵，还有汉军严明的纪律，以此阵容对阵匈奴必然是实力碾压。

匈奴有骑射的优势，自幼生长在马背上的匈奴人，其骑射本领是汉人难以望其项背的。能与之匹敌的兵源也只有西北六郡的良家子，但西北本就人口不多，相应地，兵源也是有限的。

汉军的最大优势还是步兵，只要训练有素，指挥得当，加上数量庞大的兵源优势，配上汉军引以为傲的强弓劲弩，足以抵消匈奴的骑射优势，在战争中赢得胜利。

当敌人的有些优势很难压倒的时候，开辟新的赛道是最明智的选择。抵消敌人优势的最好办法就是不跟他比他的优势项目，而是开设新的赛道，发挥自身的优势。

多年前，冯巩、牛群有个相声，牛群说在很多国际比赛上，女运动员拿的金牌总比男运动员多。牛群问冯巩有什么办法改变这个局面。冯巩的回答是，取消女子比赛。

虽然这是个玩笑，但这个思路是对的。

李陵苦练步兵就是不跟匈奴比骑射，而是跟匈奴人比组织性纪律性，比坚甲利兵，显然这些方面，汉军占据压倒性优势。

第十六章　孤军深入——悲怆的浚稽山之战

李陵的步兵军阵与卫青的骑兵突击都是对付匈奴骑兵的好办法，都是考虑到敌我实际情况而采取的有针对性的战术，两者其实是殊途同归。

卫青的战术特点是快，远程奔袭，出其不意，对敌人进行突击，再将步兵冲锋原封不动地搬到马背上之后，主要依靠近战冲锋肉搏取胜。

李陵的战术与卫青的最大不同在于，他不追求速度，而是立足于以列成军阵的弓弩兵对匈奴兵进行远程狙杀，以密集的箭雨对敌人进行"火力覆盖"，同时，因为这支步兵是由荆楚剑客组成的，也不怕近战，在与匈奴贴身肉搏的时候也能占据上风。

李陵渴望率领这支经过他精心训练的部队去战场上一显身手。如此精锐的部队去做辎重兵，显然是大材小用。

因此，对汉武帝的安排，李陵想都没想就予以婉拒。

李陵不但否定了武帝的提议，还指出了李广利这次出兵在战术上的漏洞，用四个字概括就是——孤军深入。

以往汉军出塞反击都是多路出击，有主攻，有助攻，彼此呼应，令匈奴顾此失彼，不得不分兵迎战。这么一来就形不成合力，对汉军的威胁就大大降低。

以往汉军出塞还有一个特点就是闪电出击，卫青、霍去病作战的最大特点就是快，不给敌人反应的时间，不给敌人反击的机会。所以，匈奴人在被卫青、霍去病轮番痛击之后，看着满地狼藉，还是一脸蒙。

但随着卫青、霍去病两位天才型将领的陨落，汉军的技战术水平直线下降，后来的将领水平都不及他们。

李广利这次出击匈奴不仅是孤军深入，速度还特别慢。

两个战术优势都未采用，李陵告诉汉武帝，这么干很危险。李广利去打右贤王，但匈奴单于本部这边却没有人牵制。单于得知右贤王部被汉军攻击，肯定会派兵增援，李广利这边行动又慢，迟迟不撤兵，很容易被匈奴以优势兵力合围。

接着，李陵说出了他的想法，与其给李广利做后勤，不如让他率领精心训练的这支精兵从驻地出发直捣单于庭，牵制匈奴单于本部，迫使其难以分身救援右贤王，这比给李广利做后援作用更大。

虽然汉武帝也不得不承认，李陵说得有道理，但汉武帝对李陵不服从他的调遣还是心有不快。汉武帝赌气地说，你要出塞这很好，但现在缺战马，李广利带走三万骑兵，眼下我给不了你很多战马。李陵估计也是跟汉武帝杠上了，加上年少气盛，说我不要马，只带我的五千荆楚剑客就行。

汉武帝被李陵的豪气所触动，外加也有点生气，就批准了他的请求，说你去吧。

赌气归赌气，但汉武帝也知道，只派五千步兵深入匈奴腹地，就算是剑客组成的精锐部队，也还是有点危险。

于是，汉武帝又找来老将路博德，让他领兵出塞数百里，到时接应李陵。可是，军中资历远比李陵深厚的老将路博德也不愿给李陵做后援。

路博德上疏武帝，说现在已是秋天，秋肥马壮，正是匈奴战力最强悍的时候，不如留李陵在边地待命，等到明年春天再出击不迟。

作为久经沙场，经验丰富的老将，路博德这话说得没毛病。以往汉军出塞都选在春夏，很少在秋季出兵。

春天到了，这个时候，牲畜忙于交配。到了夏天，又往往是生产幼崽的时间。只有秋天，该忙的都忙完了，马匹又是贴秋膘的时候，这时的匈奴才是最佳状态。

汉武帝跟匈奴打了这么多年交道，这个情况他不可能不了解，但他也是年老糊涂了。

汉武帝心里还在生李陵的气，要不说，千万别跟领导杠。李陵后来的悲剧命运，大家都知道了。他的悲剧，很大程度上就是在与汉武帝沟通的时候跟领导杠上了。汉武帝是特别强势的人，心胸也不是那么开阔，

第十六章 孤军深入——悲怆的浚稽山之战

远不如他的重孙子汉宣帝刘病已。李陵生错了时代，又遇到了强势的领导，他又年少气盛，多重因素叠加，他的悲剧已经很难避免。

汉武帝认为路博德的上疏是受李陵的影响，这实在是高估了李陵。路博德这种老将怎么会受李陵的摆布。

但这时的汉武帝已是暮年，他就是认为这是李陵的主意。当初跟我说的时候，豪气干云。如今大话说出去了，想打退堂鼓，门儿也没有啊。

军国大事，岂是儿戏。

九月，李陵率领他的五千荆楚剑客从居延塞出发，开始了他的第一次也是最后一次远征。

经过三十天的行军，汉军来到浚稽山，这里已经是匈奴腹地。不出预料，汉军在浚稽山遭遇且鞮侯单于率领的匈奴主力，三万骑兵。

对这场不期而遇的遭遇战，汉军是有心理准备的，因为原本就是冲着匈奴本部来的，遇到匈奴主力实在是再正常不过的事情了。但匈奴人应该是很意外的。虽然之前，汉军也曾多次出塞远征，但如此深入还是十分少见。更令匈奴人惊讶的是，汉军来的居然是步兵，而且只有五千人。

匈奴的兵力是汉军的六倍。如此优势，又是内线作战，不管从哪方面说，匈奴都不吃亏。所以，单于的反应也很正常，想都没想就下令对汉军发起攻击。在且鞮侯单于看来，这是稳赢的战斗。他很高兴，为即将到来的胜利。然而，很快，他就笑不出来了。

面对蜂拥而来的数倍于己的匈奴人，汉军从容布阵，丝毫不见慌乱。一支军队的战斗力从他们临战的表现上就可窥见一二。临阵不乱，秩序井然是古往今来精锐之师的共同特点。这是自信的表现，而这份从容自信源自于强大的实力。

汉军在两山之间，以战车环绕为营。李陵率军出营列阵，前排士兵持戟、盾，后排士兵持弓、弩。

匈奴见汉军人少，连队形也不管，直接往前冲。

汉军千弩俱发，匈奴骑兵应弦而倒。

李陵很聪明地将阵地选在山间谷地，狭长的地形最大限度地减少了阵地的宽度，限制了敌人兵力优势的发挥，同时将己方的防御正面大大缩小，可以将有限的兵力做更好的调配，以加大防御纵深。

骑兵对地形的依赖其实比步兵要高。步兵可以全地形作战，但骑兵只有在平原旷野才能发挥其冲击力与机动性强的优势。

山间谷地不仅限制了匈奴骑兵的攻击面，迫使其兵力难以展开，人多也不管用，只能一批一批地上，同时山间的地形也限制了匈奴骑兵的速度优势。

结果就是，冲上来的匈奴骑兵成了严阵以待的汉军弓弩兵的靶子。

要知道，这些汉军都是以一当十的精锐，又经过长期的专业训练，箭射得又远又准。

几轮冲锋下来，已有数千匈奴骑兵被射杀于汉军阵前。

匈奴上下顿时大惊失色，反应再迟钝的人这时也看出来了，眼前的这支汉军不同寻常，很明显，这是汉军的精锐部队。

见势不妙，匈奴骑兵立刻原形毕露，打不过就跑。本来，匈奴人骑马，汉军步兵是很难追上的。

但汉军选的地形实在是太有利了。四散逃跑的匈奴人毫无秩序可言，山谷又狭窄，急于逃命的匈奴人挤作一团，又成了汉军弓箭手的理想靶子。更有些匈奴人往山上跑，这个速度就更慢了。

汉军抓住机会，乘胜追击，又斩杀数千匈奴人。

单于大惊，急召左、右贤王兵，合计八万余骑，围攻汉军。

此时匈奴的兵力几乎是汉军的二十倍。

匈奴人占据主场，骑兵的机动性又强，再在这里打下去，敌人只会越来越多，而孤军深入的汉军是没有后援的。

第十六章 孤军深入——悲怆的浚稽山之战

于是，李陵率领汉军且战且行，向南攻击前进。

数日之后，汉军又来到一处山间谷地，这时的汉军连日血战，衣不解甲，马不卸鞍，血染征衣，依旧裹伤再战。连番血战之后，汉军射杀匈奴近万人，但战死以及负伤也有千人之多。

虽然伤亡只有匈奴的十分之一，但汉军人数过少。为抵挡匈奴人的围攻，李陵只得下令让负伤但还有战斗力的士兵继续战斗，规定负伤三处以上的才能坐车，负伤两处的赶车，轻伤不下火线。

又经过多次混战，八万匈奴兵再次被数千汉兵击溃，留下三千多具尸体败退下去。

然而，匈奴败是败了，却并未走远。

匈奴人也是要面子的，兵力二十倍于汉军，却被对方打得灰头土脸，这是汉匈开战以来从未有过的。仅十比一的战损比也足以令匈奴人崩溃。汉军战死一名士兵，匈奴要付出十倍的伤亡。重点是匈奴的人口只相当于汉朝的一个大郡，这么打下去，匈奴很快就会被拼光。

现在的且鞮侯单于很有点骑虎难下，不打，放汉军走，脸往哪儿搁，这还不是简单的面子问题，八万多人都在看着，放弃进攻等于承认失败，还是极其丢人的惨败。八万人打不过五千人，这么丢脸的战绩将令单于威信扫地，以后何以服众？

匈奴是众多部落组成的联盟，这个联盟其实是很脆弱的，全靠战功以及由此带来的利益维系。如果大家对单于产生质疑，崩溃也只是一瞬间的事情。

对单于来说，打到现在，他硬着头皮也要打，因为输不起。但继续打下去，对单于来说也是一种折磨。

匈奴已经死亡过万，但汉军的损失很小，照这么打下去，匈奴至少还要付出二三万人的代价。

此时匈奴的主力也不过才十多万，为围攻这支汉军要伤亡三四万，等于损失近一半的主力。赔本儿的买卖谁都不愿意干。

但事到如今，单于也只能咬牙挺着，指挥匈奴骑兵继续追击围攻这支汉军。

李陵引兵东南，循龙城故道行四五日，来到一片大泽葭苇之中，匈奴人从上风纵火，想用火攻击败汉军。看着在外面忙活的匈奴人，汉军却很淡定。不就是放火吗？玩火谁不会，你以为只有你会，我们也会。于是，匈奴人在外面放火，汉军在里面也放火，以火对火。汉军成功烧出一片隔火带，匈奴的火攻失败了。

汉军南行至山下，单于在南山上，令其子带兵攻击汉军，打到此时，单于的内心已经趋近于崩溃。汉军很聪明地将匈奴追兵引入树林之中，双方在树木间捉对厮杀。

骑兵利平原，步兵利山泽。林木不仅限制了骑兵的速度跟冲击力，也限制了骑兵的机动。在狭小的林木间，骑兵因目标大反而显得更为笨拙。

闯入树林的匈奴骑兵陷入困窘之中，见此情形，汉军当然不会客气。这支汉军的步兵都是剑客出身，功夫了得。于是汉军一拥而上，又是一场殊死搏斗，匈奴又被斩杀数千。

汉军甚至将目标对准了躲在山上的单于，追上去对准单于就是一通连弩攒射。单于也顾不得脸面，吓得抱头鼠窜，落荒而逃。

当天的战斗，汉军俘获了很多匈奴俘虏。通过审问俘虏得知，在屡攻不下损兵折将的情势下，单于已经动摇了，打算撤围退兵。

单于说："此汉之精兵，击之不能下，日夜引吾南近塞，恐有伏兵。"

单于的意思很明显，被围的是汉军的精锐，人数虽少但战斗力极强。他们边打边退，距汉朝边境越来越近了。现在看，这就是个阴谋，这支部队就是来引诱我们的，他们的大部队很可能已经埋伏好了，专等我们进埋伏圈呢。我们不能上当，言下之意，赶紧撤。这可能是单于的真实

第十六章　孤军深入——悲怆的浚稽山之战

想法，也可能是他为撤退找的台阶。不这么说，直接往下撤，实在太丢人，脸面上也不好看。

但部下们的反应相当一致，他们认为，单于就是在给跑路找借口。部下们一点也不给单于面子，说咱们数万人围攻汉兵数千人，战死上万人，从单于庭到左右贤王主力悉数上阵却依旧奈何不了这支汉军。这事传出去，以后还有脸在这片混吗？撤退，只会让汉军更轻视匈奴。

虽然部下们为保存脸面，坚持要打，但底气也明显不足，最后商定，从这里往南还有几十里的山谷，挺过这数十里山地就到平地了。到了平地，那就是骑兵的用武之地了。到时就在平地与汉军决战，要是还打不赢，咱就撤，说啥也不打了。

匈奴这边从上到下已经接近崩溃。

汉军这边的情况也已经十分危急。

长途行军，孤军深入，持续血战，以少敌众且不落下风，这支汉军表现出来的强大战斗力令匈奴心惊胆战。

再能打的部队也需要休整，也要补充。但这支深入敌后的汉军是名副其实的孤军，他们得不到支援，也没有休整的机会，只有迎接一拨又一拨的匈奴人不停歇的进攻。

匈奴利用人数优势，轮番发动攻击，一天之中大小战斗数十次，几十里路上，匈奴又被杀伤两千多人。

这时，就连当初坚持要打的匈奴各级将领此时心态也崩了。

匈奴人准备放弃了。

但汉军其实也已经到达极限，快要撑不下去了。

眼看汉军就要脱离险境。就在这时，汉军中出了叛徒。

军侯管敢因受上级责罚心怀怨恨投降匈奴，将汉军虚实尽数告知。

这个叛徒告诉单于，这支汉军不是诱敌部队而且还没有援军，现在还有战斗力的已经不到两千人，将军李陵与校尉韩延年各率八百人为前锋，分别以黄色与白色为军旗，而且汉军的箭也不多了。只要集中精骑射之，即可攻破汉军。单于大喜，立即下令集中兵力攻击李陵与韩延年。

原本士气低落的匈奴，在得知汉军已经精疲力竭而且不会有支援时，犹如打了鸡血，又号叫着发起进攻。

此时汉军在谷中，匈奴兵在山上，从四面向汉军开弓放箭，矢如雨下。汉军边战边退，一日之内，五十万支箭矢用尽，可见，当时战斗之激烈。不得已，汉军放弃战车轻装而进。此时，经过多次大战，杀伤匈奴一万多人的汉军尚有三千余人。

当汉军再次进入一处峡谷后，真正的危机来临，单于率匈奴主力堵住山口，又居高临下投掷石块。此时，汉军已经没有弓箭进行反击，伤亡迅速增加。

四面都是敌人，这支以步兵为主的部队抗击敌人的弓箭又用光了。

这天黄昏，李陵穿便衣出营察看敌情，回到军营，叹息道："兵败，死矣！"

士兵们开始焚烧旌旗，作为军人谁都明白这意味着什么。李陵心有不甘地长叹一声："哪怕再有几十支箭，也足以冲出去。"

最后的时刻还是来了。

李陵下令全军解散，分散突围，运气好的话，还有机会冲出去。大家聚在一起只能等死。但作为指挥官，李陵很清楚，分散突围的同时也意味着，当他们遭遇大队匈奴人时几乎没有生还的可能，但目前这是唯一可行的办法。很难想象，一位渴望建功立业的将军在身陷重围的情势下，向部下们下达突围命令时是何心情。

夜半时分，李陵命令击鼓起兵，然而战鼓敲不响，这似乎预示了他们的结局。李陵与韩延年跨上战马，他们的身边各有十余位亲信侍卫追随。

匈奴很快发现了汉军的动向。不多时，数千匈奴骑兵追杀上来。数

第十六章 孤军深入——悲怆的浚稽山之战

千人对十余人,力量对比悬殊,不久韩延年英勇战死。李陵被四面包围,力尽被俘。

李陵此时的选择千百年来引发巨大的争议。如果他选择战死沙场,那么争议会少很多,对他的评价也会简单很多。

李陵没有选择死,很可能是他不甘心。他有才干有抱负,渴望为国立功。以五千汉军步兵对抗八万匈奴骑兵且占据上风,把对手打到精神崩溃,翻阅汉匈战史,能做到的也只有李陵。他选择做俘虏,很可能是想做第二个赵破奴。就在几年前,赵破奴也是孤军深入战败被俘,但过了不久,他就找机会逃了回来,依然受到重用。李陵也想这么干。

如果不是被责令在秋季出战,也许结局会完全不同。

如果路博德能及时带兵接应,也许这支勇敢善战的部队就能脱离险地。

如果军中没有出现叛徒,不知虚实的匈奴也就不会继续围攻,汉军也能就此全身而退。

如果能有友军的配合以分散匈奴的兵力,那么匈奴也不会集中主力来围攻李陵的这支孤军。

然而,历史没有如果。

等待李陵的将是令他心碎的悲惨结局。

李陵原本要配合的李广利部早就大败而归。李广利果然被李陵料中,因为行动迟缓又缺乏友军配合,孤军作战的李广利部被匈奴主力合围。

汉军被围困数日,死伤惨重。如果不及时突围,等待他们的必然是全军覆没,好在关键时刻有人挺身而出,假司马陇西人赵充国率壮士百余人溃围陷阵冲锋在前杀开一条血路,李广利引兵随之,全军才得以突围而出。尽管如此,汉兵也折损十之六七,赵充国更是身上多处受伤。李广利将赵充国的事迹如实上奏。汉武帝也是爱才的,亲自召见,在看到赵充国满身伤痕后,嗟叹不已,当即将他拜为中郎。

汉武帝也许不会想到，眼前这个人会在几十年后成为国之栋梁、汉军名将。

随李陵出征的五千士兵，最终回到汉朝的仅有四百人。

汉武帝得到李陵兵败被俘的战报，先是震怒，后来慢慢冷静下来，知道李陵是孤军深入又力战十余日，在缺乏接应的情况下，才导致兵败，怒气也稍稍消解了。

天汉四年（前97），汉武帝再次派贰师将军李广利率骑兵六万、步兵七万出朔方；强弩都尉路博德将一万人与李广利会合；游击将军韩说率步兵三万人出五原；因杆将军公孙敖带骑兵一万、步兵三万出雁门。

二十万汉军，兵分三路，大举进攻。

匈奴得到消息将老弱辎重转移，单于亲自率十万主力与李广利军交战，双方厮杀十余日，不分胜负。游击将军韩说未遇敌军全军返回。

因杆将军公孙敖与匈奴左贤王部遭遇，战败而归。而公孙敖这次出塞还有一个任务，那就是迎接李陵归来。这么看来，李陵是有可能做第二个赵破奴的。

但劳而无功的公孙敖带回来一个令人震惊的消息，李陵不仅投降了匈奴，还教匈奴练兵，看来他是真的投降了。公孙敖也不认真查证，他可能只想甩锅，但带回的消息是真会要人命的。汉武帝得知后一怒之下将李陵全家处死。不久才得知，公孙敖所述不实，教匈奴练兵的是投降匈奴的汉将李绪，不是李陵。可是，经过此事，李陵再也回不去了。

却说李陵得知全家被杀，悲愤交加，派人刺杀了李绪。单于的大阏氏要杀李陵，单于将他藏起来。直到大阏氏死，李陵才被单于召回。单于很器重他，还将自己的女儿嫁给他，封李陵为右校王，与另一位投降匈奴的卫律都受到重用。卫律常在单于左右；李陵常年在外，有大事才会被召见。

第十七章

苏武牧羊——使于四方不辱君命

苏武留胡节不辱,雪地又冰天,苦忍十九年。

渴饮雪,饥吞毡,牧羊北海边。

心存汉社稷,旄落犹未还。

历尽难中难,心如铁石坚。

夜在塞上时听笳声,入耳痛心酸。

转眼北风吹,雁群汉关飞。

白发娘,望儿归,红妆守空帷。

三更同入梦,两地谁梦谁。

任海枯石烂,大节终不亏。

终使匈奴心惊胆破,拱服汉德威。

这首《苏武牧羊》歌,唱的就是苏武牧羊的故事。

匈奴的且鞮侯单于刚即位,权力不稳,怕汉朝趁机出兵,对汉朝示好,将之前扣押的汉使放回。汉朝方面也积极回应,派苏武率使团出使匈奴,送回之前扣押的匈奴使者。

汉朝使团有一百余人,团长苏武,副团长张胜,假吏常惠。

苏武一行人还未到匈奴,一场内乱正在匈奴暗潮涌动。有三股势力计划起兵归汉。三股势力分别是:缑王、虞常和卫律的手下。缑王曾随他的舅舅昆邪王一起投汉,后来又随赵破奴投降匈奴。缑王自从降汉就把自己当作汉人,上次降匈奴是被迫的,并非真心,赵破奴逃走,他也想走,只是还未找到合适的机会。虞常曾经是汉朝的长水校尉,现在他

第十七章 苏武牧羊——使于四方不辱君命

也想重归汉朝。缑王与虞常不知何时了解到对方的心思，一拍即合，开始在一起密谋重归汉朝。

卫律原本是胡人但在汉朝长大，与李广利兄弟交情颇深。卫律能进入官场还是靠的李广利大哥李延年的推荐，不久李延年因卷入政治事件被杀，卫律怕被株连投降匈奴，同时也逼迫手下士兵一起投降。这些人也是被迫投降，虽身在匈奴却心向汉朝。

虞常与使团副使张胜是多年好友，于是邀请张胜参与密谋。他们的目标明确：第一，劫持单于的母亲阏氏，作为献礼；第二，谋杀卫律这个叛徒。作为交换条件，虞常希望汉朝能赏赐自己在汉朝的母亲和弟弟，张胜同意了。而这一切都是副使张胜背着团长苏武干的，苏武从头到尾对此事都不知情。

不久之后，单于出猎，机会终于来了，就在他们即将行动之际，出现了叛徒将他们告发，结果被单于的手下先发制人，政变失败，缑王战死，虞常被活捉。而此时，担心东窗事发的张胜才把情况告诉苏武。结果虞常果然供出张胜，自然也就牵连到苏武。这才有之后的苏武自杀、卫律劝降、苏武牧羊、李陵劝降等事件，以及后来鸿雁传书的传说。

单于将事情交给卫律主办。而卫律第一个审问的人就是苏武。虽然苏武对此事并不知情，但他是使团正使。苏武对身旁的张胜、常惠说，屈节辱命，虽生不如死，言罢即拔出佩刀对准自己的胸口刺了下去。张胜等人想上前阻拦时，为时已晚。刀已刺入胸口，卫律赶紧上前抱住苏武，并立即找来大夫给他治疗。经过紧急抢救，才把苏武救过来，常惠等人哭着将苏武抬回去。经过此事，单于对苏武肃然起敬，早晚派人问候。

单于很欣赏苏武，想要招降他，负责审案的卫律领会了单于的意思。卫律先是当着苏武、张胜的面将主谋之一的虞常斩杀。

很明显，卫律此举是在威吓二人。

苏武看着卫律,不为所动,对于一个刚刚自杀过的人,连死都不怕,还有何惧。卫律用死来威胁苏武自然是失败的,但这招对张胜却很管用。看着还滴着血的剑,张胜屈服了。

卫律对苏武说:"副使有罪,正使当连坐。"苏武说:"本未欲谋,又非亲属,何谓相坐!"卫律举剑做出要砍人的姿势,但苏武根本不理他。

卫律见威逼不成就改为利诱。

卫律对苏武现身说法,说:"你看我,自从投降匈奴,获赐封王,拥众数万,马畜弥山。你今天投降,明天就可如我这般富贵。你若不降,性命难保,到时身埋草野,又有谁知道呢!"苏武还是不理。

卫律说:"你若归降,我愿与你结为兄弟。如果你不听我的良言相劝,错过机会,以后再想见我可就难了。"

卫律本以为他"屈尊"主动拉关系,苏武会改变态度。谁知,苏武听后,明显是被恶心到了,对着卫律破口大骂:"汝为人臣子,不顾恩义,畔主背亲,为降虏于蛮夷,何以汝为见!且单于信汝,使决人死生,不平心持正,反欲斗两主,观祸败。南越杀汉使者,屠为九郡;宛王杀汉使者,头悬北阙;朝鲜杀汉使者,即时诛灭;独匈奴未耳。若知我不降明,欲令两国相攻,匈奴之祸从我始矣。"

很显然,这是价值观完全不同的两个人。

卫律认为"偷生强过勇死",人人贪生怕死,所以他用"威逼",然而,出乎他的意料,苏武的价值观中"国家尊严比生命更重要"。

卫律认为"财富地位非常重要",人人贪图财利,所以他用"利诱",然而,在苏武"气节比财利重要"。

卫律认为"既然人人贪图财富和地位,自然人人想要阿谀攀附权贵",所以他以"结为兄弟"劝降苏武,而苏武却是一个刚正的硬骨头,既不贪图财富地位,又怎会阿谀逢迎。在苏武看来与卫律结为兄弟是对自己的侮辱,所以卫律"威逼、利诱"苏武都不理他,而当卫律说要和

第十七章 苏武牧羊——使于四方不辱君命

他结为兄弟，苏武才做出过激反应，破口大骂。

苏武骂卫律有两层意思：第一，你是个叛徒，不念汉朝的恩义；第二，你是个奸臣，辜负了单于的信任。

卫律知道苏武是不会投降的，只能向单于如实报告。

匈奴人于是将苏武关进地窖，不给饮食，外面雨雪交加，苏武在地窖里靠喝雪水啃毡毛才活下来。过了几天，匈奴人来察看状况，他们本以为苏武肯定早死了，可发现他居然还好好的。

为了逼迫苏武，匈奴人将他流放到苦寒荒凉的北海（今贝加尔湖）牧羊，说等公羊生下羊羔就放他回去。苏武的随从部下也被分别安置在别处。

苏武在北海一待就是十九年。

苏武在北海只能靠掘野鼠藏的粮食、吃草根勉强维持。尽管处境如此艰难，他每天仍怀抱着象征他身份的汉节在北海边牧羊，晚上睡觉也抱在怀里，天长日久，汉节上的节旄早已落尽，但苏武仍秉持汉节须臾不离身侧。

苏武在北海苦度岁月，身在异国，每日与孤独寒冷相伴。

但苏武在匈奴其实是有故人的，十多年后，这位故人来看他了。

来的不是别人，正是沦落匈奴的李陵。苏武与李陵早年都在朝廷做侍中，同朝为官也是至交好友；李陵刚刚投降时，心怀愧疚，不敢去见苏武，过了很长时间，他才奉单于之命见苏武。李陵为苏武置酒设乐，对他说："单于听闻我与子卿素来交厚，因此特派我来劝说足下。足下兄弟二人，之前已经因事自杀；我来之前听说太夫人已去世；子卿的夫人听说也已改嫁；你的两个女儿跟一个儿子，过去十余年了，如今也不知存亡。人生如朝露，何必如此自苦！我刚投降时也是忽忽如狂，自感有负大汉，羞愧难当，加上老母因我入狱。如今陛下年事已高，法令严酷，大臣被诛杀者数十家。安危不可知，子卿为谁尽忠职守！"苏武说："我家世受汉恩，虽肝脑涂地亦所甘心。今得杀身自效，死得其所！臣事君，犹子事父。子为父死，不恨。愿勿复言！"

李陵与苏武欢饮数日，临别之际，李陵还想劝说："子卿，可以听我一言吗？"苏武当然知道他想说什么，说道："您一定要劝我降敌，我只好死在您的面前。"李陵也知道劝不动苏武，他心里敬重这位好友，其实更羡慕苏武，因为他已经回不去了。李陵感慨不已，想到自己的遭遇，不觉失声痛哭，与苏武告别。李陵知道苏武在北海生活困窘，特意留下牛羊数十头。

数年后，李陵又来到北海看苏武，同时带来武帝的凶问。汉武帝驾崩，汉昭帝即位，这边匈奴的单于也多次易主，新继位的壶衍鞮单于担心汉兵来袭，卫律为单于献计，遣使与汉通好，向汉朝请求和亲。双方开始互派使节，关系迅速改善。汉使来到匈奴，说如今两国通好，是不是应该放还之前扣押的使节了。汉使要求匈奴释放苏武等被扣汉使。匈奴假称苏武已死。

之后，又有汉使来匈奴，常惠私下见到汉使告知实情，吸取上次的教训，常惠教使者跟单于说："天子在上林苑射猎，在一只大雁的脚上发现系着一封帛书，上面写着苏武牧羊于北海。"使者闻言大喜，如常惠所教责让单于。这下轮到单于吃惊了，他做梦也想不到谎言会以这种方式被揭穿。

常惠很聪明，这种用谎言揭露谎言的方式很适用于与敌国之间的外交。未来的岁月里，常惠还将以他的机敏才干带给我们更多的惊喜。

单于惊讶之余环视左右，似乎想知道是谁走漏了风声，场面一度十分尴尬，但单于也是见过大场面的，赶紧向汉使道歉，说苏武等人确实尚在人世。

苏武这才得以归国。这就是鸿雁传书的历史典故。

苏武并不是唯一坚贞不屈的汉朝使者，马宏也是，他随光禄大夫王忠出使西域为匈奴所阻，王忠战死，马宏被俘宁死不降。匈奴释放二人，意在向汉朝示好。

李陵又来看苏武，祝贺他苦尽甘来，即将荣归故国。李陵说："今足下还归，扬名于匈奴，功显于汉室，虽古竹帛所载，丹青所画，何以过子卿！"

李陵为苏武高兴，也为自己的遭遇悲伤难过。

单于召集当年随同苏武出使的部属，除去之前投降的，其间病亡的，随苏武归国的仅有九人。

当年一百余人的使团，十九年后仅九人归来。

天汉元年（前100），苏武奉命出使匈奴，直到始元六年（前81）归国。苏武出使时才四十岁，正值壮年，归来时已是须发皆白的老翁。

苦寒十九年，秉持汉节，终不辱命。

富贵不能淫，贫贱不能移，威武不能屈，乃真丈夫。

很少有人能做到，苏武做到了，所以，他是英雄。

第十八章

巫蛊之祸——谁是赢家

太初二年（前103）闰三月，太仆公孙贺被拜为丞相，封葛绎侯。

封侯拜相是多少人梦寐以求的理想，可以说是王朝时代一个臣子所能达到的人生顶峰。因为这意味着权力、富贵以及荣耀。

然而，公孙贺在听到这项任命时却被吓得面如土色，跪地不起痛哭流涕，说什么也不肯接受丞相的印绶。

公孙贺如此反常的举动，必有原因。其实，只要看看他的前任们的遭遇，就能理解为何公孙贺被吓哭不肯拜相了。汉武帝在位时期一共任用了十三位丞相，公孙贺排在第十一。

如同很多雄才大略的君主，汉武帝也陷入了年轻时英明神武晚年猜忌嗜杀的怪圈。

汉武帝本就是个极为强势专横的君主，晚年尤甚。特别在他执政的后期，对死亡的恐惧，对权力的眷恋以及由此产生的对接班人太子与大臣们的不信任，让汉武帝越发偏执暴躁。反映在朝政上就是，在此期间的丞相下场都很惨，在公孙贺之前担任丞相的李蔡、庄青翟、赵周、石庆都被免职下狱，其中除石庆因罪过较轻花钱赎罪外，剩下的三人都在狱中被逼自杀。

有这些血淋淋的前车之鉴，公孙贺有如此反应也就再正常不过了。

对公孙贺的推让，汉武帝好言安慰了几句，见他还是不肯受诏，索性起身而去，不再理会。汉武帝本来就不是一个很有耐心的人，公孙贺知道事已至此不能改变，只得哭着接受了印绶。

汉武帝的丞相可以说是整个汉朝最难当的。权力不大，责任很大。

干好功劳是皇帝的，干不好就是出来背锅的。

中国古代的制度设计源于秦朝，前提是国家的统一。因为国家统一，制度政策才能在全国自上而下地推行。虽然秦朝的存在时间很短，但在制度体系上具有很多开创性的设计，比如书同文、车同轨。在政治制度层面，对中国历史影响最为深远的是确立了三公九卿的官制。

在最高统治者皇帝之下，权力被分给三公九卿，三公分别是丞相、太尉、御史大夫。丞相主管行政，太尉主管军事，御史大夫主管监察。三公各司其职，直接对皇帝负责，九卿则分别隶属于三公管理，负责处理更具体的政事。

皇帝通过对三公九卿等高级官员的任免来实现对国家的掌控管理。

制度设计看起来很美，但执行起来就是另外一回事了。

秦朝设计好制度，但还未来得及实行就土崩瓦解。

汉承秦制，刘邦建国将秦的制度稍加改动就直接拿过来用。秦朝做好了制度设计就结束了它的历史使命。汉朝学习秦的制度，却学不到经验，因为经验是需要时间进行积累的。汉朝只能自己边运作边积累，及时修补。

汉初的几十年，因为国家奉行的是黄老之术的无为而治，通俗地讲就是不折腾，所以问题不大。

不折腾的原因是折腾不起，开国那会儿，连皇帝出门都找不到四匹毛色相同的马，只能与民休息。

但到了汉武帝，国力强盛，有了折腾的本钱，加上这位又是闲不住的主儿，逮到机会开始满世界折腾。

很快，问题就出现了。那就是皇权与相权的矛盾。丞相是百官之首，在官僚体系中的地位最高，权力也最大。

以前不是问题，但在汉武帝看来就是问题，他不想分给丞相过多的权力，他不需要参与决策的丞相，他需要的只是一个听话的执行他决策的唯命是从的丞相。

汉武帝的解决办法是提高尚书台的地位。古代大臣包括丞相只有在朝会时才能见到皇帝，平时向皇帝进言主要通过奏疏书面表达，而尚书台就是这个传递的平台。

负责传递奏疏的是尚书台的尚书。原本尚书的地位并不高，他的职责仅仅是"尚书"，就如同皇宫中的尚衣、尚食，尚有负责专属的意思，尚书的职责是管理文书传递，尚衣管理剪裁服饰，尚食管理饮食，仅此而已。

但汉武帝让他的亲信近臣担任尚书参与决策，这就大大加重了尚书的职权，尚书的规模也有所扩大，这就需要有人主持尚书的工作并全面负责，于是就有了尚书令这个职位，专门负责管理尚书台。能担任尚书令的自然也是皇帝的亲信。

因为尚书台是在皇宫之中处理政事参与决策，这与宫廷之外丞相统领的官属形成内外两个不同的体系。尚书台在皇宫也被称为"内朝"，宫外的丞相百官被称为"外朝"。

汉武帝一直在扩充内朝的势力，直到卫青被封为大将军，加官大司马主管尚书台，标志着内朝的形成。汉武帝的内朝已经拥有一整套决策班子，丞相所在的外朝实际上成为执行机构，权力被大大削弱。

公孙贺被任命为丞相后便很少出现在史书上，他这个丞相存在感极低，这也符合汉武帝对丞相的预期，我命令你服从，平时少掺和，这对不爱惹事的公孙贺也许是好事。

十一年后，征和二年（前92）公孙贺再次出现，不过不是主动现身而是被迫营业，因为他儿子出事了。

事情的起因是公孙贺的儿子时任太仆的公孙敬声的贪污案。这不是一起普通的腐败案，之所以说不普通是因为公孙敬声贪污的是军费，他擅自挪用北军经费一千九百万钱。事发后，公孙敬声被逮捕下狱。

第十八章 巫蛊之祸——谁是赢家

连军费都敢贪，这个公孙敬声的胆子也够大的。当然，他敢这么嚣张也是有原因的，不仅仅因为他是丞相的儿子，还因为他是当今皇后卫子夫的外甥。

外戚卫氏因卫子夫受宠生下汉武帝的第一个儿子刘据受封皇后而兴，到卫青北征匈奴立下赫赫战功获封大将军，卫氏达到极盛，一门四侯。

卫子夫在家中排行老三，她的大姐卫君孺被汉武帝做主嫁给了公孙贺。汉武帝与公孙贺由此也不仅仅是君臣还是亲戚。

汉武帝之所以对公孙贺这么好，是因为公孙贺是亲信。汉武帝还是太子时，公孙贺就跟着他。汉武帝当上皇帝后，让公孙贺做了太仆，等公孙贺升任丞相，他的儿子又接任太仆，公孙家地位显赫。但公孙贺显然没有做好子女的教育。公孙敬声恃宠而骄贪赃枉法，所有干部子弟的毛病，他都有，出事是迟早的事情。

儿子出事，当老爹的公孙贺赶紧出来给儿子擦屁股。

当时朝廷正在通缉阳陵大侠朱安世，公孙贺请求抓捕朱安世赎罪，皇帝同意了。不久后，他将朱安世抓捕归案。被捕的朱安世不仅不怕反而大笑说："丞相祸及宗族矣！"

在汉代被称作大侠的通常都不是寻常之辈，这些大侠不是武侠小说里武功高强的功夫高手，他们与政治上层有着千丝万缕的联系，背后的能量不可小觑。一个典型事例就是朱安世的前辈大侠郭解。

这个郭解是武帝早期知名的大侠，当时为打压地方豪强，朝廷下令将资产超过三百万钱的地方大户迁往茂陵。郭解的家产不够标准但因为名气过大也在迁徙名单。于是，大将军卫青亲自向汉武帝求情。武帝并没有同意，但一个大侠居然能让平素谨言慎行的卫青出面说情，可见，郭解大侠的背景与实力。

朱安世的背景同样深不可测，他连丞相都不放在眼里，显然是有备而来。果然，不久朱安世就在狱中爆出猛料，上疏举报公孙敬声与阳石公主私通。这还不是重点，汉武帝时常往来于长安与甘泉宫，朱大侠说公孙敬声让巫师在长安通往甘泉宫的驰道上埋设人偶，用蛊惑之术诅咒汉武帝。这正戳中了武帝的痛点。

汉武帝迷信方术，晚年尤甚。上有所好，下必甚之。巫蛊之术在长安大为流行。宫中的嫔妃也常用巫蛊之术互相诅咒对方。汉武帝勃然大怒，下令将公孙贺也一并逮捕下狱。

征和二年（前91）正月，公孙贺父子死于狱中，被诛三族。巫蛊之祸由此而起。宗室涿郡太守刘屈氂被提拔为丞相。

公孙贺父子被杀仅仅是开始，这年夏天，皇后卫子夫的女儿阳石公主、诸邑公主以及卫青的长子长平侯卫伉也因巫蛊之祸受到株连被杀。

事情到这里，真相也渐渐浮出水面。这是一场精心设计的针对太子刘据的大阴谋。

因为被杀的都是卫氏外戚的人，都是太子的外援。公孙敬声、卫伉都是太子刘据的表兄弟。

这种套路很常见，先扫清外围再谋害本主。公孙敬声只是突破口，他们真正想要对付的是太子刘据。

本年三十七岁的刘据已经做了三十年的太子。

汉武帝二十九岁才有刘据，对这个迟来的儿子很是喜爱，以至于刘据才七岁就被立为太子。长大后的刘据仁爱宽和，与刚猛强势任用酷吏的汉武帝完全是两个极端。父亲大都喜欢行事风格像自己的儿子，而此时，汉武帝宠幸的王夫人生子刘闳，李姬生子刘旦、刘胥，能歌善舞深得宠爱的李夫人生子刘髆。汉武帝已经有了更多的选择。

在很多古装剧中，人们常常会听到一句话，母以子贵。但这些编剧并不懂真正的宫廷政治。母以子贵是很少出现的，其实，这句话反过来说更合适，子以母贵。在大多数时候，这才是主流。母亲得宠，儿子才有地位。

第十八章 巫蛊之祸——谁是赢家

身为皇后的卫子夫当年也是集万千宠爱于一身，然而岁月易逝，容颜易老，当卫子夫青春不再，宠爱也离她而去。皇帝身边从不缺年轻貌美的女子。

皇后、太子虽然地位很高，但已经很明显地有被边缘化的趋势。母子二人为此深感不安。汉武帝也觉察到了，特意找来太子的舅舅大将军卫青，对他说了下面这番话："汉家庶事草创，加四夷侵陵中国，朕不变更制度，后世无法；不出师征伐，天下不安；不得不劳民。若后世又如朕所为，是袭亡秦之迹也。太子敦重好静，必能安天下，不使朕忧。欲求守文之主，安有贤于太子者乎！"汉武帝对卫青说的话很明显有安抚的成分，但也是实话。

汉武帝在位五十四年，打了四十年的仗，北逐匈奴，南平百越，开拓西域，东征朝鲜。

对外战争接连取得辉煌胜利，令汉朝威仪远播四方。

但胜利也是有代价的，到武帝晚年，国家已经陷入海内虚耗、户口减半的困境。

汉武帝每欲兴兵，太子都会直言劝谏，每当这个时候，武帝都会笑笑说："吾当其劳，以逸遗汝，不亦可乎！"那意思也很明确，我把该打的仗都打完，留给你一个太平盛世，难道不好吗？

知子莫如父，汉武帝十分了解这个儿子，知道刘据不懂军事也不愿征伐，自己现在多做一点，儿子将来就可以少做一点。天底下的父亲大抵如此。父爱是深沉的。中国人对爱的表达向来含蓄。

但太子刘据犯了一个严重的政治错误。汉武帝的治国路线是对外征伐四夷，对内严刑峻法。刘据反对战争也反对峻法。皇帝与太子奉行的是两条完全不同甚至对立的政治路线。

皇帝可以容忍太子，但皇帝重用的大臣则大多站到了太子的对立面。太子不赞同正在实行的治国路线，这是十分危险的政治倾向。

"上用法严，多任深刻吏。太子宽厚，多所平反，虽得百姓心，而用法大臣皆不悦。群臣宽厚长者皆附太子，而深酷用法者皆毁之。邪臣多党与，故太子誉少而毁多。卫青薨后，臣下无复外家为据，竞欲构太子。"

汉武帝不是糊涂人，他很清楚，他的经历是不可复制的。国家也需要喘口气，在他看来，一个守文的接班人更符合国家未来的发展趋势。

但他手下的重臣们不会这么想。

汉武帝喜欢重用酷吏，以刚猛严苛治国，所以，他提拔上来的都是属于这个风格的人。"太子宽厚，多所平反，虽得百姓心，而用法大臣皆不悦。"话已经说得很明白了。

汉武帝手下多是酷吏，他用这些人很顺手，但温和的太子肯定不会喜欢这些人，当然这些人更不喜欢太子。可是，偏偏他们不喜欢的太子是武帝的接班人，更危急的是，在那个时代，武帝的年龄已经很大，随时可能走人。到时，即使太子不清算这些人，也肯定不会重用他们。

太子在事实上已经站到大多数朝臣的对立面，在政治上陷入孤立。他能指望的支持只有卫氏外戚。但自卫青去世后，卫氏即走向衰落。

卫青在世时，太子的地位十分稳固，任何势力都难以撼动。但随着卫青的死，太子的势力急剧衰弱。

太子刘据本身的政治能力也很一般，做了三十年太子的他居然未能形成一个以他为中心的太子党。这从他不久之后的起兵就能看出来，危急时刻，他所能用的仅仅是几个门客。

太子必须要有太子党，这是很现实的，因为彼此都有需要。太子拥有强有力的支持者才能稳固地位顺利接班，而太子党也能通过太子在新政府里找到自己的位置发挥作用。

孤立的太子很快会成为各路野心家竞相攻击的目标。

说到巫蛊之祸就不得不说一个人——江充，就是这个人凭借一己之

第十八章 巫蛊之祸——谁是赢家

力将局面搅乱。

江充原名江齐,原本是个市井混混,但他的妹妹嫁给了赵国太子刘丹。江充也因此混进了上流交际圈,其实所谓的上流往往很下流。以这个赵国为例,赵王父子俩都是奇葩。

按照规定,诸侯国二千石以上的官员都由朝廷派遣,他们的工作之一就是监督所在国的诸侯王。但派去赵国的官员十之八九都在一两年内获罪,轻的丢官重的丢命。

因为这个赵王生性阴险狡诈,最大的特长就是给人挖坑设套。他先是跟人套近乎,取得信任后就开始收集对方的黑材料,待时机成熟就直接举报将对方拿下,置于死地。

很多时候,越是表面热情的人,实际上越危险。你以为的嘘寒问暖,其实是在打探你的虚实。对过分的热情,越线的热心,永远要保持高度的警惕,应对这类小人最有效的办法就是,礼貌,热情,一问三不知,保持距离。

观察江充进京后的所作所为,他应该是将赵王坑人的套路都学会了。

江充的妹夫赵国太子刘丹则亲身示范了何谓禽兽不如。这个刘丹特别喜欢搞男女之间的不可描述之事。身为诸侯国的太子,他竟然不分对象,乱搞一气,甚至连他的姐姐妹妹也不放过。西汉虽然开放,但也没有开放到这种程度,在当时既是禽兽行为也是要被重罚的。

长期与刘丹厮混的江充当然知道这些秘事。本来他俩是臭味相投,可是,友谊的小船说翻就翻。俩人后来闹翻了,刘丹越想越怕,他的那些见不得人的糗事江充都知道。刘丹决定杀人灭口。但混混儿江充的消息灵通,提前得到消息,跑路了。

刘丹抓不住江充,一气之下杀了江充一家。

这个江充也不是省油的灯,很有胆量,直接跑到京城告御状。结果还真让他告赢了。赵国太子刘丹被贬为庶民。

长期混社会的江充善于察言观色见风使舵，很快他就成为武帝的亲信爪牙，被任命为直指绣衣使者。这可能是最早的特务，权力很大，比明朝的锦衣卫还牛。因为江充干了一件锦衣卫也不敢干的事。

一次，江充随同皇帝前往甘泉宫，在路上正巧遇到太子家的人乘车奔走在驰道上，被抓了个现行。因为驰道是皇帝的专属通道。

太子听说后赶紧派人找到江充说情，希望他能网开一面。按常理，普通官员肯定会放行，太子谁得罪得起。可是，江充不是普通官员，他是绣衣使者。江充利用这个太子送上门的机会在武帝面前表忠心。江充敢这么干也是顺应当时的政治氛围，当时对太子不满的大臣"竞欲构太子"，江充只不过是冲在最前面的那个。这也注定了他炮灰的命运。

在这场事件中，太子幼稚的政治能力也被充分暴露出来，同样预示了他未来的结局。

太子管束手下不严犯错在先，这本就是错。出事后，不主动请罪，却跑去找江充妄图私下解决，这是要依仗太子的身份徇私枉法，这是错上加错。

反观江充，没有因为对方是太子的属下而法外徇私，先赢一局。接着，太子找人说情，依然不为所动，坚持执法公平，王子犯法与庶民同罪，再赢一局。

如果换成是你，单就事件本身，你也会对江充不畏权贵秉公执法的行为表示肯定的。汉武帝的反应也是如此，他没有公开批评太子，却大大夸奖江充。汉武帝的这个行为已经在实际上表明了他对此事的态度。夸江充，即是含蓄地批评太子。

这件小事已经充分说明，太子的能力不足以支撑他的地位，在政治上过于稚嫩。他是个好人，但注定不会是一个好皇帝。

太子让人传话时说了一句最不该说的话"诚不欲令上闻之"，也就是说不想让皇帝知道这件事，但这句话的严重程度比这件事本身要大一万

第十八章 巫蛊之祸——谁是赢家

倍,这是欺君。父子之间因为互不信任而产生隔阂,这给了那些别有用心之人以可乘之机。

江充虽然得到武帝的肯定,但他也因此与太子结下了梁子,为了自保,他只能在对抗太子的路上越走越远。

这年夏天,武帝照例去甘泉宫避暑。可能是年纪大了的缘故,汉武帝常感到身体不适,经常做噩梦,他怀疑是有人用巫蛊诅咒他。之前不久,皇宫中就发生过嫔妃之间找女巫相互用蛊术进行诅咒的事情,结果有数百人因此被杀。

江充心里很清楚,汉武帝这个年纪这个身体,已经到了说走就走的时候,随时可能驾鹤西游。问题是他怎么办。之前已经将太子得罪了。武帝驾崩,太子就会接班。到时,太子很可能会让他到那边去陪先帝。

江充很忧虑,此时正值京城巫蛊事件频发,武帝敏感又多疑,他决定利用这个时机将这股祸水引向太子。

江充将武帝的心理揣摩得很透,他告诉皇帝您之所以身体不适是因为有人用蛊术诅咒您,只要查出是谁对您用蛊,您的疾病即可痊愈。武帝听后说这件事就交给你去办吧。

江充等的就是这句话。不得不说,江充很狡猾,他并没有一开始就将矛头指向太子。

江充狐假虎威,利用皇帝给他的权力带着胡人巫师到处掘地搜寻偶人,找到点所谓证据接着就是严刑拷打刑讯逼供,抓到一个供出十个,抓到十个供出百个,就这么这场巫蛊之祸波及的范围迅速扩大,从京城到关中,数万人受到牵连被杀。

江充这么做的目的在于制造声势,为他下一步的阴谋做铺垫。他很快又找到汉武帝,告诉他皇宫中也有蛊气,不去除的话,您的病是不会好的。这时候,汉武帝已经完全被迷惑,对江充所请一一诏准。

江充终于带着人来到他真正的目的地皇宫。他先是带着人在皇宫中到处挖,从各处嫔妃到皇帝的御座都未放过,接下来就是皇后的寝宫,还有太子的东宫。

他们这些人挖得有多狠呢,皇后的寝宫几乎被犁了一遍,以至于连放个床的地方都没有了。到处都是被挖开的土,沟壑纵横,不知道的还以为是即将播种的农田。当然,江充真正关心的地方是太子的东宫,果然,不出预料,他在这里的"收获"最多,他与他的手下"挖"到许多木头人,还有写有反动言论的帛书。很明显,这是栽赃。

皇帝已近古稀之年,太子是他指定的接班人。以太子的性格,他是不会惹事的,三十年都等了,也不会在乎再多等几年。

江充表示要将这些东西呈交给皇帝。太子先是很迷惑,谁知道这些东西怎么会出现在他的宫殿,接着就是恐慌。他很清楚这些东西交给他父亲会是什么后果。

太子赶紧找来自己的老师少傅石德商量对策。石德说之前公孙贺父子,两位公主,还有你的表弟卫伉都死于巫蛊之祸。现在他们在东宫又弄出这些木头人,是事先就有的还是他们埋的,你是说不清楚的。为今之计,只有矫诏收捕江充等人,问出实情,然后带着这些人去甘泉宫请罪说明事情原委。太子起初不同意,矫诏可不是闹着玩的,表示要亲自去甘泉宫向父皇请安说明情况。

然而,他把事情想得过于简单了。事已至此,江充是不会让他去见皇帝的。江充用巫蛊骗取皇帝的信任,就是要利用信息差两头欺瞒,他的诡计才能得逞。一旦皇帝见到太子,父子相见误会很快就会澄清,那他就死定了。

江充利用手中的权力逼迫太子,阻止其前往甘泉宫。太子真的慌了,这才下定决心,听从老师的建议,矫诏收捕江充。

太子派出门客冒充皇帝的使者逮捕江充。因为太子作为储君拥有与皇帝相同的符节,但一直在江充旁边为虎作伥的按道侯韩说怀疑有诈不

第十八章 巫蛊之祸——谁是赢家

肯受诏,被门客当场格杀。

很快,江充被带到太子面前,太子恨得咬牙切齿,正是这个小人从中作梗离间他们父子。要解心头恨,拔剑斩仇人。太子亲自动手将江充斩杀,又让人将胡人巫师架在火炉上烤死,为那些在巫蛊之祸中冤死的人报仇雪恨。

气是出了,但也闯下大祸。开弓没有回头箭。几乎所有的政变都是有预谋的,很多甚至是蓄谋已久。但刘据的起兵则完全是临时起意,事前未有准备,仓促起事,以致漏洞百出。

太子刘据连夜派亲信进长乐宫见母后,卫子夫没有任何犹豫全力支持儿子,将长乐宫的所有卫士都交给儿子。

从开始到结束,太子身边所能集结的稍微正规的部队就只有他的东宫卫士与他母亲的长乐宫卫士。

然后,太子带着这些卫士直奔武库,占领之后用来装备他的由卫士组成的部队。

这是一场注定失败的政变。

太子刘据掌控不住政变的几乎所有要点,第一,他做不到控制皇帝,这让他完全处于被动,只要皇帝发布诏令,大部分人都不会再听他的指挥。第二,他得不到军队的支持,这是他失败的主要原因,军队里没有他的人。因此,关键时刻,他指挥不动京城的军队。第三,他得不到朝廷大臣的支持。从头到尾都看不到一个重臣的响应。

直到此时,太子刘据才发现原来他竟如此的孤独。

站在他背后的只有他的母亲跟他的老师。

他的朋友很少。他的敌人很多。

而他的敌人都是皇帝眼前的红人。被他斩杀的江充,还有得到消息第一时间出逃的新任丞相刘屈氂都是武帝信任的人,还有一个人比他们更希望刘据倒台,这个人就是贰师将军李广利。他是汉武帝宠爱的李夫人所生的昌邑王刘髆的舅舅。此时李广利的地位就相当于二十年前的卫青。虽说他比卫青差得很远，但名将凋零的时代，李广利已是为数不多能上阵的大将。

站在李广利的立场，他当然支持外甥刘髆上位，正如卫青支持姐姐卫子夫的儿子刘据。

太子未能及时控制长安封锁消息逮捕主要官员，使得刘屈氂等人得以趁乱逃走。

消息已经泄露，箭在弦上，不得不发！

太子派人赦免了长安的囚徒，将这些人武装起来交由他的老师石德与门客张光等人统领；又派刚刚被释放的长安囚徒如侯持节征调驻扎在长水及宣曲的胡骑，这些部队见到使者的符节，闻令而动，整装待发。这时皇帝的使者侍郎马通赶到营地，他们应该是料到太子会来调兵，告诉胡人，符节有诈，停止行动。这本来是太子最有可能掌握的正规军。接着，他们追上如侯将其斩杀，率领胡骑进入长安；大鸿胪商丘成也奉命率长安附近的水军赶来。

汉朝符节原本是红色的，因为太子持有相同颜色的符节，为以示区别，皇帝使者的符节特意加上黄旄。

虽然接连失去对胡骑与水军的控制，但驻防京城的主力是北军。只要掌握这支精锐部队仍然可以反败为胜。

太子亲自带人赶到北军驻地，派人召护北军使者任安，将自己的符节交给他，令他发兵。任安接受了符节转身回到大营却闭门不出。因为太子行动迟缓，消息早已泄露。任安拒不出兵，太子只得引兵而去。

长水宣曲胡骑、长安水军、北军以及长安的郡县兵，四支正规军，太子一支都未争取到，败局已定。

太子军的主力是刚被释放的长安囚徒以及临时被组织起来的长安百姓，而他们的对手正是前面提到的那四支正规军。丞相刘屈氂正率领驻

第十八章 巫蛊之祸——谁是赢家

防在长安附近的郡县兵又会合赶到的水军还有胡骑攻入长安，在长乐西阙下，双方遭遇，随即展开大战。合战五日，死者数万，血流成河。

太子刘据兵败，不久被杀，皇后卫子夫随即自杀身亡。太子一家大多在这场变乱中遇害，仅有一个刚刚出生不久的襁褓中的婴儿因年龄过小幸免于难，他就是太子刘据的孙子，未来的汉宣帝刘病已。

我哭豺狼笑。恶人们在弹冠相庆。马通以斩杀如侯，封重合侯，商丘成力战擒获张光，封秺侯。然而，这些人不过是小喽啰，真正高兴的是刘屈氂与李广利。

第二年正月，匈奴入寇五原、酒泉。

三月，汉武帝派李广利领兵七万出五原。商丘成带兵两万出西河。马通率骑兵四万出酒泉，反击匈奴。

很明显可以看出来，领兵大将都是之前巫蛊之祸的受益者。李广利在这次事变中虽未受到封赏，却是潜在的最大受益者。

这从李广利与刘屈氂的对话中可以窥见端倪。

大军出发前，刘屈氂来到渭水桥边为李广利送行。

贰师将军李广利对丞相刘屈氂说："愿君侯早请昌邑王为太子；如立为帝，君侯长何忧乎！"刘屈氂满口答应。李广利请刘屈氂帮忙册立昌邑王刘髆为太子。因为他们是一伙儿的，李广利的女儿嫁给了刘屈氂的儿子，如果刘髆被册立为太子，与李广利是儿女亲家的刘屈氂自然也是受益者。

可是，他们料不到，螳螂捕蝉黄雀在后。他们也不过是给别人当枪使。

很快，他们的密谋被太监郭穰告发，说丞相刘屈氂的夫人与李广利共用巫蛊诅咒皇上，想要拥立昌邑王为帝，事情很快查明，这是大逆不道。

六月，丞相刘屈氂被腰斩于东市，妻子被斩首于华阳街；李广利的妻子也被收监下狱。此时，李广利正在漠北前线与匈奴激战。

且说匈奴单于听闻汉兵大出，赶忙将辎重转移到郅居水以北；左贤王也带着部众渡过余吾水向北退避六七百里躲进兜衔山；单于亲自率领精兵渡过姑且水。商丘成军一路未见匈奴主力随即南归。匈奴得知派出三万骑兵追击，双方激战九日，匈奴被杀败，汉军从容班师。再说马通军进至天山，匈奴大将偃渠率两万骑邀击汉兵，可是两军相遇，匈奴人才发现汉军的数量是他们的两倍，便很识趣地离开了。

朝廷怕亲匈奴的车师兵阻击马通军，派归降的匈奴人开陵侯成娩率楼兰、尉犁、危须等六国兵围攻车师，得胜后将车师民众全部迁回汉地。

四路汉军，三路凯旋。

现在只剩下李广利一路还未有消息。

贰师将军李广利出塞后与匈奴右大都尉、单于宠臣卫律的五千骑兵在夫羊句山展开混战。李广利很轻松就击败了这路匈奴骑兵。汉军乘胜追击，杀至范夫人城。匈奴兵四散奔逃，溃不成军。

正在顺利进兵之际，李广利收到了来自长安的消息，他的亲家刘屈氂一家被诛杀，他的家眷也被逮捕下狱。

听到消息的李广利瞬间如遭雷击，整个人都蒙了。

本来大军得胜即可班师，但他的幕僚同为戴罪之身的胡亚夫劝他深入漠北邀功，将功赎罪，不然回去就得被抓。李广利也心存侥幸，于是率军渡过郅居水北上深入匈奴腹地。

李广利派护军率两万骑兵出击与匈奴左贤王、左大将率领的两万骑兵遭遇，合战一日，汉军杀左大将，匈奴大败，死伤惨重。

此时李广利获罪、全家被抓的消息不胫而走，已在军营中传开。长史想发动兵变拘捕李广利，但消息泄露反被李广利所杀。

经过这场变乱，李广利深知军心已乱，不可再战，引兵南归，走到燕然山被匈奴大军追上。

第十八章　巫蛊之祸——谁是赢家

单于知道汉军久战疲惫，亲自率五万骑兵追击李广利，双方混战，彼此伤亡都很大。当天夜里，单于趁汉军军心不稳发动夜袭，汉军大乱随即溃散。李广利被围投降匈奴。

单于当然知道李广利在汉朝的地位，于是将自己的女儿嫁给他，尊宠在卫律之上。

汉朝得知李广利叛变随即将他全家诛杀。

汉军先胜后败，损兵数万。一场巫蛊之祸不但引发朝堂变局，更招致前线惨败。

这时搜粟都尉桑弘羊上疏请求屯田轮台。痛定思痛的汉武帝以此为契机下发著名的轮台诏，暂停征伐，与民休息。

汉武帝在诏书中说，乃者贰师败，军士死略离散，悲痛常在朕心。今又请远田轮台，欲起亭隧，是扰劳天下，非所以优民也，朕不忍闻！当今务在禁苛暴，止擅赋，力本农，修马复令，以补缺、毋乏武备而已。

投降匈奴的李广利不久就被匈奴杀掉，原因是单于对他过于宠信，这让宠臣卫律很是害怕，他怕李广利与他争宠，正赶上这时单于的母亲生病，卫律就教唆胡巫告诉单于，只有杀了李广利，他母亲的病才能痊愈。于是李广利被杀，他虽未死于汉朝的巫蛊之祸，却也死于匈奴的巫蛊。

后元元年（前88）夏六月，因巫蛊之祸封侯的商丘成因坐祝诅自杀。

巫蛊之祸的罪魁祸首江充早已被杀，这时明白过来的汉武帝开始疯狂报复，将江充的全家处死。马何罗、马通兄弟是江充的同伙，很快也因谋反伏法。

至此，之前因巫蛊之祸受封获赏的人几乎被诛杀殆尽。此时距巫蛊之祸发生不过才刚刚过去三年。

七月，燕王刘旦上疏请求进京保卫皇帝。因为按照长幼顺序，应该是他接班。这个蠢货都不用别人设计陷害，自己主动送上门。

刘旦的举动显然是此地无银三百两。他的心思是个人都明白，武帝怎么可能不清楚。

尚未走出痛苦的汉武帝看到刘旦的上疏气就不打一处来。他直接来了个毁书斩使，这个信号传达得再明确不过了。刘旦被干脆利落地排除在接班人之外，他的弟弟广陵王刘胥也被剥夺资格。

前太子长子刘据被害，次子齐王刘闳十八岁夭折，排行老三、老四的刘旦、刘胥兄弟也不受待见，老五昌邑王刘髆因舅舅李广利的原因也被排除，就在这年正月也死了，死在了武帝的前面。剩下的儿子只有老六也就是最小的由钩弋夫人所生的刘弗陵。但其实汉武帝还是有选择的，不过不是儿子而是曾孙。前太子刘据的孙子、这时尚在监狱的刘病已在理论上也具有继承人的资格。为何说是理论上呢？因为刘病已此时的身份是罪犯，他的爷爷因发动政变被杀，他已经被从皇室削去皇籍。

尽管曾皇孙刘病已仅仅具有理论上的继承资格，但他的政敌仍然不打算放过他。

很快病中的汉武帝收到"望气者"的报告说长安的监狱里有天子气。汉武帝派宦官郭穰连夜去长安监狱将关押的罪犯不论罪行轻重全部处死。之前告发丞相刘屈氂、将军李广利行巫蛊之事的是这个郭穰，现在去监狱执行杀人任务的还是这个郭穰。巫蛊之祸的幕后真凶终于浮出水面，钩弋夫人。至少，她是主谋之一。很显然，宦官郭穰总是出现在关键时刻，这不可能是巧合。钩弋夫人的父亲多年前因犯罪也成为宦官，郭穰与钩弋夫人的父亲都是宦官，这就意味着太监郭穰是这场阴谋中的帮凶，钩弋夫人才是隐藏在幕后的主谋。因为按照谁受益谁犯罪的逻辑，巫蛊之祸的最大受益者是钩弋夫人与她的儿子刘弗陵。但他们还是认为刘病已是潜在的威胁，宦官郭穰的任务就是去监狱杀皇曾孙刘病已。

时任卫尉监的丙吉拒不开门，他应该也知道这伙人的目的，说是处决所有犯人，但真正要杀的只有刘病已。

第十八章 巫蛊之祸——谁是赢家

丙吉很同情太子，对这位太子仅剩的血脉很是关照。刘病已刚入狱时还是个襁褓中的婴儿。丙吉从狱中找了两个女犯充当奶妈轮流照顾这个刚出生就失去父母的可怜孩子。

那晚，丙吉顶着巨大的政治压力，冒着前途尽毁的风险坚持不开门，最终保住了四岁的刘病已的性命。

那个宦官郭穰回去交差告丙吉的状，这时的汉武帝可能明白过来了。汉武帝没有追究丙吉的责任，而是宣布大赦天下。作为刘病已的救命恩人，即使在后来刘病已成为皇帝后也从未向外人提及过这段往事。最后是汉宣帝刘病已派人调查才得知真相。

此时的汉武帝似乎也知道了巫蛊事件的真相，他突然下令处死了钩弋夫人，却从未对外公布其罪状。巫蛊之祸的主要当事人江充、刘屈氂、李广利、钩弋夫人都得到了应有的惩罚。第二年，钩弋夫人的儿子刘弗陵被立为太子。但仅仅十余年后，前太子刘据的孙子刘病已还是登基成为皇帝，他就是历史上实现孝宣中兴的汉宣帝，苍天有眼。

后元二年（前87）二月，汉武帝下诏以霍光为大司马、大将军，金日磾为车骑将军，太仆上官桀为左将军，受遗诏辅佐太子，三位托孤大臣拜卧床下接受任命。

不久，汉武帝驾崩，享年七十岁。

汉武帝的时代结束了。

此后的二十年，托孤大臣霍光主管朝政，成为当时汉朝实际上的掌控者，他才是巫蛊之祸的真正赢家。

第十九章

霍光专政——后武帝时代的战争

汉武帝指定的三位托孤大臣分别是：霍光、金日䃅和上官桀。

为何是这三人呢？

霍光，骠骑将军冠军侯霍去病同父异母的弟弟，担任奉车都尉兼光禄大夫二十余年，托孤时受封大司马、大将军，为首席辅政大臣。

金日䃅，匈奴休屠王之子，随浑邪王降汉，曾任驸马都尉，受封车骑将军，地位仅次于大将军，执掌京师宿卫。

上官桀，早年为羽林期门郎，后任侍中，官至太仆，受封左将军，地位在车骑将军之下，执掌边军。

汉武帝的内朝包括大将军、骠骑将军、前后左右将军、侍中、左右曹、散骑诸吏、给事中、符节令、黄门令、中书令等等。而与之相对应的，则是丞相自下的行政官吏构成的外朝。由此形成"内朝决策，外朝干活"的体系。

这个体系决定了他的托孤对象不可能是外朝的丞相，而只能是内朝的亲信。如果托孤丞相，那又何必设置内朝。但在内朝中，他可选的人并不多。

霍光担任的奉车都尉，是元鼎二年设置的三都尉之一，负责皇帝出行时乘坐的车驾。霍光兼任的光禄大夫隶属光禄勋，是皇帝的幕僚。

金日䃅担任的驸马都尉，是三都尉之一，负责皇帝出行时随行车驾。

上官桀担任的太仆，是九卿之一，负责皇帝车驾管理。

三个人的共同特点是：他们都在武帝身边多年是经过考验的亲信心腹；他们都是内朝官员，品阶不高。虽然品阶不高，但常年在皇帝身边，权力很大。

霍光在汉武帝身边二十余年的经历竟然如同一张白纸，几乎没有留下任何值得一提的事迹。

二十多年官场沉浮，身为霍氏族人，霍光竟然未被牵连进任何重大政治风波，这足以说明此人的城府深不可测。

史书中对他的评价：小心谨慎，未尝有过。纵观他的一生，此论堪称精准。

然而，霍光并不是唯一谨慎小心的人，还有一个人在这方面与他在伯仲之间，这个人就是同为托孤大臣的金日磾。

汉武帝曾有意让金日磾做首席顾命大臣，但金日磾以自己是匈奴人再三推让，推举霍光。这两人都以谦逊小心出名。

众所周知，顾命大臣之间往往是你死我活的关系，这个可以参考后来三国的历史，曹魏曹爽与司马懿，东吴孙峻与诸葛恪。

但这些难不倒霍光。此人的心思极其缜密，他早就有了对策，这招是历代政治家所常用的方法——政治联姻。

霍光只有一个儿子却有七个女儿，其中一个女儿嫁给金日磾的儿子金赏，一个女儿嫁给上官桀的儿子上官安。

三人同为辅政大臣，又互为儿女亲家。在很大程度上，这种联姻可以化解矛盾增强互信，并将三家深度绑定。

在三位顾命大臣的辅佐下，八岁的太子刘弗陵即位，他就是汉昭帝。

虽然同为顾命，但时间久了，还是会有矛盾。金日磾在接受托孤的第二年就去世了。因此，矛盾主要在剩下的两个人之间展开。上官桀的政治水平是三人中最低的，他的儿子上官安比他还低。水平虽低，但野心却很大。

始元四年（前83），上官安迫不及待地将他与霍光女儿所生之女嫁给汉昭帝，进宫不久即被立为皇后，这年这位上官皇后才六岁。

上官安也被晋升为车骑将军。

父子同为将军，权势显赫。上官桀父子开始膨胀了。他们已不满足与霍光共掌朝政，他们想大权独揽。其实，这也是霍光的想法。

但先动手的是上官桀，元凤元年（前80），他联合盖长公主、理财能手御史大夫桑弘羊，还有一直对皇位抱有想法的燕王刘旦发动政变。不过，这些人不是霍光的对手，政变失败，上官桀父子、桑弘羊被杀，盖长公主、燕王刘旦自杀。

曾经的三大托孤重臣，如今只剩下霍光一人。此时的霍光急需刷政绩来证明自己的能力，而机会说来就来。

元凤三年（前78），辽东乌桓反叛。早年乌桓臣服于匈奴。自武帝亲政，汉匈战争陡然升级，经过数十年血战，匈奴被汉朝彻底打崩溃，实力急剧衰弱。惯于见风使舵的乌桓于是又投奔汉朝，助汉守边对付匈奴，在这个过程中，因为匈奴威胁减小又受到汉朝的保护，乌桓实力迅速增强。于是，得意忘形的乌桓也膨胀了，又开始在汉朝边境搞事情。与此同时，对老冤家匈奴，乌桓也不客气，对元气大伤的匈奴发起攻势，正所谓趁你病要你命。之所以说是冤家，是因为乌桓本是东胡的一支，东胡被匈奴击溃，乌桓部落才臣服于匈奴。汉军击破匈奴左贤王部后将乌桓迁到上谷、渔阳、右北平、辽东塞外。

不久前，匈奴三千余骑攻入五原郡杀掠数千人；之后又有数万骑南下破坏汉军在塞外的亭障掠取吏民。

当时，汉朝已经建立起严密的烽燧防御体系，边郡烽火候望精明，能及时预警，汉军的反应也极其迅速。匈奴入寇能抢到的东西越来越少，见无利可图，匈奴犯边的次数也相应减少。

这时汉朝从投降的匈奴人口中得知，乌桓掘了匈奴老单于的墓冢，匈奴为此大为震怒发兵两万东击乌桓。

霍光认为这是难得的机会，欲发兵邀击，便询问护军都尉赵充国。

第十九章 霍光专政——后武帝时代的战争

老将赵充国认为："乌桓之前多次犯边，如今匈奴举兵袭击乌桓，蛮夷相攻，中国之利。他们打起来，我们正好坐山观虎斗，还是不出兵为好。"赵充国显然没有领会领导的意图。他从专业角度说出了自己的看法，却不是霍光期待的回答。

霍光又向中郎将范明友征求意见，范明友态度很明确，应当出击。这个范明友是霍光的女婿，他当然要力挺岳父大人。

于是，朝廷任命范明友为度辽将军率领骑兵两万从辽东出塞进攻匈奴。匈奴得到汉军出塞的消息，第一反应不是迎战是跑，顷刻间就逃得没了踪影。曾经横行一时的匈奴，如今望风而逃。这是汉军多年"教育"的结果。

范明友出塞后找不到匈奴却并不回去。因为出发前，他的岳父大人就告诉他，大军不可空手而归，匈奴若逃，便击乌桓。总之，要有战绩，这是霍光主政后的第一次重大军事行动，只许成功，不准失败。

在是否要出兵的问题上，霍光先后征求了赵充国、范明友的意见。

霍光自己没有带过兵，治国理政，他是好手，但在军事上，最多是长于战略，落实到具体执行，那就要咨询专业人士，有实际带兵经验的将领，比如赵充国与范明友。

赵充国相比范明友，经验更丰富，是当朝老将，与匈奴打了几十年，对匈奴极为熟悉。

而范明友是霍光的女婿，也有带兵经验，但与赵充国相比只能算后起之秀。

赵充国、范明友对于是否要趁机攻打匈奴的意见有分歧。

赵充国认为，匈奴没挑衅，干吗撩人家，在家看着匈奴乌桓互掐多么愉快。

范明友的态度很明确，直接干。

霍光为何要问赵充国、范明友？因为在他问之前，心里已经做出了决定，那就是打。之所以问他们，首先，因为他们是专业人士，需要听取其意见；其次，所有决策在选择之后都要落实，只能找专业人士来执行。

霍光不仅仅是征求意见，他还在看他们对他的提议所持的态度。从专业的角度，显然老将赵充国更合适。可是，赵充国的回答直接让他落选。

霍光宁肯用年轻的范明友也不用久经战阵的赵充国，这点充分展示了他的领导水平与政治能力。

用人不光要看能力，还要看这个人意愿是否能够和上级领导同心。

如果负责执行的下属能够认同上级决策，那么执行起来会更坚定，效果也会很好。

如果上级想干的，下属觉得干不了，还强制让他去干，即使他去了，多半也不会有好结果。因为他在心里就不认同，执行起来必定大打折扣。

上级负责决策，下级负责执行，上下同心，想法一致，才能成功。此即，上下同欲者胜！

霍光的谨慎在这次出兵中也体现得淋漓尽致。对可能发生的情况，霍光都想到了，并做好了预案。按照以往的经验，他料到匈奴大概率会跑，所以出发前特意嘱咐女婿范明友，兵不空出，打不着匈奴就打乌桓，必须要有收获。

按照霍光的设想，匈奴先打乌桓，然后汉军再打匈奴。来个螳螂捕蝉黄雀在后。但如果匈奴遁逃，那就直接揍乌桓。

范明友在找不到匈奴骑兵的情况下，按照他岳父事前制订的应急预案，直接去打乌桓。此时的乌桓刚刚经历与匈奴的战斗，还未得到休整，被杀得大败。汉军斩首六千，大获全胜。

这次战争是霍光做出的决定，算是他大权独揽后的第一个项目。在是否要干这个问题上，霍光力排众议，尤其是弃用老将赵充国，不听其

第十九章 霍光专政——后武帝时代的战争

建议，这是要承担政治风险的。

如果这次作战失败，或出兵却捞不到战绩，对霍光的威信将是沉重的打击。所以，出兵之后，不管匈奴还是乌桓，必须揍一个，必须有拿得出手的战绩，才能对上下有个交代。

选人要选与自己合拍的人。这个时候，不光考虑的是如何做事的问题，更要考虑权力安全。比如，霍光对范明友的吩咐就是如此。想要平稳落地，必须要有成绩，才能堵住别人的嘴。

> 青海长云暗雪山，孤城遥望玉门关。
> 黄沙百战穿金甲，不破楼兰终不还。

这是唐朝边塞诗人王昌龄《从军行》组诗中的第四首，颇为有名。诗中提到的楼兰经常会出现在唐诗里，相同风格的作品还有李白的《塞下曲》："愿将腰下剑，直为斩楼兰。"

唐朝人如此"钟情"于楼兰，追溯其根源，还要从汉朝说起。

汉唐有着许多相似之处，都立国于关中，又都同时面临着来自西北两个方向的威胁，都竭尽全力开拓西域。

唐人对西域的经略在很多方面是学习的汉朝。其实，唐朝时，楼兰早已消失在历史的长河里不见踪迹，楼兰在唐朝人眼里更多的是象征意义。但在汉朝，楼兰是必须直面的问题，搞定楼兰才能确保中原与西域战略交通线的畅通。

汉朝的北方有匈奴，西面有羌人部落；唐朝的北面有突厥，西方有吐蕃。为了防止两股敌对势力的联合，坚守河西进而开拓西域就是必需的。

楼兰是汉人西出阳关的第一站。

此时的汉匈战争，经过河南之战、河西之战、漠北决战，汉朝已经确立胜局。

在此之后，匈奴西迁，双方角逐的战场转到西域。这里成为汉匈两个大国反复拉锯争夺的地方。楼兰是西域三十六小国之一，被迫在两大强国间周旋。

在历史上，很多小国在面对大国之间的博弈之时，经常会选择做墙头草左右逢源。这种投机行为，看上去似乎可行，实际上真正能够做到在两个势力之间找到战略平衡点的少之又少。

而楼兰古国用他们的命运为此做了生动的诠释。楼兰古国在西域三十六国当中算是强盛的国家了。可惜楼兰生不逢时，在它最鼎盛的时候，也正是匈奴与汉朝最鼎盛的时期。匈奴其实比汉朝更早染指楼兰，因为他们距楼兰更近，正是近水楼台先得月。

楼兰原本臣属于大月氏，但随着北方匈奴的崛起，局面变得复杂起来。

楼兰处在匈奴、汉朝、大月氏三个大国势力交错的交通线上，是兵家必争之地。

汉文帝时，匈奴发兵攻打大月氏。大月氏在匈奴的迅猛攻势下，很快败下阵来，不得不向西迁徙躲避匈奴兵锋，留下的部分成为匈奴的附庸。作为附庸的附庸，楼兰自然也成了匈奴的小弟。

张骞出使西域使得汉朝对西域有了更深入的了解。在此之后汉朝开始频繁派出使者通过楼兰前往西域各国。而彼时的楼兰背靠匈奴，经常抢劫财物杀害汉使。

汉武帝为之震怒，当即发兵攻打楼兰。在汉朝面前，楼兰如同微尘。

很快，汉朝大军势如破竹攻破楼兰，迫使楼兰请降。楼兰王子被送到长安做质子。同时，楼兰王又将另一个王子送到匈奴，想要两边讨好，都不得罪。因为楼兰更接近匈奴，从地缘上更倾向于匈奴。

而就在此时，原本宣布中立的楼兰，却帮助匈奴在自己的城内屯兵，这对于已经通过楼兰隘口进入西域腹地的汉军来说是极其危险的。汉军再次打到楼兰，兵临城下。楼兰王为求保命，再次向汉朝投降，愿意充当汉朝的耳目，侦察匈奴动向。

元凤四年（前77），充当双面间谍的楼兰王死了。匈奴得到楼兰王的死讯，抢先将在匈奴做人质的楼兰王子安归送回继承王位。

新王安归是匈奴所扶持的，自然亲近匈奴，上台后他一改前任的两面讨好，开始搞一边倒，紧抱匈奴大腿。

他一点都没有吸取前任们的经验教训。二十多年前，贰师将军李广利远征大宛，当时的楼兰王也曾甘做匈奴的走狗，企图切断汉军的粮道。但很快就被汉军发现，楼兰王也被抓到长安受审。

在汉武帝的责问下，这位楼兰王倒也实在，实话实说，小国处在大国之间不两面讨好就活不下去。汉武帝也知道他说的是实情，也没有再为难他，将楼兰王放了回去。汉朝的做法算是默认了楼兰双面间谍的身份。

因为当时汉朝刚刚开始经略西域，势力尚未深入，还做不到对西域各国进行有效控制。匈奴在西域根基很深，在当时的情况下，对楼兰的做法还可以接受。

但二十多年过去了，世易时移，在汉匈的较量中，汉朝已完全占据上风，匈奴在接连丢失河南、河西之后，仅剩西域这么一个补血基地。

而经略西域是汉朝的国家战略，此时汉朝的重心已经转到西域，有决心更有实力与匈奴争夺对西域的主导权。

在汉强匈弱的形势下，楼兰新王的做法就有点找死的意思。他不但不供给过往汉使饮食，甚至公然派人劫杀汉使抢夺财物。汉朝曾派人召他入朝，他也不去。

看来这个人已经没有挽救的价值。

说起西域就不得不说到东汉的定远侯班超。他几乎凭一己之力为汉朝光复西域，成为万世仰慕的大英雄。年轻时的班超也曾沉沦下僚，为官府抄写文书糊口度日。但他不甘心就此蹉跎，一天，他奋然扔下抄写的毛笔，说道："大丈夫当效傅介子、张骞立功异域，以取封侯，安能久事笔砚间乎？"班超决定投身军旅建功立业，就此也留下一个成语，投笔从戎。能成为定远侯班超的偶像，傅介子当然不简单。

在汉使接连遭到杀害的背景下，北地郡人傅介子出使大宛，同时奉命谴责之前勾结匈奴杀害汉使的楼兰与龟兹两国。

在当时匈奴势力横行西域的形势下，汉使是高危职业。楼兰、龟兹之前杀害汉使就是明证。

这个时候还敢出使，而且是去训斥两个亲匈奴的国家，这需要极大的勇气。

再说傅介子，他先后到楼兰、龟兹，严厉斥责了他们杀害汉使的卑鄙行为，两国国王表面上态度都挺好，乖乖认错服罪。但双方都清楚，这不过是走走形式。这两国并未真正认罪。然而，他们想不到，傅介子不是普通的汉使，人狠话不多的傅介子出使大宛不过是借口，他真正的目标不是他们。

傅介子从大宛归来，又来到龟兹，正巧匈奴使者从乌孙回来也在龟兹。傅介子干了一件轰动一时的事件，他率领使团吏士将匈奴使者全部斩杀。相同的事情后来班超也干过，一百多年后，班超来到鄯善也就是改名后的楼兰以少胜多斩杀匈奴使者。班超的举动很明显是在向他的前辈傅介子致敬。然后，投笔从戎的班超又贡献了一个成语：不入虎穴，焉得虎子。

出使归来，傅介子被拜为中郎。不过，事情还没完，斩杀匈奴使者仅仅是开始。

傅介子向大将军霍光汇报工作，因为此时的汉廷真正拿主意有决策权的是霍光。傅介子对霍光说："楼兰、龟兹反复无常，有罪不诛何以号令西域，愿刺杀龟兹王，以威示诸国。"一身是胆的傅介子已经不满足于杀匈奴使者，他要杀国王！霍光说："龟兹道远，且验之于楼兰。"

傅介子带着部下出发了，这次他带了不少金币，这些金币是他的道具。傅介子又来到楼兰，故意放出消息，扬言这次来是赏赐各国。但楼兰王安归对傅介子一行很是冷淡，他本就是匈奴所立，之前又被傅介子训斥过，对汉使的来访并不热情。傅介子也不在意，在即将走出楼兰国界西去时，对陪同的楼兰翻译说，这次出使携带了很多黄金、锦绣，本来是赏赐沿途各国的，既然楼兰王不愿前来，我只好送给别人了，说罢故意拿出金币给翻译看。金闪闪的金币看得翻译两眼冒金光。翻译赶紧报告国王，楼兰王虽然很讨厌傅介子，但架不住金钱的诱惑，看在钱的面子上同意见汉使。

傅介子见对方中计，便决定见机行事，实施他的斩首计划。傅介子与楼兰王安归向坐对饮，还将金币拿出给楼兰王看，说这些都是天子赏给你的。酒酣耳热之际，楼兰王已有醉意，傅介子决定动手，他对楼兰王说，天子有密旨，我只能对你一人说，楼兰王随即起身随傅介子来到角落。此时早已埋伏在此的两个壮士从背后猛刺，楼兰王安归利刃交胸，血溅当场，死于非命。因为事发突然，楼兰王手下被吓得四散奔逃。

现场一片混乱，傅介子却十分镇定，当众宣布："楼兰王安归杀害汉使罪不容诛。今奉大汉天子之命诛杀此人。汉兵方至，毋动，动即灭尔国。"说罢，傅介子手起刀落砍下楼兰王安归的人头，派人持首级驰传诣阙，悬首于长安北阙下。

傅介子不辱使命得胜还朝。朝廷下诏褒奖："楼兰王安归尝为匈奴间，候遮汉使者，发兵杀略卫司马安乐、光禄大夫忠、期门郎遂成等三辈，及安息、大宛使，盗取节印献物，甚逆天理。平乐监傅介子持节使诛斩楼兰王安归首，县之北阙，以直报怨，不烦师众。其封介子为义阳侯，食邑七百户。士刺王者皆补侍郎。"

傅介子诛斩楼兰王安归受封义阳侯，与他一起封侯的还有之前出击乌桓的范明友。霍光的女婿范明友也因战功受封平陵侯。

不听话的被杀掉，接下来就要选一个听话的，对于新王的人选，霍光早就想好了，安归的弟弟尉屠耆。

不同于亲匈奴的安归，尉屠耆亲汉，对安归投靠匈奴颇为不齿。看到安归杀汉使附匈奴的作死行为，尉屠耆明白安归早晚会为他的疯狂付出代价。尉屠耆及时归顺汉朝为楼兰赢得新生。

汉朝下令更其国名为鄯善，赐以宫女为夫人。尉屠耆就此与汉朝深度绑定。一个亲汉的鄯善对汉朝经略西域是必要的。亲汉的同时意味着与匈奴决裂，作为被汉朝册立的新王，尉屠耆没有别的选择，他只能一心一意跟定汉朝。

但匈奴此时在西域的势力不容小觑，为了坐稳王位，尉屠耆主动请求汉军进入鄯善为他撑腰。而汉朝为确保进兵西域的前进基地鄯善的安全也乐得派兵，双方一拍即合。汉朝在鄯善伊循城驻兵屯田，为新王声援，也为往来的汉使提供补给。因为汉朝要的不只一个鄯善而是整个西域。这是武帝以来汉朝孜孜以求的战略目标。帮武帝实现夙愿的不是他的托孤大臣霍光，而是即将出场的这个人，他的曾孙汉宣帝刘病已。

第二十章

南园遗爱故剑情深——中兴之主汉宣帝

霍光在历史上特别出名是因为他干了一件影响深远的重大事件——换皇帝。

尽管他这一生做过很多事,但给人留下深刻印象的只有这一件。

元平元年(前74)四月,年纪轻轻的汉昭帝驾崩,他没有儿子,于是,一个难题摆在霍光面前,由谁继承帝位。

此时武帝的儿子还在世的只有广陵王刘胥。老大刘据这支因巫蛊之祸仅剩孙子刘病已,老二齐王刘闳早夭,老三燕王刘旦联合上官桀反对霍光发动政变失败自杀,老四广陵王刘胥是刘旦的同母弟,老五昌邑王刘髆死得比他爹武帝还早,老六就是刚刚死去的刘弗陵。朝臣的主流意见是立这位硕果仅存的广陵王。但霍光怎么可能同意,燕王是因他而死,现在立他的弟弟!神经正常的人都不会这么干。从这也可以看出,朝臣中的很多人对霍光充满敌意。

戾太子刘据的巫蛊案件是悬案,但他发动政变失败被杀却是事实。刘病已虽然已被释放恢复皇室身份,但他是戾太子刘据的孙子,不是最合适的人选。

剩下的只有刘髆的儿子昌邑王刘贺。

霍光的外孙女上官皇后下诏迎立昌邑王刘贺。这当然是霍光的主意。

昌邑王刘贺做梦也想不到会有这种好事,他接到诏书时已是深夜,立即召集部属,天刚破晓便急不可待地率领二百多部下出发了。

刘贺的行进速度可以用风驰电掣来形容,史料原文则更富有画面感,"侍从者马死相望于道"。这得有多急迫才能这么拼。

第二十章　南园遗爱故剑情深——中兴之主汉宣帝

昌邑王刘贺以不可思议的速度赶到长安，顺利即位。可是，令他没想到的是，他在皇帝的位置上仅仅待了二十七天就被赶下台，这个速度同样不可思议。

刘贺被废黜的原因，朝廷的说法是他荒淫无道，还列举出一千多条罪状。这些都是刘贺在二十七天的时间里干的。如此看来，刘贺在长安的这些天的确是很辛苦的，这么多罪需要日夜不停加班加点地干才行。

来自朝廷的官方宣传显然是荒诞的。之所以胡说，是因为真相不可说。刘贺被废黜的真实原因在于他触及了既得利益集团的利益。他刚即位就迫不及待地提拔重用追随他的那些昌邑旧臣。典型的就是，刘贺进京后立即任命原昌邑国相安乐为长乐卫尉，这是掌管宫廷禁卫部队的长官。重点是，他提拔的不是个别人而是一批人，这就触动了霍光跟当权大臣们的政治底线。

霍光愿意迎立刘贺也是看他年轻容易控制，可是，刘贺位置还没坐稳就已经摆出一副全面夺权的架势。这霍光如何受得了？

霍光原本是想继续大权独揽，但刘贺上来就表现出不合作的态度，不想当傀儡。双方的关系极度紧张。

大将军博陆侯霍光连忙与他的助手车骑将军富平侯张安世、心腹大司农田延年密谋，决定废黜刘贺。

他们的动作相当迅速，没有给刘贺跟他的部下任何反击的机会。

霍光首先在未央宫召集群臣，在大臣们不知情的情况下宣布他的决定，然后逼迫众人服从。接着，霍光率领群臣将刘贺的"罪状"禀明太后，他的外孙女自然是支持他的。

等到刘贺知道情况，为时已晚。霍光并不想杀刘贺，威胁解除，实在没有这个必要。但追随刘贺的二百多昌邑旧臣，霍光就没那么客气了，这些人直接被押赴刑场，全部处斩。

一场政治风波就此过去。然而，霍光虽然赢得了胜利，却也令他的威信大打折扣。之前不顾群臣反对坚持立昌邑王的是他,一个月后,逼迫群臣支持他废黜刘贺的还是他。这脸被打得啪啪响。

接下来,还要拥立新君。但霍光可选的并不多。这时丙吉及时站出来力挺刘据的孙子刘病已。

霍光找来他的得力帮手张安世商量此事,得到后者的支持,于是,二人做出了影响汉朝命运的决定,迎立刘病已为帝。

这里要对张安世做个简单的交代。霍光与张安世的背景身世都不简单。大家都知道,霍光是大名鼎鼎的骠骑将军霍去病的弟弟,但张安世也不差,他爹是武帝朝知名的酷吏张汤。

霍去病、张汤,一个是爱将,一个是宠臣。汉武帝对两人都很喜欢,霍光与张安世得以步入官场与他们的父兄有很大关系,他们的背景够深后台够硬,但不得不说,他们能功成名就,靠的还是自己的实力。正所谓师傅领进门,修行靠个人。

众所周知,霍光的谨慎持重已经发展到强迫症的程度,张安世在这方面比起霍光有过之而无不及,也是个极其谨慎小心的人。

人们都喜欢欣赏与自己性情相投的人,所以,霍光选中了张安世做他的帮手。

在拥立刘病已的问题上,张安世的态度很关键,但有一个人的作用更大,张安世后来的富贵荣华还是靠的这个人。此人就是张安世的哥哥张贺。刘病已一生中有两个贵人,一个是不惜以身家性命保护他抚育他的丙吉,另一个就是不论何时都力挺他坚定支持他的张贺。这两个人对刘病已缺一不可。

即使是皇曾孙也需要贵人相助。张贺原是戾太子刘据的旧臣,在巫蛊之祸中,张贺作为太子旧部也被捕入狱,但他没有死,被罚做宦官,去做了掖庭令。凑巧的是,四岁的刘病已出狱后就被送入掖庭。张贺对刘病已的关怀无微不至。他出钱请人教刘病已读书,常常在张安世面前

第二十章　南园遗爱故剑情深——中兴之主汉宣帝

夸赞他，还准备将他的女儿许配给刘病已。要知道，当时刘病已的身份还很普通，以他当时的情况想东山再起，可能性微乎其微，当皇帝更是想都不敢想。患难见真情，对张贺的这份情义，刘病已铭记在心终生不忘。

张安世出于职业官僚的谨慎，严厉训斥他哥哥张贺对刘病已的夸赞，并且坚决反对张贺将女儿嫁给刘病已。对此，后来成为皇帝的刘病已始终耿耿于怀。

多年后，刘病已成为皇帝，此时张贺已死，刘病已对张安世说，听说当年张贺经常在你面前夸我，你还责备制止过他，有这回事吗？张安世也只能实话实说，回答说有。刘病已追念恩人，下令赏赐张贺的儿子张彭祖。张安世出于一贯的谨慎风格推辞，因为这个张彭祖是他的儿子过继给他哥哥张贺的。刘病已却说，我赏赐张彭祖是追念张贺的情义，跟你没有关系。言语之间颇有怨恨之意。张安世自知理亏再不敢多说一句。后来的汉宣帝刘病已与张安世的关系是相当微妙的。如果不是看在张贺的情分上，汉宣帝不但不会重用张安世，还有可能杀了他。因为懂得报恩念旧的人往往也很记仇。

但不管怎么说，在商议皇帝人选时，张安世是支持刘病已的。至于霍光，他的哥哥霍去病是在卫家长大的，也是外戚卫氏集团的重要成员，他们本来就是太子刘据的外援。霍光虽然与卫家的关系并不紧密，但也算是自家人。所以，霍光也愿意拥立刘病已，而且，刘病已此时也才十八九岁，与刘贺年龄差不多，好控制。霍光乐得接受，他还能接着执掌朝政大权。

当年七月，刘病已正式登基即位，成为汉朝的第十位皇帝，即汉宣帝。

在成为皇帝之前，刘病已刚刚做了父亲，他的妻子许平君为他生下儿子刘奭，也就是未来的汉元帝。

被张安世阻挠未娶上张贺的女儿的刘病已不久之后迎娶了掖庭啬夫许广汉的女儿许平君。

随丈夫进宫后，许平君被立为婕妤。对于一位来自民间的寻常女子，她已经很满足并不敢奢望更多，但他的丈夫不肯让发妻受半点委屈。婕妤是不够的，必须是皇后。

当时，霍光的小女儿霍成君已经到了婚嫁的年龄，朝野上下都期望汉宣帝迎娶霍光的女儿霍成君并立其为皇后。这符合朝廷向来的风格，政治联姻深度捆绑。

这当然也是霍光的期待，说起政治联姻，没有谁能比霍光玩得更好。霍光可以说是整个汉朝四百年最出色的政治联姻小能手。

与他同受托孤的金日磾、上官桀都是他的姻亲。他的两个女儿分别嫁给了这两人的儿子。元凤元年（前80）九月，霍光挫败了上官桀等人的政变，十月就提拔了张安世做他的助手。对张安世这个重要的政治伙伴，霍光自然也不会"放过"，他与张安世也是姻亲。只要是他认为重要的政治势力几乎都会以联姻的形式加以绑定。

当然，在霍光看来最重要的姻亲关系，还是与皇室的联姻。他的外孙女之前嫁给了汉昭帝成为现在的上官太后，为确保霍家的地位长久不衰，霍光自然希望女儿霍成君可以嫁给汉宣帝成为新君的皇后。

汉宣帝刘病已是何等聪明之人，自幼长在民间的他洞悉人情世故，他怎么可能不清楚这些人的想法？皇帝的婚姻也逃不出政治联姻的潜规则。

尽管知道朝廷上下乃至霍光的想法，汉宣帝依然做出了违背他们意志的决定，将自己的贫贱之妻许平君立为皇后。他知道这么做会引起他们的不满，也知道这么做有多危险，但他依然坚持自己的决定。

当大臣们商议皇后人选时，汉宣帝却下了一道奇怪的诏书："我在贫微之时有一把故剑，现在我非常怀念它，众位爱卿能帮我找回它吗？"

第二十章　南园遗爱故剑情深——中兴之主汉宣帝

朝臣们心领神会当即上疏请求册立许婕妤平君为皇后，汉宣帝愉快地批准了群臣的奏请。这便是故剑情深的故事。

但政治险恶，刘病已在册立许平君为后的同时也将他的发妻置于危险境地。许平君被立为皇后又生下一女。然而，正当这对年轻的夫妻为新生命的降生欣喜不已时，一场针对他们的阴谋已经悄然展开。

霍光的妻子霍显认为是许平君夺走了本应属于她女儿的后位，这个嫉妒歹毒的女人令御用女医淳于衍在许平君的滋补汤药中下毒，最终许平君毒发身亡。

汉宣帝自然是悲痛万分，但最令他难受的是明明知道凶手是谁也只能隐忍不发。因为对那个幕后的真凶，他暂时还没有办法。

还有什么比看着自己心爱的人死在面前，真凶却逍遥法外，而自己却无能为力更令人难过悲伤的呢！虽然贵为皇帝却依旧不能保护好自己心爱的女人，汉宣帝心在滴血，但在朝堂之上还要强作欢颜。

汉宣帝刘病已将爱妻许平君葬于杜县。那里是他们还是平民时常去游玩的地方，留下许多只属于他们两人的美好回忆。

当时，汉宣帝尚未确定自己的陵墓，直到六年后，汉宣帝将他的杜陵定在许平君墓旁，希望死后可以同妻子合葬。由于许平君的墓在杜陵南面，因而被称作杜陵南园。这就是南园遗爱的典故。

不久之后，汉宣帝如霍氏所期待的，迎娶了霍成君并册立其为皇后。

此时得意的霍显不会想到正是她的愚蠢疯狂的举动在不久的将来为霍氏带来灭族之祸。

仇恨的种子正是此时在汉宣帝的心中种下。汉宣帝知道他现在必须忍耐，君子报仇，十年不晚。血债终将用血来偿还。

汉宣帝即位不久，霍光便上疏请求还政于君，但当即被汉宣帝否决。汉宣帝很清楚霍光不过是做做姿态，真当真那就死定了。毕竟，刘贺的前车之鉴就摆在那里。权力嘛，迟早是要夺回来的，但不是现在。

汉宣帝不但不夺权反而加大封赏。霍光原有食邑三千户，汉宣帝一次就给他加封一万七千户。霍光从千户侯直接升级成万户侯。这在当时是了不得的大事，万户侯在整个汉朝四百年也是屈指可数。汉初功臣封侯的一百多人，但大多是千户侯，能封到万户侯的只有三个人，张良、曹参、萧何，而且萧何最初只有八千户，后来是刘邦又给追加两千户才勉强升级。接着就是武帝朝，做到万户侯的只有两人，对，就是卫青跟霍去病。两位战功显赫的将军最终的封户也只有一万六千户。而汉宣帝一次就封给霍光一万七千户，由此可见这个封赏的分量，加上之前的三千户，霍光成为汉朝唯一的一个两万户侯。

军国大事都要先请示大将军然后再呈送给皇帝，不是汉宣帝想这么做，而是他只能这么做。表面上，汉宣帝对霍光极其尊敬，又是两万户侯，又是充分授权，然而这是不正常的。实际上，汉宣帝此时内心的真实感受是他每次看到霍光都如芒在背。

类似的感觉汉文帝也曾有过，那是他看扶他上台的太尉周勃走出朝堂时，汉宣帝看霍光时矛盾复杂的心情与当年汉文帝看周勃的心情无二，历史总是惊人的相似。面对眼前这个强大的对手，汉宣帝知道必须隐忍，打败霍光只有一个办法，熬。霍光毕竟年事已高。这是最笨的方法，但也是最有效的办法。

第二十一章

公主远嫁——解忧解忧解汉之忧

本始二年（前72），远嫁乌孙的解忧公主上书朝廷请求派兵支援正遭受匈奴威胁的乌孙。这已经不是解忧公主第一次求救。乌孙是汉朝在西域的重要盟友，不重要也不会嫁公主，这关系到汉朝经略西域的国家战略，必须去救。

说起公主和亲很多人就会不由自主地想起汉初的白登之围，对外和亲就是从那时开始的，所以这些人想当然地认为和亲就意味着屈辱，是在军事失败后对外妥协的结果。在古典小说《红楼梦》里也有这类情节，探春远嫁即是这种思维的典型代表。但真实的情况恰恰相反。汉唐和亲大多是在国力强盛时，通过政治联姻对其施加影响，往往可以左右其内政外交，也只有国家富强，才会有这种效果。

但对和亲公主个人而言却是不折不扣的悲剧。一个人远嫁到风俗不同语言不通的异域他乡，孤苦愁闷自不必说。更悲伤的是，她们此生再难回到故乡，再也见不到亲人。

不同于寻常百姓的婚嫁，对于大多数和亲公主而言，她们这一去，即是永别。

正如《红楼梦曲·分骨肉》中所唱："一帆风雨路三千，把骨肉家园齐来抛闪。从今分两地，各自保平安。"

也因此，和亲的公主多是宗室之女，皇帝的女儿轻易是舍不得远嫁的。

即位之初，汉武帝就谋求在西北寻找盟友，共敌匈奴。他首先想到的是受匈奴欺辱的大月氏。张骞第一次出使西域就是在这种背景下发生

第二十一章　公主远嫁——解忧解忧解汉之忧

的。但结果之前已经说过,张骞历经千辛万苦好不容易找到大月氏已是十年之后,可是大月氏在新的地盘上过得很滋润,乐不思蜀。打回去是不可能打回去的,这里多舒坦,才不回去。

尽管张骞的口才是出了名的好,可也劝不动这些混日子的家伙。但这次出来也不是没有收获。张骞发现了新的潜在盟友乌孙。但当时的乌孙对汉朝缺乏了解,也不清楚汉朝的实力。张骞回国时,乌孙派使节回访,顺便也探查一下汉朝的虚实。这一看不要紧,乌孙使节被震撼到了,原来汉朝竟如此强盛。乌孙从原来的高冷瞬间变成巴结谄媚,转变之快让人怀疑这还是不是同一个国家。

说起来,乌孙与月氏原本都在河西走廊,月氏先赶走乌孙,后者投靠匈奴来了一把反杀将月氏赶走。之后,月氏西逃,乌孙则不依不饶追着打,但乌孙追得有点猛,等他们返回故地准备享用胜利成果时才发现河西已被匈奴占据,只好又回头接着揍月氏。

此时的月氏已经变成大月氏盘踞在伊犁河谷一带,这里水草丰美,大月氏在这里过得很舒服,但老冤家乌孙很快打上门来将其赶走。等张骞第二次出使西域,这里的主人已是乌孙。所以,汉朝的合作对象也由大月氏换成乌孙。但此时的匈奴仍很强势,乌孙也不敢与汉朝走得过近。直到汉朝接连取得河西、漠北大捷,匈奴势衰,乌孙才表示出合作的意愿。

元封六年(前105),汉武帝将江都王刘建之女刘细君嫁给老迈的乌孙昆莫猎骄靡,两国正式联姻。乌孙的昆莫相当于匈奴的单于。

为何会选刘细君呢?因为她是宗室罪臣之女。其实原本她们家是功臣。刘细君的爷爷刘非是第一代江都王,他是汉景帝的儿子,最初封的是汝南王。受封的第二年发生七国之乱,年仅十五岁的刘非主动请缨带兵出战,被任命为将军进攻叛乱的策源地吴国,战后,为表彰他将其改封江都王,封地就是原来吴国的地盘。

好景不长，刘非有个不长进的儿子刘建。这个刘建用他的实际行动告诉人们何谓禽兽不如。刘非还没死呢，刘建就开始跟他爹的那些姬妾厮混。等他老爹一死，他算是彻底放飞自我，不但公开与他爹的十几位姬妾淫乱，连已经出嫁的妹妹都不放过，趁妹妹回家省亲将其强奸。因为干的荒唐事太多，很多人都想告发他。朝廷也派人调查。这家伙干脆直接造反，说是造反其实就是一场闹剧。很快，刘建畏罪自杀，封国也被撤销。刘建的女儿刘细君是这场变乱中为数不多的幸存者。但刘细君从此也被贴上了罪臣之女的标签。远嫁塞外苦寒之地的差事自然也就落到了她的身上。

乌孙昆莫猎骄靡的年纪可以当她的爷爷，他们也只是形式上的婚姻。

匈奴听说汉朝嫁女也不甘落后，将一个匈奴女子下嫁给猎骄靡。乌孙两边都不敢得罪，于是又娶了匈奴公主。不同于汉朝的以右为尊，乌孙的习俗与匈奴相近都以左为尊。微妙的是，乌孙将匈奴公主立为左夫人，刘细君却是右夫人。很明显，匈奴公主的地位要高于细君公主。乌孙人也是很实际的，汉朝虽强但远在万里之外，匈奴虽弱却近在咫尺。此时匈奴在与汉朝争取乌孙的较量中略占上风。不过，他们很快就失去了这个优势，因为另一位汉朝公主的到来。

细君公主在乌孙过得相当郁闷，数年之后便抑郁而终。

而真正为汉朝在西域打开局面的是后来的解忧公主。

这位解忧公主也出自宗室罪臣之家。她的爷爷就是参与七国之乱的楚王刘戊。七国被平，刘戊兵败身亡。她们家也就此跌入谷底，长期受到猜忌排斥。

对外和亲这种"好事"自然也就落到了她的头上。

太初四年（前101），刘解忧以汉朝公主的身份下嫁乌孙昆莫军须靡。此时，猎骄靡已死，这个军须靡是猎骄靡的孙子，因为父亲死得早，他接过爷爷的班成为乌孙的新昆莫，解忧公主到达乌孙，依旧被封为右夫

第二十一章 公主远嫁——解忧解忧解汉之忧

人。

相比解忧公主,军须靡似乎更喜欢匈奴公主,后者为他生下一子泥靡。与此同时,解忧公主则备受冷落。此刻,匈奴公主应该会很得意。

然而,人生之路很漫长,会发生许多意想不到的事情,反转反转再反转的剧情不只出现在悬疑电影里,现实中的反转,精彩程度连编剧都不敢编,可是却真实地发生了。

军须靡很快就死了,而他与匈奴公主所生的儿子泥靡过于年幼,让一个孩子当国王显然是不实际的。

乌孙人只好让军须靡堂弟翁归靡继承王位,等到泥靡长大后再将王位传给他。

按照乌孙习俗,解忧公主和匈奴公主又同时嫁给了翁归靡。这位乌孙昆莫号称肥王,获得这个称号可能是体型方面的原因。

到这里,剧情发生第一次反转,肥王对匈奴公主不感冒,却十分宠爱解忧公主。肥王与解忧公主十分恩爱,证据就是两人不停地产生爱情结晶。解忧公主接连为肥王生下五个孩子,三男两女。三个男孩分别是元贵靡、万年、大乐,两个女孩是弟史与素光。解忧公主的长子元贵靡后来继承乌孙王位,次子万年则成了邻国莎车的国王。

解忧公主迎来了自己的春天,她的侍女冯嫽也收获了属于自己的爱情。

解忧公主的侍女冯嫽嫁给了乌孙的右将军。这位冯嫽也是巾帼不让须眉,她是中国历史上被正式任命的第一位女外交官。

解忧公主与她的侍女冯嫽很清楚她们的使命,那就是促进汉朝与乌孙的友好,同时将匈奴势力驱逐出去。

她们出色地完成了任务,同时也找到了爱情。

肥王翁归靡对自己的爱妻解忧公主言听计从。在解忧公主的努力下,乌孙与汉朝的关系日益紧密,同时与匈奴则日渐疏远。在乌孙的带动下,西域各国也争相与汉朝交好。汉朝的和亲政策取得了成功。

匈奴人终于坐不住了。他们在多次威胁施压收不到效果后，直接出兵，威逼乌孙交出解忧公主，向匈奴臣服。

匈奴大兵压境，乌孙国内人心惶惶，作为被两大国竞相争取的对象，乌孙有很多亲汉派，自然也有亲匈派。之前，这些人见解忧公主受宠，消停了很长时间，现在匈奴人打来了，这些人顿时又活跃起来。

关键时刻，解忧公主临危不乱处变不惊，她鼓励丈夫动员乌孙军队，准备抵抗，同时上书朝廷，派人去长安搬兵求救。

此时，正赶上汉朝国丧，汉昭帝刚死，被指定的接班人刘贺来也匆匆去也匆匆。等汉宣帝即位，时间已经过去很久。

解忧公主得知新君登基，又赶紧给汉宣帝写信告急求援，于是就出现了开篇的那幕。

直到汉宣帝本始三年（前71），汉朝才正式出兵。

虽说出兵的时间晚了点，但规模却是自汉武帝以来最大的一次。

祁连将军田广明率骑兵四万出西河；度辽将军范明友率骑兵三万出张掖；前将军韩增率骑兵三万出云中；后将军赵充国率骑兵三万出酒泉；云中太守虎牙将军田顺率骑兵三万出五原。

与此同时，汉宣帝又派常惠以校尉身份持节前往乌孙联络，率乌孙兵共击匈奴。

这次出塞，汉军兵分五路，总兵力达十六万，这是漠北决战后，汉军北征匈奴兵力最多的一次。加上参战的五万乌孙军队，兵力超过二十万。

然而，千军易得，一将难求。汉军在失去名将霍去病、卫青之后，再未创造辉煌。

这次远征的战果只能用惨不忍睹来形容。

汉军已不是当年的汉军。失去名将的汉军再也打不出长途奔袭闪电

第二十一章 公主远嫁——解忧解忧解汉之忧

出击雷霆万钧的气势。

但匈奴也早已不是当年的匈奴。四十万铁骑兵围白登的情景只能存在于单于的梦中。现在的匈奴已然是惊弓之鸟，别说与汉军正面对战，听到汉军出塞的消息立马就男女老幼齐动员，不是动员参战，是动员逃跑。

听说汉军要来，匈奴的老老少少赶着成群的牛羊一路向北遁逃。

待汉军赶到塞外，看到的只有青青草原。

五月，度辽将军范明友出塞一千二百余里，斩首捕虏七百余级；前将军韩增出塞一千二百余里，斩首捕虏一百级；后将军赵充国出塞一千八百里，得单于使者蒲阴王，斩首捕虏三百级。以上三人得知匈奴北逃，都未深入，意思意思就回来了。

以上三将率九万大军仅俘斩匈奴一千余级，还不如当年票姚校尉霍去病八百骑兵斩获的多。

虽然明知他们出工不出力，汉宣帝也未加罪，毕竟霍光的女婿也在里面。

汉宣帝不处罚他们还有一层原因，虽然他们很差，但还有比他们更差的。

祁连将军田广明出塞一千六百里，斩首捕虏十九级。之前三将军战果确实有点难看，但好歹也达到三位数，到这位田广明直接跌到两位数，五路汉军中，他这路是兵最多的，四万人，出塞一次仅斩获匈奴十九人。但他最终获罪却不是为此，战果少只能说明是水平问题，他接下来干的事情性质就全变了。

在鸡秩山，他们遇到了出使归来的汉使冉弘，后者告诉他鸡秩山西面有很多匈奴人，可这位祁连将军为了早点回去交差结束远征，竟然私下警告冉弘不许说实话，回去后就说没遇见匈奴大队人马。随军的御史公孙益寿劝他不如抓住机会打一仗，可田广明压根不听，人家直接带兵回去了。

另一位虎牙将军田顺出塞八百里就止步不前，五路大军中，他这路的出击距离是最近的，其他四路多少还过千里，他才走出去八百里，出塞最远的赵充国比他多出一千里。虽然走得最近，但回来报战果却是最多的，斩首捕虏一千九百级，后来查明，这里面有很大水分。

最终，虎牙将军田顺提前撤兵虚报战功，祁连将军田广明畏敌怯战逗留不进，双双下狱，自杀。

总之，这次远征是一次极其不成功的远征，五路汉军包括赵充国、范明友这种名将在内集体翻车，可谓丢脸丢到姥姥家。

特别是在与友军做对比的情况下，上述战绩简直拉胯到极致。

在汉军出塞的同时，西线的乌孙军队也对当面的匈奴展开反击。解忧公主的丈夫乌孙昆莫翁归靡亲自率领五万骑兵与校尉常惠从西面攻入匈奴右谷蠡王庭，斩杀俘虏名王、都尉以下四万级，马、牛、羊七十万头。仅斩首就是汉军的四十倍。

有对比才有伤害。

相比汉军的惨淡战绩，乌孙可说是大获全胜，满载而归。常惠也因战功封长罗侯。而损失惨重的匈奴对乌孙更加怨恨。这当然是汉朝乐于看到的。双方仇恨越深，汉朝与乌孙的联盟才会越牢固。

此战之后，汉朝在西域的威望大增，各国纷纷示好，他们本就是墙头草，这时眼见匈奴势衰，便争先恐后来抱汉朝的大腿。乌孙更是死心塌地追随汉朝，毕竟与匈奴结下大仇，只有结好汉朝才能对抗匈奴。

汉宣帝对此前常惠的表现很满意，再派常惠携带金银布帛奖赏乌孙的有功人员。

这时常惠却上疏皇帝，提到龟兹国之前杀害校尉赖丹，至今未伏法归案，特意奏请在去乌孙的路上征讨龟兹为赖丹报仇。奏书送上去了，可不知何意，汉宣帝没有批准常惠的奏请。

第二十一章 公主远嫁——解忧解忧解汉之忧

这时，大将军霍光暗示常惠，将在外君令有所不受，只要对国家有益，到时可以见机行事，也就是默许他可以干。

汉武帝晚年下过著名的《轮台诏》，对开发西域按下了暂停键。霍光主政后，开始重启被搁置的轮台屯田，任命赖丹为校尉，前往轮台。

赖丹原是扜弥国的太子，被送到龟兹做质子。虽然龟兹与汉朝相比不过是蕞尔小邦，还不如汉朝的一个县大，但在西域却是地区大国，因为扜弥是比龟兹更小的小国。

龟兹在塔里木盆地北缘的一片绿洲，这里水源相对丰富，桑弘羊建议屯田的轮台就在龟兹东边。

龟兹位于西域北道，汉使往来乌孙、大宛都要经过龟兹。李广利远征大宛回来，在龟兹见到在这里做人质的赖丹。李广利认为龟兹、扜弥都是汉的属国，龟兹怎么能擅自接受他国的质子，因此就把赖丹带回了汉朝。

赖丹受命来到距龟兹不远的轮台屯田，立即引起了龟兹的不满，一位叫做姑翼的贵族对龟兹王说："赖丹本是我国的藩属，现在却佩着汉家印绶在轮台屯田，长此以往必对我国构成威胁。"龟兹王听信了姑翼的话，悍然攻杀赖丹。

轮台屯田是霍光的意思，龟兹杀害赖丹直接触怒了霍光。赖丹也是为汉朝牺牲的，如果不为赖丹报仇，必令前线将士心寒，也有损汉朝国威。

于公于私必报此仇。因此，霍光才不顾皇帝反对授意常惠便宜行事。

于是，常惠率吏士五百人来到乌孙，在奖赏有功将校后，他去见了一个人，他知道要实施复仇计划必须得到这个人的帮助，这个人正是解忧公主。

这两人都是历经风雨饱经沧桑的人，解忧公主出嫁那时，常惠随苏武出使匈奴，这一去就是十九年，直到十年前，常惠才同苏武归国。之后，苏武年老不再出使，而常惠十年来依然奔波在外，作为汉使常年往返于西域与长安之间，多少次出生入死，多少次遭遇凶险又转危为安。个中甘苦，也只有常惠自己知道。

解忧公主此时也在他乡度过了三十载春秋，孤身一人漂泊在外，此时虽有丈夫的宠爱，有儿女们承欢膝下，但对故乡的思念并没有因岁月而消减，反而因年龄的增长而更加浓烈。

这两位饱经世事历尽风雨的外交家相见，恐怕有很多想说的话。两人说了些什么，谈了哪些，今天已经不得而知，但结果是很明确的，那就是常惠得到了解忧公主的全力支持。

常惠不愿放弃任何报仇的机会，他的执着感动了霍光也感动了解忧公主。前者授予他便宜行事的权力，后者则在行动上给予他宝贵的支持。

解忧公主说服丈夫翁归靡。翁本来就对公主宠爱有加言听计从，眼下两国又在蜜月期，于是同意出兵。翁归靡派出七千人马交给常惠指挥，与此同时，常惠又从龟兹东西两道邻国各借到两万人。

常惠率领四万七千多国联军杀到龟兹，兵临城下。

说起来，龟兹也是西域"大国"，然而，这个所谓的大国只是相对其他众多西域小国而言。因为这个"大国"的全部人口也才七八万而已，即使全国动员，能参战的军队也只有两万人，而常惠率领的联军人数足足是龟兹的两倍。见此情景，龟兹王好汉不吃眼前亏，充分展示了见风使舵的本色，面对人多势众的联军，直接屈服了。

之前的那个龟兹王已经死去了。现在的龟兹王降宾直接甩锅说谋害赖丹的是姑翼，而且那是先王时的事情了，我不知情啊。常惠说，好，交出姑翼，就饶了你。

迫于军事压力，龟兹交出姑翼。常惠当着西域各国联军的面，当场斩杀姑翼，为赖丹报了仇。汉朝的威名也由此树立起来。

眼见汉朝在西域的影响力与日俱增，匈奴心里不是滋味。但今时不

第二十一章 公主远嫁——解忧解忧解汉之忧

同往日,一日穷过一日的匈奴不敢招惹汉朝,但面对乌孙还是很自信的。

夏天刚刚吃过大亏,冬天,匈奴单于亲自率领数万骑进攻乌孙进行报复。乌孙对匈奴的来犯早有准备,及时转移。匈奴骑兵搜索一大圈,只抓到些老弱妇孺,啥实惠也未捞到,只能悻悻而返。

想不到来的时候好好的,回去的时候却赶上大暴雪,一日大雪深达丈余,抢来的牛羊大半冻死,匈奴骑兵更惨,十之八九死在路上。匈奴人不但没有挽回损失,反而将老本赔光。真是赔了夫人又折兵。周边的游牧部落见匈奴走下坡路,当然不会客气,墙倒众人推,大家平时没少挨匈奴的欺负,现在正是复仇的好机会。于是有冤的报冤有仇的报仇,大家一起上,丁零攻其北,乌桓入其东,乌孙击其西,三国配合默契,斩杀数万匈奴人,抢走马匹数万,牛羊不计其数。匈奴这下输惨了。之前听从匈奴号令的众多部落也纷纷离去。

虚弱不堪的匈奴已经完全不是汉朝的对手。以至于后来,汉军只派三千骑兵出击匈奴,就这点兵力还是兵分三路,平均一路才一千人,这是真把匈奴当土匪打了。可就这么少的兵,不但大获全胜安全返回,还俘虏数千匈奴人;而整个过程中匈奴都不敢正面对抗汉军,更不敢报复,还连连派出使者向汉朝表达和亲的诚意。匈奴人从来没有这么乖巧过,会有如此转变,只是因为匈奴从未如此弱过。

形势大好。汉朝在西域已经完全压倒匈奴占据上风。

作为汉朝的重要盟友,西域第一大国乌孙上下也备受鼓舞。于是,解忧公主的爱人乌孙昆莫翁归靡为自己跟解忧公主的长子元贵靡向汉朝求婚,希望亲上加亲,巩固两国的友好。因为作为翁归靡的长子,元贵靡是乌孙昆莫的热门接班人。

汉宣帝答应了乌孙的求婚,册封解忧公主的侄女刘相夫为公主,让其在宫廷学习各种礼仪,为远嫁做准备。

事情发展到现在可谓皆大欢喜。

但世事难料,剧情到此又发生第二次反转。就在相夫公主从长安出发,已经走到敦煌时,翁归靡突然去世。如果元贵靡能顺利迎娶相夫公主,就可以继承王位延续与汉朝的盟友关系。就差一点点,沉寂几十年的泥靡继承王位成为新昆莫。解忧公主跟她的儿子元贵靡在这场夺位之争中处于下风。朝廷得知元贵靡未能当上国王,单方面解除了婚约。这使得解忧公主跟她的儿女们陷入孤立,多年的苦心经营即将付之东流。

解忧公主怎能甘心。

为了维护汉朝在西域的利益,解忧公主毅然决定下嫁政敌的儿子泥靡,并生下一个儿子鸱靡。这个泥靡人称狂王,性情粗野,很快就将国家搞得一团糟。

狂王泥靡胡作非为,很快便人心尽失。甘露元年(前53),解忧公主见时机成熟,利用匈奴公主所生的另一个儿子乌就屠对泥靡的不满与之联合,又与出使乌孙的汉朝使者定下计策,为狂王泥靡摆下鸿门宴,准备就在酒席宴上刺杀泥靡,夺回王位。

计划得很好,但执行的时候发生了意外,负责刺杀的汉使是个新手,只是刺伤了泥靡。刺杀失败,泥靡负伤逃走。接下来会发生什么,显而易见。狂王必然会来报复。乌就屠见势不妙也趁机溜走。

狂王的动作比所有人想象的都要快。死里逃生的狂王本就是个性格狂暴的人,回去之后,立即调集兵马将解忧公主与汉使围困在乌孙的都城赤谷城。汉朝在西域的驻军得知消息迅速发兵解围。

为了安抚狂王泥靡,汉朝将策划刺杀狂王的使者押回长安处死,又派一个叫张翁的使臣来审理此案处理善后。这个张翁完全不理解汉朝的用意,此人不仅笨还很蠢,而且比那个狂王还粗鲁。

本来只是走个形式,暂时平息事件。偏偏这个张翁在最不应该认真的时候认真起来,他居然对着解忧公主破口大骂,甚至揪住公主的头发拉扯。

第二十一章　公主远嫁——解忧解忧解汉之忧

解忧公主知道此人不可共事，立即秘密上疏汉宣帝说明情况。汉朝得到解忧公主的密报，当即召回张翁将其斩首。

再说乌就屠，宴会之后他趁乱逃进北山，作为匈奴公主的儿子，他很懂得利用自己的优势，对外放出风声说匈奴大军即将开到，乌孙国内的亲匈奴势力立即群起响应聚集在乌就屠身边。乌就屠随即带兵攻杀狂王泥靡，接着围攻解忧公主。汉朝西域都护府立即出兵保护公主。双方剑拔弩张，大战一触即发。

关键时刻，又一位巾帼英雄出场了。

解忧公主的侍女冯嫽，一位天生的外交官。冯嫽经常代表解忧公主出使西域各国，宣扬汉朝威德，凭借出色的能力杰出的才干赢得了各国的一致尊敬，在西域有很高的人望，人称冯夫人。

冯嫽自告奋勇去与乌就屠谈判，就当时的局势而言，她是最合适的人选。因为她现在的身份是乌孙右将军夫人，而这位右将军与乌就屠关系很好，因而冯嫽与乌就屠也很熟。冯嫽与解忧公主更不必说，几十年风雨同舟患难与共，两人的关系早已不仅仅是主仆，更是挚友闺蜜，为汉朝开拓西域而共同奋斗的战友。

冯嫽的特殊身份使得她在两边都能说得上话。而冯嫽也充分施展了她的外交才干，成功化解了一场危机。

经过冯嫽的斡旋，双方达成协议，乌孙国一分为二，解忧公主的长子元贵靡为大昆莫，乌就屠为小昆莫，大家对这个结果虽然不甚满意，但总算还能接受。

汉宣帝得知冯嫽成功解决了乌孙的危机，对这位巾帼不让须眉的女英雄也十分欣赏。多年来，他对冯嫽也是只闻其名未见其人，于是下诏令冯嫽回国述职报告详情。

冯嫽回到阔别四十年的故都长安，汉宣帝令文武百官在城外郊迎。京畿百姓闻讯不期而集，大家都争睹这位颇具传奇色彩的女使者的风采，街路上人山人海。

当天，汉宣帝在宫中召见冯嫽，而冯嫽也将说服乌就屠的前后经过，详细禀告并建议给予正式册封以安其心。汉宣帝盛赞其远见卓识，欣然采纳，并任命冯嫽为汉朝的官方正使，再次出使乌孙对乌就屠与元贵靡进行正式册封。

冯嫽锦车驷马手持汉节回到西域。在乌孙都城赤谷城，她当众宣读汉朝天子诏书，册封元贵靡为大昆弥，乌就屠为小昆弥，一场政治风波就此平息。

但解忧公主人到暮年却又接连遭受打击，她的长子元贵靡、幼子鸱靡先后去世，继位的孙子星靡又难当大任，手下部众大多投靠了乌就屠。白发人送黑发人已经令人心碎，眼看着耗尽一生心血的事业也跌入谷底。好在解忧公主三嫁乌孙的这数十年里，汉朝成功将匈奴势力从西域驱逐出去，为经略西域而设立的西域都护府也已经稳稳地掌控住西域的局势，即使乌孙内部易主也已经不关大局。解忧公主在汉匈争夺西域最关键的时期嫁入乌孙为汉朝开拓西域争取到了宝贵的战略机遇期，她完成了自己的使命，她是巾帼英雄。

叶落归根。甘露三年（前51），年近七旬漂泊在外五十年的解忧公主上疏汉宣帝请求返回故国。汉宣帝怜悯她万里远嫁劳苦功高准其所请。

解忧公主终于可以回家了。

出嫁时豆蔻年华，归来已是满鬓白霜。

解忧公主带着孙子孙女回到故乡，两年后，终老于长安上林苑。

解忧解忧解汉之忧，汉朝江山有你之功。

第二十二章

争夺车师——汉匈之间的拉锯战

地节二年（前68）春，大将军霍光的生命进入倒计时，属于他的时间不多了。身为人臣，他已经做到极致。

汉宣帝亲自前来探视，见到病榻上的霍光，回想过往种种不禁泪流满面。对于眼前这个人，汉宣帝内心是复杂的，不是这个人，他当不上皇帝。但也是这个人，大权独揽，让他始终活在这个人的阴影之下。所有人都知道，这么多年，大汉的真正决策者是这个人而不是他。对于皇帝，这是巨大的耻辱。对这个人，他既感激又畏惧，既尊敬又憎恨。他知道自己不是这个人的对手，只要有这个人在，他就只能做橡皮图章。如今，这个人终于要走了。这一天，他等了很多年，他坚信自己可以比这个人做得更好。他相信自己会是一个好皇帝。

三月，霍光病死，汉宣帝亲政。第二年的春天，汉宣帝将他与许平君的儿子刘奭立为皇太子。又过了一年，霍氏被诛三族。皇后霍成君被废黜。汉宣帝迅速清除霍氏势力，终于得以彻底摆脱霍光的阴影。

在掌控国内局势的同时，汉宣帝并未停止对外征战的脚步。从汉武帝到霍光再到汉宣帝，在对外战略上始终是高度一致的，不管宣帝与霍光有多深的矛盾，他们对待匈奴对西域的政策都是相同的。

地节三年（前67），侍郎郑吉与校尉司马喜率屯田兵一千五百人又征发邻国兵一万征讨车师，将车师杀败，车师王战败请降，归顺汉朝。

听说车师降汉，匈奴人沉不住气了。此时在西域，车师已经是为数不多的匈奴附庸。匈奴骑兵气势汹汹地来找车师算账。郑吉与司马喜听说后，一点也不含糊，带兵奔着匈奴人来的方向就迎了上去。

第二十二章 争夺车师——汉匈之间的拉锯战

匈奴人原本是想教训车师,结果来的却是汉军。当匈奴人得知对面是汉军时,二话不说,转身就跑。这个举动生动地说明了当时的形势,匈奴人已经被汉军打出了心理阴影,患上了恐汉症。见到汉军本能的反应就是逃。

郑吉与司马喜留下部分军队驻守车师,对内监督车师王防止其再度反水,对外防御匈奴帮助车师防守。之后,二人就带领部队返回了大本营渠犁。

汉军大部队撤走了。车师王却不敢在家住了。他害怕匈奴兵来报复,直接跑了。不过,他既不投奔匈奴也不去汉朝,而是跑去了乌孙。因为他很清楚,不论是匈奴还是汉朝都痛恨叛徒,而他夹在两国之间又谁都得罪不起,谁来都能要他命。于是,思来想去,还是三十六计走为上计。

按理说,投靠汉朝,车师王应该不用担心匈奴,因为此时汉朝的实力对匈奴完全是碾压。车师王之所以害怕,跟郑吉的布置有点关系。为了给车师王壮胆,郑吉在车师是留了兵的,只不过数量有点少,这个在史书上是有明确记载的。虽然正史向来惜墨如金,即使是重大战役也常常以几十个字一带而过,但这次却难得写得很精确,留兵二十人。就算这二十人都是以一当十的特种兵,二十人也确实少了点,难怪车师王要跑。

车师王跑的时候是自己跑的,没带老婆孩子,郑吉为了预防他投奔匈奴,派人将他的妻子直接送到长安,名为保护,其实就是当人质。逃到乌孙的车师王很快也被遣送到汉朝,这一家人在汉朝团聚了。

匈奴人将车师王的昆弟兜莫立为新王,他们也知道这么做必然得罪汉朝。而现在的他们是不敢轻易招惹汉朝的。惹不起就躲远点吧。于是,匈奴人将车师民众向东迁徙。而郑吉也不客气,听说人家搬走,派了三百人跑到车师故地种起了田。

郑吉在车师的行动是朝廷的意思,也就是汉宣帝的意思。军国大事,郑吉是不敢自己做主的,他这么干,肯定得到过上级的指示。

如果说西域各国里面被汉朝"教育"次数比较多的,楼兰跟车师肯定名列前茅。从长安去西域主要有南北两道,而楼兰与车师分别位于南北道的交通线上。楼兰是从汉朝去西域的南道首站,而车师则是北道首站。汉朝想要经略西域不走南道就走北道,不从楼兰过就得从车师过。所以,这两个小国虽不起眼,但地处交通枢纽,特别重要。

楼兰经过汉朝的多次"教育"已经洗心革面,重新做人,连国名都被汉朝改成鄯善。国王是汉朝册立的,王后是汉朝人。这么一个国家想不亲汉都不成。

相比之下,车师的情况就复杂多了。虽然这两个小国都曾在汉匈两个大国之间反复横跳,日常上演的都是朝秦暮楚的戏码,但楼兰也就是现在的鄯善在南道距汉朝更近,而且已经被"教育"好了。而车师在北道更靠近匈奴,汉朝想要控制车师难度要大得多。而事实也的确如此。

元封三年(前108),赵破奴轻骑远征主要打击两个国家,一个是楼兰,另一个就是车师。

在第一次远征大宛的战役中,车师曾想伺机报复汉军,但李广利早有准备,他将部分老弱以及伤病员留在交河以东的火焰山屯田,目的就是保护归路。而在第二次远征大宛时,慑于汉军的强大,沿途的许多西域小国都一改之前的冷硬笑脸相迎,车师也加入西征大军,当然是被迫的。再之后,车师人目睹了乌孙与汉朝从相识到相知再到联姻的全过程,因为乌孙与汉朝的联系是通过西域北道进行的,而车师就在这条交通线上。

为了配合对匈奴的正面战场,汉朝的西域属国组成联军两次出征车师。第一次远征,由于匈奴人的及时赶到,由投降汉朝的匈奴介和王带领的楼兰部队,在车师国都交河城下被击败。但在第二次远征中,匈奴人受到汉军主力的牵制。介和王率领联军再次围攻车师,迫使车师投降。

第二十二章　争夺车师——汉匈之间的拉锯战

匈奴自然不甘心放弃车师，他们趁武帝去世，派兵四千在车师屯田再次控制车师。

匈奴人还放出消息说要杀进乌孙抢走公主。于是就出现了之前的一幕，乌孙昆莫与解忧公主分别上书朝廷求救。

汉朝为之大举北征，出兵十六万，兵分五路北上。由于匈奴事前得到消息北逃，汉军斩获不多。但汉使常惠带领的乌孙军队，却重创对手。随后联军携大胜之威驱逐了屯田车师的四千匈奴兵，车师再次降汉。

傅介子斩杀亲匈奴的楼兰王后，汉朝将楼兰彻底纳入自己的势力版图。

随后汉军以楼兰为基地，将长城不停地向西延伸，汉军打到哪里，长城就修到哪里，屯田就种到哪里，这些都是配套的，已经形成体系。为了阻击从天山山口南下的匈奴骑兵，保证军情的迅速传达，汉军在塔里木盆地北部，从楼兰到渠犁，又从渠犁到龟兹，所到之处都修建了大量的烽燧堡垒。

车师降汉意味着汉军又获得了一片土地肥沃的前进基地。被强行割肉的匈奴自然不会甘心认输。匈奴与汉军以及归附汉朝的西域各国联军在车师展开了旷日持久的拉锯战。驻守西域的汉军在兵力上处于劣势，野战显然是吃亏的，因此，汉军决定扬长避短。汉军能攻善守，而此时最应该发挥的是汉军善于守城的长处，因为攻城恰恰是匈奴的短处。战争就是要最大限度地发挥自己的优势，同时最大限度地去限制敌人的优势而充分利用敌人的劣势。交河城池坚固，汉军决定依托坚城，据城防守。

因为地理位置的关系，车师成为大国角逐的战场，为了在严酷的战争中存活下去，车师人在修城方面是下了一番功夫的。交河城可以看作他们的代表作。在建城时，车师人就充分考虑了军事防御功能。

交河城建在土石台地上，与中原那种方方正正的城郭不同，西域的城池大多呈不规则形状,这是因为城墙的走向完全是因地制宜。交河城的台地被河流环绕,保证了战时的水源补给。城池与陆地用木船撑起的浮桥相连。

平时,车师人与汉军战士在城外绿洲耕地,战时就撤入高出地面三十米的城堡。由于河流呈西北东南走向,所以两道城门分别开在西南方与东北方。交河城中的行政区居民区都有独立的水井,直通地下的浅层雪山融水。全城至少有上百口水井,一旦被围城,敌军很可能会迫使河流改道或切断城外的水源,但城中依旧有稳定的水源供给,不用担心喝不到水。

为了抗击外敌,也为了抵御巨大的昼夜温差风沙侵害,交河城靠近峭壁的建筑不开窗,所有的入口通风口都向内开。交河城墙厚而城门窄小,上行的坡道十分陡峭。城门设有瓮城,瓮城上有礌石坑和泼油水的坑道。进入瓮城后还有一道影壁,绕过去才能进入城区。

城中街道多用丁字路口,很少用十字路口。全城没有贯通南北的中轴线,所以街道的封闭性很强。敌军如果沿着丁字路的竖道前进,会不停地受到来自横道高处的射击。在狭窄短促而转折点多的街道,更容易设置工事。

车师人采用了减地留墙法建造民居,具体做法是先规划好位置,然后向下挖地,挖出的土用来造墙。这种房子平时可以避暑御寒,战时则兼具隐蔽地堡的功能。

现在这座坚固的要塞成了汉军抵抗匈奴骑兵的坚实堡垒。汉军在战前囤积了充足的粮草,城中还有独立水源,所以能从容依托城墙进行长期坚守。汉军还在险要的瓮城集中精锐重点设防。守将郑吉更是在城头遍设哨点,明哨暗哨流动哨,严防匈奴人攀爬城墙。

尽管汉军作战英勇,但是城中的水源消耗依旧大于供给。渐渐地,战士们发现地下水水位降低,而且水质也不再那么甘洌可口了。由于缺乏蔬果，寒风凛冽，有的战士在值更和瞭望中染上了风寒，战力大不如前。而且匈奴人也经常采用佯攻和释放疑火的方式，分散汉军的注意力，让守卫者时刻处于高度紧张的状态。

在经历了漫长的等待，熬过了匈奴人的进攻和诱降后，汉宣帝终于收到了郑吉的求救军报。来自张掖、酒泉的骑兵和属国胡骑经过急行军来到交河城。匈奴人被赶走了。

汉朝册立亲汉的车师王子军宿做车师王。匈奴人则针锋相对也拥立了一个亲匈奴的车师王与汉朝对抗。于是，以天山山脉为界，车师被一分为二，分别建立车师前国与车师后国。

第二十三章

联姻龟兹　平乱莎车——和亲政策的红利

汉朝的和亲在乌孙相当成功。在解忧公主的努力下，西域第一大国乌孙在与汉朝共抗匈奴的战斗中结下深厚的战斗友谊，经历战火考验的两国关系日益紧密。很快，这种政策红利就开始在西域众多小国显现。大家看到乌孙投靠汉朝，日子越过越好，都十分眼红。

最典型的例子就是龟兹，不久之前还唯匈奴马首是瞻，刚刚被长罗侯常惠教训过，此时也认清了形势，跟着匈奴是没有前途的。

龟兹王降宾也想走乌孙的路子——联姻。不过，他的求婚对象不是汉朝公主，而是解忧公主的女儿弟史。

他早就听说弟史是远近闻名的美女，派人去上门求亲，但去提亲的人还没有回来，他就等不及了，直接上演了一出半路抢亲。原来，当时解忧公主将女儿弟史送去长安学习礼仪文化接受贵族教育。学成之后，汉朝派侍郎乐奉送弟史回国，而从长安回赤谷城要路过龟兹。

见美人"送上门"，龟兹王降宾决定先把生米煮成熟饭，将弟史扣在龟兹，然后再派人去求亲，表明诚意。

遇到这种情况，解忧公主估计也是哭笑不得，与龟兹和亲也是好事，于是也就同意了。

不得不说，龟兹王降宾这招相当高明。与乌孙联姻却能同时交好两个大国。重点在于弟史的身份，她是汉朝公主的女儿，也是乌孙昆莫的女儿。虽然乌孙的几十万人口十几万军队的体量在汉朝面前不值一提，但在西域却是地区大国。相比之下，龟兹的人口不过十万，军队也只有两万，但在西域也是仅次于乌孙的"大国"，因为其余的国家更小。乌孙

第二十三章 联姻龟兹 平乱莎车——和亲政策的红利

与龟兹的联姻在西域也属于"强强联合"。同时抱上两条大粗腿,为龟兹找到两个强大的外援后台,又抱得美女归。于公于私,他都是赢家。

元康元年(前65),龟兹王降宾上疏汉宣帝请求入朝,很快得到批准。

龟兹王夫妇在汉朝受到隆重接待,弟史更是被册封公主名号。夫妇俩在长安足足玩了一年多才恋恋不舍地归国。

这一年的时间让龟兹王降宾大开眼界,他亲眼见证了汉朝的先进富强,从此成为一个忠实的汉粉。

回国之后,他学着汉朝的风格建造宫殿,设置车马仪仗。宫廷礼仪完全模仿汉朝。这是真正的文化输出。

富强先进对贫穷落后有着强大的吸引力。后者对前者的羡慕崇拜模仿完全是自发的,挡都挡不住的。

富裕的国家说啥都对,干啥都有人学。

贫穷的国家怎么说都是错,就算主动上门去教人家也不愿学,更不会领你的情。

这就是现实的世界。

有人看上解忧公主的女儿,也有人盯上她的儿子,目的都是相同的,同时与地区大国和超级大国拉关系。

盯上解忧公主儿子的是莎车国王。解忧公主有三个儿子,其中长子元贵靡是乌孙昆莫的接班人,次子万年被送到汉朝留学也是人质。莎车国王没有儿子,派人到汉朝请求让在长安学习的万年去莎车继承王位。莎车看中万年的原因与龟兹看上弟史是相似的。这个万年是解忧公主的儿子又长期待在汉朝,把他迎到莎车可以同时获得乌孙与汉朝的好感。

龟兹与莎车的那点小心思,汉宣帝当然明白,不仅答应莎车的请求,还派使者奚充国护送。

但是历史在这里又发生反转。万年到莎车后,性情粗暴,不得人心。

前国王的弟弟呼屠徵利用人们的不满趁机起兵作乱，杀死万年，汉使奚充国也一并遇害。

呼屠徵自立为王，但他也知道，祸闯大了。这下他将乌孙与汉朝都得罪了。莎车是典型的西域小国，人口还不到两万，还没有龟兹的军队人多，至于军队就更惨，只有三千人。

这么点兵力不要说乌孙，就是龟兹也足以凭体量对莎车进行碾压。刚好匈奴又一次在北道攻打车师城，呼屠徵就对周边诸国散布谣言，说匈奴已经攻下车师，重新控制北道。

呼屠徵这么做就是想把水搅浑，以躲避汉朝的报复。

很多小国还真信了。听说匈奴又杀回来了，不少小国与呼屠徵勾结在一起，公然叛汉。他们攻杀汉使，攻击汉朝在西域的屯田部队。

此时需要英雄力挽狂澜，于是，英雄出场了。那就是宣帝朝第二名将冯奉世。

汉军五路征伐匈奴之后，汉朝在西域的威望迅速提升。各国纷纷遣使入朝。

来而不往非礼也。汉朝是礼仪之邦，汉宣帝准备选派一个人护送使者回国同时对各国进行回访。前将军韩增向宣帝推荐上党人冯奉世。宣帝顺手就给批了，因为在他看来这不过是一次寻常的出访，派谁去有啥区别。但接下来发生的事情说明，派别人去结果还真不好说。

去西域有南北两道，冯奉世走的是南道，因为北道正在打仗，郑吉正率领汉军在北道与匈奴为争夺车师激战正酣。冯奉世走到南道的伊循城，在这里遇见了伊循都尉宋将，后者向他详细汇报了莎车叛乱的情况。

当时汉军主力都在北道与匈奴对峙，本来汉军在西域的驻军就很少，这时分不出兵力去支援南道。冯奉世想完成使命只能靠自己。

处变不惊是成大事者的基本素质，这时最能考验出真实水平，而在紧张万分的情况下，独立做出准确的决策更是难上加难。只有少数人才

第二十三章　联姻龟兹　平乱莎车——和亲政策的红利

能做到，冯奉世就属于这类人。

在经过短暂的商议后，冯奉世与副使严昌一致做出决定，通过对局势的分析，他们认为叛乱刚起，莎车与其他国家的联盟是仓促组成的并不牢固，这时的叛军也是很脆弱的。现在是平叛的黄金时间，不仅不能退，还要大胆地向前进。否则，等叛军形成气候，事情就难办了。

计议已定，必须迅速行动。冯奉世派人到尚未叛乱的各国调兵，在很短的时间便组织起一支一万五千人的大军，直奔这场叛乱的策源地莎车杀过去。

射人先射马，擒贼先擒王。冯奉世很清楚，叛乱看似声势很大，但众多小国不过是随声附和，真正的中心是莎车。而随着大军兵临城下，叛军即刻土崩瓦解，呼屠徵畏罪自杀，叛乱随即告平。从纷繁复杂的乱局中透过现象看本质找到要点才是真本事。

呼屠徵的人头被汉军八百里加急送往长安，这就是杀害汉使的下场。

苏武出使匈奴时曾对威逼他的匈奴人说过一句牛到极点的话：南越杀汉使者，屠为九郡；宛王杀汉使者，头悬北阙；朝鲜杀汉使者，即时诛灭。这不是夸口而是事实。可是总有人以身试险，那就必须让这些人付出代价。

在汉军围攻莎车的过程中，那些所谓的盟友全程围观没有一个敢动的，叛乱结束就派人去长安请罪，表示他们都是受呼屠徵蛊惑不是真心要反，纷纷派人质认罪示好。

汉使冯奉世不辱使命出色地完成任务。以他的功劳本可以封侯，汉宣帝也有此意，丞相将军们也都认可，但就在这时，宣帝朝第一搅屎棍萧望之出场硬生生将事情给搅黄了。萧望之这类人永远不做事，也做不成事，他们最大的本事就是打击那些做事的人。

但萧望之曾经为铲除霍氏大造舆论，宣帝是个念旧懂得报恩的人。尽管这个萧望之能力极差，只会胡说，但还是很看重他，提拔他做了副丞相御史大夫。他的前任丙吉升为丞相。

可是，萧望之得寸进尺，他看不上狱吏出身的丙吉，总找人家的麻烦，丙吉为人厚道不与他一般见识，他却以为丙吉好欺负，上疏弹劾丙吉。这下好脾气的宣帝也生气了，直接免去他的御史大夫职位，让他改行去做了太子太傅，这个职位倒是挺适合好为人师的他。

第二十四章

百闻不如一见——赵充国的平羌之战

有不做事的，就有做事的。国家这么大，不愁没事做。那些有本事的人注定是不会寂寞的，比如三朝元老赵充国。早在武帝朝赵充国就以西北六郡良家子弟的身份被选进汉朝精锐部队羽林军。

赵充国是陇西上邽人，自幼在边郡长大的他擅长骑射，见惯打打杀杀的场面，对战争有更直观的认识，因为对边地而言，学习战争，懂得其中的规则是生存的基本技能。

赵充国能脱颖而出还是因为一次不成功的远征以及一次成功的突围。

四十年前，大将李广利出征匈奴，与右贤王部大战，斩首万余，但回军途中被匈奴主力包围，几次突围均告失败，将士死伤大半。

眼看就要全军覆没，时任假司马的赵充国挺身而出，请求组建一支由他率领的敢死队。李广利答应了。于是，赵充国挑选一百名勇士带领他们冲在全军的最前面，不时有战友倒下，但他们没有停止冲锋，奋勇向前，终于从匈奴的重兵包围中杀出一条血路，而李广利带领主力随后跟进，才得以突出重围。

赵充国在突围中，受伤二十余处，战后，汉武帝召见赵充国，让他脱下战袍，亲自验创伤，连见惯大场面的武帝都惊叹不已，不久，赵充国以军功拜为中郎。

霍光当政时，赵充国又以护军都尉平定武都氐人叛乱，升中郎将。

汉军五路北伐其中就有赵充国一路，他率兵远出，俘虏匈奴西祁王，战后升任后将军。

汉朝将军很多，但能开府置吏的，只有大将军、骠骑将军、车骑将军、卫将军和前、后、左、右将军。赵充国靠自己的努力和军功，晋升名号将军。

但他真正的辉煌是在暮年。

赵充国是靠打匈奴晋升为将帅的，让他成为彪炳史册的名将却是即将到来的平羌之战。

羌人主要分布在今天的青海一带。他们与匈奴只隔着一个河西走廊。所以，当初汉朝攻占河西设郡屯兵，目的不只是对付北面的匈奴，还有防备来自西南的羌人的用意。经略河西，一个重要的战略目标就是切断羌人与匈奴的联系。尽管当时汉朝的威胁主要来自北方的匈奴，南面的羌人还是一群小部落，散而且乱，吃饭都发愁，对汉朝尚构不成危害，但不得不说，汉武帝的战略眼光，他似乎已经预料到，这个眼前不起眼的敌人将来必是汉朝的一大祸患，所以，他未雨绸缪在河西筑城练兵置郡屯田。

羌人所居多是高山峡谷，鲜有平地。羌人亦农亦牧，风俗与匈奴相近，通过种号区别亲疏远近。种号取父亲的名、母亲的姓。

种号是羌人部族特有的组织方式。他们不设君长，大种号能役使小种号，而小种号只能依附大种号生存。

习俗上，父亲死了，儿子可以娶后母，这点与乌孙、匈奴类似。羌人以战死为荣，以病死为耻。

由于生存环境恶劣，羌人普遍善于山地战，能忍耐严寒疾苦，组织起来有很强的战斗力。

汉宣帝神爵元年（前61），义渠人义渠安国被派去巡视西羌。羌人中最强的一个部落先零羌对义渠安国表示希望可以回河湟谷地去放牧。之前，他们因勾结匈奴被汉军从那里驱逐，现在他们想要回去。义渠安国应该很清楚河湟地区的重要性，但不知是何原因，他居然答应了先零羌的请求。

这一情报引起了后将军赵充国的警觉,熟知边情的他很清楚,事情没有那么简单,这背后肯定有阴谋。

赵充国当即向汉宣帝弹劾义渠安国,要求治其有辱使命之罪。

而不久之后,羌人就擅自渡过湟水,进入河西走廊,而边郡的守兵很少,对此也没有办法。

随后,先零羌与其他种号二百多家交换人质,化解仇恨,缔结同盟。

羌人的反常举动也引起了汉宣帝的警惕,他找来赵充国商议。后者告诉他,三十多年前,羌人叛乱前相似的场景也曾出现过,这是一个危险的信号。羌人很可能要反。这次要早做准备。

但是不知为何,丞相御史两府经过商议又派义渠安国去巡视西羌。

上次出使有辱使命,已经证明这个人不合格,这次居然还派他。

派这么个人去,肯定要出事。

果然,义渠安国来到西羌,当即召集先零羌诸豪来见他,来了二十多人,全被他杀了。随后,义渠安国纵兵攻击羌人部落,斩首千余级。

本来羌人还没有那么快反,但义渠安国不分青红皂白地一通乱杀,将矛盾提前激化。

本来羌人部落之间矛盾重重,彼此互不信任,隔阂很深。义渠安国的滥杀彻底激怒了羌人,等于给对方做了战前动员。原本相互敌对的各个羌人部落也被义渠安国"团结"在了一起。

义渠安国连他的名字都对不起,他哪里是安国,分明是乱国。

事实证明,朝廷两次都用错了人。

羌人直接反了。

这个义渠安国是个纯粹的草包。成事不足败事有余。他有惹事的愚蠢,却没有平事的能力。

义渠安国带兵去平乱,却被羌人打得大败,只好上书朝廷求援。

事情闹到现在,不打是不行了。

第二十四章 百闻不如一见——赵充国的平羌之战

这时朝廷里最熟悉边情的就数后将军赵充国了。

汉宣帝派丞相丙吉去问赵充国,派谁领兵去合适。之所以派人去问,估计可能是汉宣帝不好意思。之前,赵充国就弹劾过义渠安国,可是他们就是听不进去,还是派义渠安国,果然出事了。不听忠言以至于此。

丙吉代表皇帝来问老将军,而赵充国回答得也很实在,满朝之中没人比我更合适。

其实,这点汉宣帝也清楚,之所以有此一问,主要是皇帝担心赵充国年纪偏大。这年老将军已经七十多了。在人活七十古来稀的汉朝,七十可以算高龄。不到万不得已,皇帝是不想派这位三朝老将出马的。

于是,汉宣帝亲自召见赵充国询问,如何平定西羌叛乱,需用多少兵马。赵充国的回答很经典,不经意间还贡献了一个成语:"百闻不如一见,兵难遥度,臣愿驰至金城,图上方略。"意思是耳听为虚,眼见为实,出兵这种大事必须进行实地调查才能根据实际情况制订作战计划。

赵充国说得很明白,我必须亲自去一趟才能给您答案。最后赵充国还加了句"愿陛下以属老臣,勿以为忧"。平叛的事您就交给我吧,不用担心,我肯定能办好的。汉宣帝听后哈哈大笑,他也知道专业的事情要交给专业的人去做。而且,他也没有更好的选择。既然老将军毛遂自荐,那就派他去吧。

四月,赵充国领兵出征,杀奔此次叛乱的中心金城郡。虽然赵充国是陇西人,但青少年时代的大部分时光却是在金城度过的,所以他对这里很熟悉。也因为他熟悉边情,对在这里闹事的羌人更熟悉。

虽然很熟,但赵充国并未因此而轻敌掉以轻心,相反他很谨慎,种种表现就像是初上战场的将军。

赵充国率一万骑兵准备渡河,担心对面有伏兵,他将渡河的时间选在漆黑的夜晚,黑夜是最好的掩护,而且他只派出三千人作为先头部队趁夜色悄悄渡河,过河之后迅速构筑阵地守住登陆点确保安全。第二天,他才率主力从容过河。从这个安排就可看出他的谨慎持重。

部队刚刚过河，迎面就出现数百羌人骑兵，这么点人就敢出来，很明显是挑衅的。换成沉不住气的可能直接就带人杀过去了，但赵充国根本不搭理这些小丑的表演，他对部下说，敌人骑兵虽少却很骁锐，很可能是故意放出来引诱我们的，不要中计。咱们这次来打的是歼灭战，不要为小利所惑。

赵充国用兵，行必为备，止必坚营。行军时保持警惕随时可以投入作战，安营时必定深沟高垒做好防御，不管是行军还是扎营都远远地派出斥候（侦察兵）查明附近情况。这就是兵法常说的，先为不可胜以待敌之可胜。不给敌人任何可乘之机，同时不放过敌人任何可以利用的漏洞。

赵充国派人到四望峡（在今青海省海东市乐都区西）侦察，发现羌人未在此地设伏，于是连夜率军穿过四望峡，抵达落都山（在今青海省海东市乐都区）。这下赵充国放心了，心情大好，对部下说，羌人不懂用兵之法，假如他们派数千人堵住四望峡，我们怎么进得来！

罕、开部落的首领靡当派弟弟雕库向西部都尉报告先零部要反。不久，先零果然反了。而雕库所属的月氏与先零部混居。西部都尉就把雕库扣为人质。赵充国认为雕库未参与谋叛还主动报告便将其放回，让他转告各部羌人首领，汉军此来，只杀有罪之人。天子要我告诉大家，犯法者只要能主动捕杀同党，就可免罪，按功劳大小给予赏赐，斩大首领一人，赏钱四十万，其妻子儿女以及所有财物也全部赏给他。

赵充国很了解羌人，知道他们之间互不信任，彼此猜忌。他就利用这点对羌人进行分化瓦解。

不得不说，这招相当高明，准确抓住了羌人的弱点。

此时，从内地征调的部队加上武威、张掖、酒泉等地的兵马，已有六万。酒泉太守辛武贤上奏说：各郡人马都屯扎在南山（祁连山），北部

（祁连山以北）空虚。如今羌人日夜侵扰，当地气候寒冷，马匹不能过冬。不如等到七月，天气转暖，全军带三十日粮，自张掖、酒泉兵分两路，合击鲜水（今青海湖）之畔的罕、开两部羌人。虽未必能将其全歼，但也能夺其畜产，掳其妻子。

赵充国的策略是分化招抚罕、开部，主攻先零羌；辛武贤则主张先扫清外围，把先零的小兄弟罕、开等部击溃，最后再收拾先零。两种主张的冲突，成为不久之后赵充国与整个朝廷交锋的焦点。

汉宣帝将辛武贤的奏章发给赵充国听取他的意见。赵充国见到奏章大吃一惊，立即上奏说辛武贤打算以一万骑兵两路出击，千里迂回，每匹马载负三十日马粮，需米二斛四斗麦八斛，加上行装、武器必然行动迟缓，负重行军根本追不上敌人。

汉军一旦深入，他们会立即退入山林，占据前方险要，扼守后方通路，切断汉军粮道，到时我军进退不得，必遭合围。武威、张掖都是边塞，我担心匈奴与羌人勾结，可能会大举进犯，切断河西与西域的联系，张掖、酒泉的驻军要防御匈奴，责任重大，不可轻动。

先零部是这次叛乱的罪魁祸首，其他部落大多受其胁迫，以臣之见暂不追究罕、开两部落的过失，先征讨先零羌，以威慑各部。然后，趁势宣布宽大政策，再挑选了解羌人风俗的干练官员前往安抚。这才是既能获胜又能安边的良策。

汉宣帝将赵充国的奏章交给大臣们讨论，结果满朝文武一边儿倒支持辛武贤，大家认为：先零部兵力强大，又有罕、开部落支援，如果不先击破这两部，就不能进攻先零。

于是，汉宣帝给赵充国下诏，赵充国上疏反驳；宣帝再下诏，赵充国再反驳。君臣之间，你来我往，唇枪舌剑，惊心动魄。

汉宣帝任命侍中许延寿为强弩将军，太守辛武贤为破羌将军，颁诏嘉勉辛武贤的同时写信责备赵充国：你打算正月才攻打罕部，那时，他们早就收获了粮食，坚壁清野，甚至侵犯酒泉、敦煌。边军人少，如果让百姓协防，地就没人种了。现在张掖以东粮食涨到每石一百多钱，就连畜草每捆都达到几十钱。转运粮草，百姓不安。现在你手下一万多人，不趁着秋天水草丰足夺取羌人的畜产粮食，难不成想等到冬天进攻吗？那时，羌人蓄足粮食，藏匿山中，恃仗险要，而我军忍受严寒，手足冻裂，这仗还怎么打？你不考虑国家的花费，只想旷日持久征战，你们带兵打仗的将军，是不是都是这种想法！现在，我令破羌将军辛武贤率兵六千，敦煌太守率兵二千，长水校尉富昌、酒泉侯冯奉世率兵四千，共一万二千人，携带三十天口粮，定于七月二十二日进攻䍐部，沿鲜水北岸而上，距酒泉八百里，距你部一千二百里。你应率兵西进，即使不能会合，羌人听到东、北两路大军压境，必心生惶恐，到时再从中分化。我已命令中郎将赵卬（赵充国的儿子）率一支人马支援你部。你赶紧做好出征准备，此次出征，必获全胜，不要再犹豫了。

要是一般人，受到皇帝如此斥责，不管心里服不服，肯定就屈服了。让出兵就出兵，反正败了也不是我的责任。但赵充国不是一般人，他坚持己见，上疏请罪，名为请罪，实则陈述利害得失。

赵充国在奏章中写道：之前，老臣有幸见到陛下给义渠安国的诏书，谕告䍐部汉军不会杀他们，用以分化诸羌联盟。我认为陛下恩泽深厚，这不是我们做臣子能够企及的。因此，我依陛下的旨意行事，释放开部的头目雕库，让他向䍐、开两部宣扬天子的圣德。先零部杨玉等人率骑兵万人依靠山林险要，时有骚扰，而䍐部却按兵不动，已经说明此前的政策确有成效。

现在，如果我们置先零部不问，去攻击䍐部，这是放过罪人去诛杀无辜，看起来是攻击一个䍐部，实际上却树了两个敌人（指䍐部、先零部）。我想恐怕这并非陛下本意。

兵法有云：攻不足者守有余，善战者致人，不致于人。现在就算䍐

第二十四章 百闻不如一见——赵充国的平羌之战

部侵犯敦煌、酒泉,我军应整顿兵马做好准备等他们来,以逸击劳,迎头痛击。

敦煌、酒泉两郡兵少,防守都很困难,现在却要调动他们去进攻,臣以为不妥。先零羌贼打算反叛,所以才与䍐、开两部化解仇恨,缔结条约,但是他们也担忧,大军一至,䍐、开部会背叛他们。

老臣认为先零部等的就是我们先攻䍐、开二部,然后他们再去救援,这样,他们的攻守同盟就更坚固。现在敌人马匹肥壮,粮食充足,攻打他们不但不能对他们造成伤害,反而会让先零羌贼趁机笼络二部。他们如果联合精兵可达二万,若再胁迫其他部落,结盟的人会越来越多,那些本不想蹚浑水的莫须等部落也不得不加盟。倘若真到了这个地步,要想消灭他们,不但需要比现在多出数倍的兵力,而且必然旷日持久,于国家大计有损。

如先平先零,䍐、开等部必望风归服。若先零已灭,䍐、开等部仍负隅顽抗,正月之后再出兵正当其时,现在进兵,时机未到,还请陛下裁夺。

六月二十八日,赵充国发出奏章。

七月五日,汉宣帝下诏采纳赵充国的意见。

赵充国能成为一代名将,不仅因为其本身的才能,更因为他生逢其时得遇明主。

不是每个君主都有宽阔的胸怀,也不是每个君主都能虚怀纳谏。从这点来说,赵充国是幸运的。

在得到皇帝的首肯后,赵充国即引兵直扑叛乱的罪首先零羌。之前很久都不见汉军有所行动,叛羌有点松懈。汉军的突然出现令先零羌猝不及防狼狈溃逃。

慌乱中,羌人丢弃大量辎重,准备渡过湟水逃命。因为人多路窄,场面一度十分混乱。

汉军将校见状都想趁势追杀，赵充国虽下令追击却走得不紧不慢，一点也不着急，众人大惑不解，敌人已经溃乱，此时不追更待何时？然而，赵充国却告诉满脸疑惑的部下们，眼前的叛羌前有大河后有追兵已身陷险地，如果我们紧追不放，叛羌们走投无路必然与我们以死相拼，纵然取胜，代价也会很大。

我们追击却不逼迫，叛羌见有生路必无心恋战而争先恐后渡河求活，我军再从后击溃散之敌可获大利。

果如赵充国所料，叛羌争相逃命无心抵抗，数百人跌入河中淹死，还有数百人被汉军斩杀。汉军缴获牛羊十余万头，大车四千余辆。

汉军大胜，然而接下来的才是重点。显然，与匈奴的战争相比，同羌人的战斗不论规模还是层次水平都不可相提并论，这是一场全新的战争。

对草原上行踪飘忽不定来去如风的匈奴骑兵必须以快制快，汉军是以突击骑兵对抗匈奴的弓箭骑兵。

但突骑战术对羌人不适用。因为羌人是农牧混合的，这意味着他们兼具游牧与农耕的双重特点。

虽然也有骑兵，但羌人骑兵不论数量还是规模都远不及匈奴。羌人的步兵不论训练还是装备乃至于组织纪律都难以同汉军匹敌。装备精良训练有素的汉军对羌兵几乎就是碾压。

击败羌人并不难，真正的困难在于羌人的特殊组织形式。羌人有着数量众多的小部落，大小种号遍布山林，特点是散而乱。

被击败的羌人会迅速消失在高山深谷之中，击溃几个种号并不能真正平定叛乱，因为还有更多的种号在左右摇摆。叛乱的被击溃一哄而散，那些尚未反叛的也可能随时会乱。

这里上演的是山地游击战与平原袭扰战，二者会根据实际情况经常切换。汉军平叛讲求的是速战速决，对匈奴向来如此，但对羌人则只能

第二十四章 百闻不如一见——赵充国的平羌之战

进行持久战。

因为羌人不同于匈奴，他们不是一个统一的整体，而是数量众多的彼此之间关系复杂的部落。他们也很熟悉游击战术，正规军的战法对他们效果并不明显。

但赵充国有办法。因为他自幼便生长在这里。他熟悉他们，熟悉他们的习俗，熟悉他们的战术，深知他们的弱点，并且知道如何利用这些弱点击败他们。

针对羌人部落众多且彼此互不信任矛盾很深的情况，赵充国的办法是分化瓦解，只诛首恶，不问其他，孤立少数，争取多数。这点在他此前与朝臣的反复辩论，在给皇帝的奏疏中已经表达得很明确。以这次先零羌的叛乱来说，他坚持安抚开、罕等部，专打先零羌就是这种策略的体现。

而针对羌人时叛时降反复横跳的特点，赵充国的办法是且耕且战，且耕且守。羌人认为汉军即使来了，也待不了多久，很快就会回去，因为粮草补给跟不上。但赵充国就在前线种地，就地补给，不怕拖延。你们想打多久，我们就陪你们打多久，有大把的时间跟你们耗。这个战术相当成功，以至于后世之人知道这位名将不是因为他的战功而是因为他很能种地。提到他，第一时间想到的居然是屯田。

在接下来的战争中，赵充国将他的分化瓦解与战地屯田发挥到了极致。

汉军乘胜追击，开进罕部的聚居区。羌人们看着一队队汉军士兵从面前走过，起初是紧张的害怕的，但很快他们就安心了。因为汉军对他们秋毫无犯，赵充国有令在先，令军士不得燔聚落、刍牧田中。罕部羌人面带喜色奔走相告，汉军果然不是来打我们的。罕部本以为会遭汉军血洗，如今却大喜过望。

赵充国用实际行动给罕部羌人传递出明确的信息，我们此来专打先零叛羌，只打先零叛羌，其他被胁迫被逼迫的羌人部落一概不问。汉军释放出如此强烈的信号，对各部羌人的震撼是不言而喻的。

罕部羌人首领靡忘主动派人找到赵充国表示愿回归故地。表达的意思也很明确，我们罕部不蹚这股浑水了。因为这次叛乱的起因就是羌人对河湟谷地的渗透引起的，如今人家愿意回去，纷争也就结束了。

赵充国将情况上奏朝廷，批复还未下来，罕部首领靡忘亲自来汉军大营谢罪表示归顺。这是相当大胆又充满友好的举动。因为虽然此前双方都释放出足够的善意，但并未真正结束战争状态。赵充国请对方吃了顿饭，然后就派人将其送了回去。这一来一往，彼此增进了互信。有了信任，事情就好办了。

很快又有好消息传来，朝廷准许罕部立功赎罪，罕部不战而定。

赵充国的区别对待分化瓦解取得成效，更难得的是皇帝也认可了。

只诛首恶，胁从不问。

现在胁从顺利解决，接下来就是征讨首恶了。

但在如何征讨先零叛羌的问题上，赵充国与皇帝又产生了分歧。

此时宣帝下诏，命赵充国与许寿、辛武贤于当年冬天的十二月合击先零。

但是赵充国反对，他准备在当地屯田做长期抗战。

当时投降的羌人有上万，赵充国知道若放任这些人不管，大军前脚开拔，他们后脚就会叛乱，击溃乃至打败羌人容易，但要让他们安分守己很难。

羌人不同于匈奴，后者有统一的组织，还算比较有节操，耻于投降，通常不会反复。但羌人散乱不怎么讲操守。打不过就投降，等大军撤走接着反，如此反复循环。对他们来说，这套流程操作简直就是家常便饭。

赵充国比羌人自己都了解羌人，所以，他不急于进兵而是要屯田驻守，震慑羌人，使其不敢轻举妄动。

第二十四章　百闻不如一见——赵充国的平羌之战

赵充国不着急，但皇帝很着急。这是由于双方的位置立场不同。

地方出现叛乱，皇帝的第一反应就是派兵镇压，越快越好，早点把叛乱平定，心里才踏实。

通常将领们也愿意速战速决，在外征战是很辛苦的，他们的目的是刷战绩建军功，回去才能升职受赏。

朝廷的大臣们特别是文官大多不懂军事，但他们知道打仗是要花钱的，战争结束得越快，损失越小。

站在他们的立场上，希望乘胜进兵，早日平乱。这个心情是可以理解的。

赵充国何尝不想早日平乱得胜回朝？可是，羌人的不要节操时常反复的特性，决定了这场战争注定是旷日持久的。

赵充国正准备上疏请求屯田，此时进攻的诏书下来了。赵充国知道必须将道理跟皇帝讲明白，平定羌乱不可操之过急，欲速则不达。

听说老爹又要跟皇帝掰扯了，赵卬的内心是崩溃的。

作为赵充国的儿子，中郎将赵卬劝父亲不要再上疏申辩，还是听皇帝的话进兵吧，别管什么屯田了，惹恼了陛下，到时就麻烦了。

赵充国叹道："你怎么只为自己着想呢？当初朝廷要是听我的，羌人何至于闹到这个地步！一开始我举荐辛武贤巡行羌地，两府非要派义渠安国，结果引发羌乱；后来我又劝耿中丞，买入三百万斛谷，羌人见我有备，必不敢轻举妄动，结果耿中丞只买了四十万斛，根本没起到作用。所谓差之毫厘，失之千里。这次，我一定要坚持到底！"

于是，赵充国还是上了屯田奏，并否定了速攻的计划。

果然，汉宣帝下诏书质问："若依将军计策，羌乱何时可平？"赵充国回复击败先零是很容易的，但我军的目标不应局限于此，而是应以实现羌地的长治久安为目标。所谓"百战而百胜，非善之善者也，故先为不可胜以待敌之可胜"。

针对宣帝的质问，赵充国一一做了解答。

赵充国的奏书每次报到朝廷，朝中一开始赞成他的只有一二成，后来随着战况发展，比例逐步上升占到一半，再后来局势越发明朗，事情的进展也证明了赵充国的正确，这个比例就大了，达到十之七八。也就是说，到后来，朝廷大部分人都认可了赵充国的策略。丞相魏相赞道："我不懂军事，听赵将军讲解，言之必中！"于是宣帝下诏嘉奖赵充国，罢兵，只留赵充国屯田。

到第二年秋天，羌乱平定，赵充国振旅而还。

赵充国将国家利益置于首位，从不考虑个人得失，在面对皇帝质问满朝质疑的情势下，依然顶住压力，坚持自己的主张并据理力争，最终说服皇帝，采取正确的战略，将叛乱平定。

赵充国审时度势，提出军事打击与分化瓦解、屯田备边相结合，在西北前线集结一支万余人的精锐骑兵威慑西羌，同时派使者深入西羌各部落之间，分化瓦解，拉拢招降了一批羌人首领为汉朝所用，削弱先零羌的实力。同时在西北前线边防要地广泛开展屯田，做好打持久战的准备，免去了千里迢迢从后方运输粮秣的困扰。

赵充国的策略效果显著，羌人内部矛盾重重，四分五裂，同时汉军屯田自给扎下根来，使得羌人无机可乘。时机成熟后，赵充国突然出兵，深入西北奇袭先零羌的巢穴，痛歼先零羌骑兵主力，同时严明军纪，对羌人百姓加以抚慰，恩威并施。

赵充国的一系列将略举措堪称教科书级，后世如遵循其法，羌乱便不难平定，可惜，后来用事者多刚愎自用贪功冒进，以致羌乱一而再再而三反复难平。

第二十五章

西域都护府建立——西出阳关有故人

当年秋，刚刚平叛归来征尘未洗的赵充国又接到调令，率四万骑进驻沿边九郡防御匈奴，因为据可靠情报，匈奴十余万即将南下入寇。

羌乱初平，匈奴又起。想必此时汉宣帝的心情不会很好，可他不知道，很快一个大礼包就会送到他面前，给他一个大大的惊喜。

边塞汉军严阵以待，但传言中的匈奴骑兵却始终未出现。

一个月后，匈奴使者出现在关塞，而他们来此的目的不是宣战而是和亲。等了这么久，未等到匈奴骑兵，等来的却是求亲的使者。

匈奴这是唱的哪一出？

边关汉军将匈奴的来意上报，朝廷的答复还未下来，匈奴方面就传来单于的死讯。

再之后，汉朝就再未收到来自匈奴方面的消息，不仅匈奴骑兵不来了，连匈奴使者也不见踪影。

再一打听，原来此时的匈奴内部早就打成了一锅粥。匈奴内乱，他们自己打起来了，自然也就顾不上联系汉朝。

说起原因也很简单——争位。

这次死的是匈奴虚闾权渠单于。之前匈奴兴师动众真正的目的不是入塞犯边，而是想向汉朝求亲。按理说，求亲应该带上聘礼展示诚意，也没听说谁家提亲是带着刀枪上门的，又不是抢亲。

但匈奴这么做也是有原因的，直白点说，就是匈奴已经不是以前的匈奴，而汉朝也已经不是当年的汉朝。

如今汉强匈弱，而且匈奴正以肉眼可见的速度衰落。这点双方都心

第二十五章 西域都护府建立——西出阳关有故人

知肚明。但匈奴也是好面子的，尽管早已不是汉朝的对手，还总喜欢摆谱。明明是想与汉朝搞好关系，却又不肯丢面子。调集大军只为向汉朝显示实力，不是真想与汉朝开战，更何况，他们现在也没这个实力。

其实，八年前，相似的操作虚闾权渠单于已经来过一次了。那时他刚当上单于就急着和亲，但被他的岳父给搅黄了。其实，他这个岳父是他的前任匈奴壶衍鞮单于的大将。壶衍鞮单于是他的哥哥，壶衍鞮单于死后，身为弟弟也是左贤王的他被立为虚闾权渠单于。

众所周知，匈奴的习俗有父兄死娶后母兄嫂的传统。虚闾权渠单于不仅继承了他哥的位置，也把他嫂子接收了。

但虚闾权渠单于并未把前单于所宠幸的颛渠阏氏立为大阏氏，而是将右大将的女儿册立为大阏氏，这下颛渠阏氏的父亲左大且渠当然是非常不满了。不立我的女儿，还想娶汉朝公主，想得美。于是，左大且渠使坏让虚闾权渠单于的和亲化为泡影。但虚闾权渠单于并不死心，八年后，他用老套路又来了一次，派人入塞求亲，这次没人从中阻挠，可他自己没挺住直接挂了。

他死也就死了，但他的那位不受宠的颛渠阏氏可不是个安分守己的主。虚闾权渠单于不宠她，可是有人宠她。不得宠的颛渠阏氏主动为自己寻找"幸福"，与右贤王屠耆堂搞在了一起，而这个屠耆堂还是她的孙辈，当然，在匈奴这个也不算啥，到底是谁勾引谁不得而知，两人私通，单于却全然不知情。

单于病重时，右贤王屠耆堂来龙城探望。走的时候，颛渠阏氏私下对右贤王说，你别走得太远，看单于这个情形挺不了几天了，慢点走，你懂我的意思吧。右贤王当然懂情人的言外之意。果然，几天后单于就死了。单于庭派人通知各地的藩王赶紧来龙城，大家接到通知往龙城赶，但是因为彼此的驻地都很远，一时半会儿赶不过来。而右贤王是第一个到的，他之所以能来得这么快，是因为他压根也没走多远。

于是，颛渠阏氏跟她弟弟左大将且渠都隆奇合谋，拥立她的情人右贤王屠耆堂为单于，这就是握衍朐鞮单于。

握衍朐鞮单于上台后与颛渠阏氏名正言顺地在一起，投桃报李，重用小舅子都隆奇，将他的前任虚闾权渠单于的亲信全部罢黜换上他的人。虚闾权渠单于的儿子稽侯狦夺位失败只得去投奔他的岳父乌禅幕。大乱即由此而起。

乌禅幕部本是康居、乌孙间的一个小部落，整天被两家欺负，于是干脆投了匈奴，而当时的匈奴狐鹿姑单于把自己侄子日逐王先贤掸的姐姐嫁给了乌禅幕。先贤掸的父亲曾是匈奴的左贤王。匈奴的官制，单于之下即是左贤王，而左贤王也是单于的第一顺位继承人。当年本该由他接任单于，但他让给了狐鹿姑单于，后者许诺将来立先贤掸做单于将位置还回去。但是后来狐鹿姑单于并未兑现他的诺言，这件事匈奴人都知道，不少匈奴人认为应该让先贤掸来当单于。

日逐王先贤掸本来就跟握衍朐鞮单于有旧怨，现在又添新仇。

而握衍朐鞮单于继位后搞的任人唯亲诛杀异己的那一套让先贤掸明白，待在匈奴不会有自己的好。屠耆堂是不会放过他的。

先贤掸思来想去，只剩下一条路——南下投汉。草原虽大，但此时已经没有他的容身之地了。他主动派人联系在渠犁屯田的郑吉表示想要投奔汉朝的意愿。

得到消息的郑吉简直欣喜若狂，之前与他在车师反复拉锯的对手就是这个日逐王。因为西域，准确地说是西域北道是匈奴日逐王的地盘。此时汉朝已经完全掌控了西域南道，与匈奴在西域激烈争夺的就是西域北道，重中之重便是之前说过的车师。

汉朝稳固南道后在北道也有进展，屯田渠犁本身就是汉军在北道胜利的明证。但匈奴在北道依然拥有不小的势力，他们自然不甘心就此退出西域。汉朝想要控制北道进而夺取整个西域，与匈奴在北道的战争在

第二十五章　西域都护府建立——西出阳关有故人

所难免。但现在，匈奴在北道的实际控制者表示要投降汉朝，这下不仅仗不用打了，还多了一支生力军。郑吉自然高兴，原本以为还要奋斗几年才能实现的目标，现在一夜之间就实现了，而且不用流血。

估计郑吉睡觉的时候脸都会笑成一朵花。但郑吉也明白，日逐王降汉，对汉匈双方都是重大事件。他必须立即采取行动，调集兵马去迎日逐王。因为匈奴得到消息肯定会在第一时间派兵追杀。

郑吉紧急征发在渠犁的屯田兵以及龟兹诸国，一共调动了五万人来迎日逐王。而随日逐王降汉的匈奴部众总共才一万两千人。双方相遇后，日逐王的部属在汉军保护下南迁，但在这个过程中经常有人逃亡。日逐王想去汉朝不代表他的部下都愿意去。郑吉随即派兵追杀逃亡者。在受降时发生叛逃也是很寻常的，当年霍去病在河西接受浑邪王、休屠王的投降也发生过大规模叛逃。所以说，受降如受敌，必须随时保持警惕，预防突发事件的发生。郑吉之所以带这么多人来，一方面是防备匈奴追兵，一方面也是防止有人逃亡。因为早有准备，所以整个过程还算顺利。

日逐王先贤掸到了长安被汉朝封为归德侯。

匈奴则直接撤销了设在西域的僮仆都尉。这个僮仆都尉在西域主要的工作是收税，撸西域小国的羊毛。但现在羊都归了汉朝，匈奴想撸也撸不到，只能撤了。

郑吉之前的职责是"护鄯善以西南道"，在接收匈奴在西域的地盘后，郑吉"并护车师以西北道"。现在，整个西域的南北两道都归他护，因而号称"都护"，"都"是"全部，总"的意思，"护"是"护卫，保护"的意思，"都护"即"总护"之意。郑吉破车师，招降日逐王，威震西域，号称"都护"。

汉宣帝神爵二年（前60），朝廷下诏嘉赏："都护西域骑都尉郑吉，拊循外蛮，宣明威信，迎匈奴单于从兄日逐王众，击破车师兜訾城，功效茂著。其封吉为安远侯，食邑千户。"

郑吉在西域建立幕府，称"都护府"，治所在乌垒城（今新疆轮台县东北），主要职责是"镇抚诸国"。

郑吉是中国历史上第一任都护，并且都护府也是因郑吉而设，从此都护成为西域最高长官，汉朝号令颁行西域。

《汉书》："汉之号令班西域矣，始自张骞而成于郑吉。"

第二十六章

匈奴内乱——南北对立

汉朝声势日壮，匈奴的日子却是一天不如一天。

汉朝设立西域都护府的这一年，虚闾权渠单于病死，也揭开了"五单于争立"的序幕，匈奴陷入了长达二十四年的夺位大战。

论血缘，先贤掸才是单于的正统接班人，其父与狐鹿姑都是且鞮侯单于的儿子，且鞮侯死后，主动让位于狐鹿姑单于，自己改任左贤王。

单于之下，左贤王地位最高，"次左谷蠡王，次右贤王，次右谷蠡王，谓之四角"。

狐鹿姑曾许诺左贤王将来即单于位，但数年后左贤王病死，作为儿子的先贤掸不仅失去了单于继承权，连左贤王都没法世袭，狐鹿姑只封了他一个日逐王，地位在四角之下。

虚闾权渠单于死后，匈奴人都还记得狐鹿姑的许诺，立先贤掸做单于的呼声很高。

屠耆堂血统疏远、得位不正，对先贤掸极为忌惮。先贤掸自知不能相容，主动远走避祸。

先贤掸走后，握衍朐鞮单于杀了先贤掸的两个弟弟。乌禅幕劝他，他也不听，还把自己的从兄薄胥堂立为日逐王。乌禅幕更加厌恶握衍朐鞮单于。

不久左奥鞬王也死了，单于把自己的小儿子立为左奥鞬王，留在单于庭。

左奥鞬部众不服气，拥立左奥鞬王的儿子为王，举部东迁，脱离了握衍朐鞮单于的统治。

与此同时，单于听信太子与近臣的挑拨，打压东部的贵族，导致匈奴东部怨声载道。

恰逢此时乌桓进攻匈奴东边的故夕王，抢走了不少人口与牲畜。握衍朐鞮单于将故夕王狠狠地训了一顿。

故夕王担心单于借故发难，就联络左地贵族，与乌禅幕结成同盟，共同拥立稽侯狦为呼韩邪单于，发左地兵四五万人向西攻打单于王庭。

握衍朐鞮单于不得人心，军队不战而败。

他不死心，向自己的弟弟右贤王求救，不料右贤王却说："你凶残暴戾，杀人如麻，所有的匈奴人都恨你。混成这样，怎么还不去死？"

握衍朐鞮单于众叛亲离走投无路，羞愤自尽。

稽侯狦初战告捷，入主单于庭，将流落民间的哥哥呼屠吾斯接来，封为左谷蠡王。

他做梦也想不到，有一天会与哥哥兵戎相见。

按说呼韩邪单于稽侯狦应该趁势一统匈奴各部，可惜他不懂建立统一战线。

握衍朐鞮单于的弟弟右贤王，很明显是可以争取的潜在盟友，呼韩邪单于却下令诛杀右贤王，硬生生把右贤王推到了敌方阵营。

汉宣帝神爵四年（前58）冬，右贤王与都隆奇一道拥立日逐王薄胥堂为屠耆单于，发兵数万，击败呼韩邪单于，将其逐出单于庭。

第二年秋天，屠耆单于派右奥鞬王与乌藉都尉各率骑兵两万屯驻东方，防备呼韩邪单于。

这时，西方的呼揭王向屠耆单于诬告右贤王野心勃勃，想自立。屠耆单于杯弓蛇影，杀掉了拥立自己的右贤王父子。

不久，屠耆单于回过味来。呼揭王害怕屠耆单于报复，于是干脆自立为呼揭单于。

在东部布防的右奥鞬王原本是日逐王先贤掸之兄，听说此事，也自立为车犁单于。

乌藉都尉也有样学样，自立为乌藉单于。

于是，暂居单于庭的屠耆单于、西部的呼揭单于、东部的呼韩邪单于以及原防备呼韩邪单于的车犁单于和乌藉单于，匈奴出现五单于争立，草原一时好不热闹。

屠耆单于以"正统"自居率兵亲征车犁、乌藉，将其击败。车犁、乌藉两单于向西北逃窜，与西方的呼揭单于合兵一处，聚众四万。

呼揭、乌藉二人主动放弃单于称号，共同辅佐血统更纯的车犁单于。

屠耆单于听说后，分兵四万在东部防御呼韩邪单于，他本人则亲率四万骑兵西进攻打车犁单于。车犁单于战败，向西北撤退。

汉宣帝五凤二年（前56），呼韩邪单于派弟弟右谷蠡王突袭屠耆单于在东部的守军，杀了一万余人。屠耆单于听说后，急忙又从西南转进东北，亲率骑兵六万与呼韩邪单于率领的四万人交战，结果兵败自杀。

在西北的车犁单于见呼韩邪单于势大，主动投降。

看到草原如此之乱，都隆奇带着屠耆单于的小儿子投降汉朝；呼韩邪单于的左大将乌厉屈与其父也带着数万部众归顺汉朝。

至此，草原上只剩下呼韩邪单于。

他再次入主单于庭，然而经过数年战乱，部众死的死，降的降，男女老少只剩下数万人。

第二十七章

单于觐见——南匈奴为汉守边

兵不强，马不壮，自然是镇不住场子的。

屠耆单于的从弟休旬王在西部自立为闰振单于。呼韩邪单于的哥哥呼屠吾斯也在东部自立为郅支单于。

于是，草原上又形成了西有闰振、东有郅支、呼韩邪居中的三单于并立局面。

汉宣帝五凤四年（前54），闰振单于发兵攻击郅支单于，结果被郅支反杀，部队也被收编。得胜后的郅支单于已经停不下来，又出兵攻击呼韩邪单于。弟弟还是打不过哥哥，呼韩邪单于再次被赶出单于庭，手下四散奔逃。

此时的呼韩邪单于走投无路，左伊秩訾王劝他"称臣入朝事汉，从汉求助，如此匈奴乃定"。

但其他大臣不同意，双方吵成一团。最终还是形势比人强，生存总比脸面重要。

汉宣帝甘露元年（前53），呼韩邪遣子右贤王铢娄渠堂入侍。郅支单于听闻后，也派儿子右大将入侍。

甘露二年（前52），呼韩邪单于到五原郡款塞，表示希望次年正月入朝觐见大汉天子。

甘露三年（前51）正月，匈奴呼韩邪单于在甘泉宫正式朝见大汉天子。这是载入史册的历史性时刻，值得永远铭记。

从此，呼韩邪单于所部正式成为汉朝的藩属。这是匈奴单于第一次向汉朝俯首称臣。

第二十七章 单于觐见——南匈奴为汉守边

"匈奴款塞、单于来朝"成为宣帝朝的一大盛事。

即使从马邑之谋算起,汉匈战争也进行了八十多年,多少名将运筹谋划呕心沥血,多少将士战死沙场埋骨他乡。为胜利付出最多的当数汉武帝,他未能看到这场胜利,但胜局却是由他确立的。

将匈奴打垮的是汉武帝,而获得胜利荣耀的却是汉宣帝。

还是那句话,一代人有一代人的使命。

汉武帝之所以有雄厚的国力与匈奴开战,也是得益于他父亲乃至他爷爷几十年给他攒下的家底,他才有打仗的底气。

从文景时代的默默付出到汉武帝的全面出击再到汉宣帝的收获成果,一切都是水到渠成。

胜利来之不易,为纪念那些为国家做出贡献的功臣,汉宣帝令人画十一位功臣像于麒麟阁以彰显其功。

汉宣帝此举开启为功臣画像之先河,后来汉光武帝的云台二十八将,唐太宗李世民的凌烟阁二十四功臣像,都是承袭先汉的光荣传统。

后世也将麒麟阁十一功臣、云台二十八将、凌烟阁二十四功臣并称中国古代三大功臣画像。

但相比享有盛名的云台二十八将与凌烟阁二十四功臣,麒麟阁十一功臣的知名度就显得有点低,几乎不为人知。

究其原因还是这个功臣榜的含金量过低。因为入选的第一标准必须是对本朝也就是对汉宣帝有功的人,那些前朝的功臣自然也就不在此列,而整个汉朝得人之盛的武帝朝的众多功臣也就不在考虑范围之内,卫青、霍去病、张骞等人都未上榜。

麒麟阁十一功臣分别是:大司马大将军博陆侯姓霍氏、张安世、赵充国、魏相、丙吉、杜延年、刘德、梁丘贺、萧望之、韩增、苏武。第一个只书姓不写名的当然是霍光,因为众所周知的原因,对这位老臣,汉宣帝只能采取这个办法。这个写法也体现出汉宣帝对霍光矛盾复杂的心态，不是这个人拥立，他当不上皇帝，但也是这个人大权独揽，让他只能在其阴影下小心翼翼地求活，但不管如何，这个人的功绩是必须肯定的，今天的胜利也有这个人的一份功劳，理应让其享受这份殊荣。

在这个榜单上，霍光之外，比较知名的只有苏武与赵充国。剩下的都是极其平凡甚至是平庸的大臣，而他们能入选只是因为他们都是宣帝的"自己人"，要么对他有拥立之功，要么支持他从霍氏那里夺权。这些人的功绩只有这些，剩下就乏善可陈了。

呼韩邪单于在汉地住了一个多月，临走时要求待在河套以北的草场，说是要为汉朝守卫边塞，其实是怕回到草原挨他哥哥的揍。宣帝对此表示理解，允其所求。

郅支单于既不愿称臣，又不敢招惹汉朝。听说呼韩邪单于有汉军保护，暂时也奈何他不得，只能干瞪眼看着，毕竟，他虽然能揍弟弟，却不敢惹汉朝。

呼韩邪单于向汉称臣标志着汉朝的重大胜利。

匈奴从中受到的实质损害很小，但整体上的损失却是巨大的。之前，西方各游牧部落大都服匈奴，对汉朝却疏远慢待，但自从呼韩邪单于入朝，整个游牧部落都对汉朝重新审视不敢不礼遇尊重。他们不是服德而是畏威。

黄龙元年（前49）正月，呼韩邪单于再度入朝。因为每次来，他都能获得丰厚的赏赐，而这些东西对他的部落来说是生存所必需的。

对此，郅支单于既鄙视又羡慕。他鄙视呼韩邪单于向汉朝臣服，但他也羡慕后者从汉朝得到的封赏。

虽然打败了呼韩邪，但郅支也不敢在漠北久留，阴山之南就更是想都不敢想。东面的乌桓还时常出来袭扰，郅支单于只能选择向西走。碰巧这时原屠耆单于薄胥堂幼弟不愿跟着呼韩邪单于向汉称臣，自称伊利目单于公然独立。郅支当然不允许别人在自己的地盘上自立门户，出兵

第二十七章 单于觐见——南匈奴为汉守边

将其斩杀，又收编了剩下的部众，实力猛增，麾下已有五万多人。郅支率部一路向西，连续击败坚昆、乌揭、丁零，在遥远的西部站稳脚跟。

匈奴也从此正式分裂为郅支单于统领的北匈奴与呼韩邪单于率领的南匈奴。

北匈奴远遁西北，南匈奴稽首归服。

汉宣帝取得了前所未有的胜利，见证了历史性的辉煌时刻。

他完成了他的使命。

十二月，汉宣帝病逝于长安未央宫。他在位期间，吏治清明，经济繁荣，四夷宾服，天下太平，汉朝达到极盛，史称汉宣中兴。

第二十八章

斩杀郅支——犯强汉者虽远必诛

"臣延寿，臣汤，将义兵，行天诛，赖陛下神灵，阴阳并应，天气精明，陷陈克敌，斩郅支首及名王以下，宜县头槀街蛮夷邸间，以示万里。明犯强汉者，虽远必诛！"

这是西域副校尉陈汤在建昭三年（前36）冬写给汉元帝的奏疏，随同这份奏疏一同送到长安的还有匈奴郅支单于的人头。

奏疏最后的那句"犯强汉者，虽远必诛"两千年来一直激励着热血的汉家儿郎浴血沙场建功立业。

汉朝有这个信心，更有这个实力！

之前贪婪愚蠢的大宛国王毋寡不信，然后他的头就被悬挂在长安城头，曾经嚣张跋扈的匈奴郅支单于也不信，于是他的头"享受"到与当年大宛国王相同的待遇。

当陈汤在奏疏中写下"犯强汉者，虽远必诛"这句激动人心的口号时，他在事实上已经做到了。

因为这份奏疏实际上是先斩后奏，是陈汤在事后写给皇帝的书面报告。在此之前，他已经在未经请示的情况下擅自行动了。

在任何时代，不请示上级就私自行动都是性质严重的大错。但情况总有特殊，比如陈汤，他当时所在的西域驻地距都城长安有万里之遥，一来一往就要数月之久，军情紧急，战机稍纵即逝，请示根本来不及，前线将领只能靠自己的经验随机应变。

陈汤作为西汉最后的名将，在这方面的表现是极其出色的。斩杀郅支单于的军事行动，从策划到组织再到执行乃至战后的报告都是由他一

第二十八章　斩杀郅支——犯强汉者虽远必诛

人完成。

在奏疏中，排名在陈汤之前的是他的直属上级也是他名义上的领导西域都护甘延寿，之所以说是名义上的，是因为两个人的能力水平差距过大。甘延寿不仅领导不了陈汤，事实上在大部分时间他都是被陈汤"领导"的。

但在讲述陈汤的这次载入史册的著名"斩首"行动之前，先要对他本人的经历做个介绍。

因为只有对他的出身以及仕途沉浮有了充分的了解，才能理解陈汤之后的所有行为及其动机。

陈汤小时家里很穷，是真正的社会底层，但他很聪明，这点在他以后的仕途中会得到充分的体现，此外，他书读得不错，写得一手好文章，这点尤为关键，穷文富武，穷人家的孩子想要出人头地，读书是最实际也是成本最低最具可行性的选择。

任何时代都需要笔杆子，文笔好的人获得的机会也比平常人多许多。

而更重要的是，陈汤遇上了读书人的好时代。汉武帝罢黜百家独尊儒术，但实际上他的政府里儒生只是备位顾问并不受重用，这点被汉宣帝在训斥太子时不经意地说了出来。后来的汉元帝当时还是太子，在一次宴会上，委婉地劝说汉宣帝刑法过重，应该重用儒生实行仁政。汉宣帝听后很生气，说汉家自有制度，本以霸王道杂之。

从汉武帝到汉宣帝，汉朝在具体施政上是外儒内法，但儒家的地位也在逐步提高。

这点在托孤大臣的选择上体现得最为明显。

汉武帝的四位托孤大臣，霍光、金日磾、上官桀、桑弘羊，没有一个是儒臣。

但汉宣帝临终前指定的三位托孤大臣，除外戚史高，剩下的两个人萧望之与周堪都是儒臣。

而接班的汉元帝，当初做太子时就劝他爹重用儒臣，如今掌权后，自然要重用儒生。

从这时起，汉朝的儒生才迎来属于他们的真正的春天。很多寒门子弟通过刻苦读书而走上仕途，甚至封侯拜相。

元帝朝的两个典型例子就是陈汤与他的政敌匡衡。

建昭三年（前36），陈汤沙场建功。同年，匡衡拜相。

次年，朝廷商议陈汤之功如何封赏，匡衡便跳出来搅局。虽然陈汤最后得以封侯，却是级别最低的关内侯。

说起匡衡，人们第一时间想到的就是那个凿壁偷光的典故。匡衡小时候，家里也很穷，他也很好学，但白天需要下地干活，只有晚上有时间，可是天黑需要点蜡烛照明，但他家穷，买不起蜡烛。于是，匡衡就想到一个办法，从邻居家里"借光"，将墙凿开一个小洞，靠着从邻家那里透过来的微弱光线刻苦读书。这个故事也能从侧面说明匡衡家的经济状况，他也是出身于社会底层。

陈汤与匡衡都是寒门子弟，也都勤奋好学。陈汤是兖州山阳郡人。匡衡是徐州东海郡人。以今天的地域划分，两人还是山东老乡。

相同的出身，相近的经历，却阻挡不住匡衡对陈汤的恶毒攻击。陈汤也想不到匡衡会成为他这一生最大的政敌。

长大后，陈汤来到京城长安寻找机会，他这类人是不会甘心待在家乡那种小地方的，他是一定要出来的。

陈汤的运气是真的好。他这么一个底层出身的人却有幸认识了富平侯张勃，这个他生命中的贵人。后者对他的才学很是欣赏。

说起张勃，很少有人知道，但提到他的爷爷就没有人不知道了。看到富平侯，这个人的名字已经呼之欲出，张安世。

当年共同拥立汉宣帝的，一个是大将军霍光，另一个就是车骑将军张安世。霍光受封的是博陆侯，张安世是富平侯。

第二十八章 斩杀郅支——犯强汉者虽远必诛

张家有如此显赫的背景，陈汤又受到张勃的赏识，大好前程就在眼前。

果然，不久之后，陈汤就迎来仕途的转机。

初元二年（前47），汉元帝即位不久下诏求贤，富平侯张勃向朝廷举荐陈汤。

就在陈汤等待朝廷的任职通知的时候，家乡传来他父亲的死讯。依当时的礼制，他要回乡守孝三年。当然，这同时意味着他要失去即将到手的官位。

这个机会他等了很多年，眼看就要实现，却要与他失之交臂。作为底层出身全靠自己奋斗的人，陈汤当然清楚这个机会的重要性，这可能是他为数不多的改变命运的机会，现在却要放弃，他不甘心。于是他做了一个极具争议又颇为大胆的决定，隐瞒不报。但这种事情是不可能瞒住的，很快他就被人举报，后果很严重，不仅他名誉尽毁被逮捕下狱，连他的推荐人富平侯张勃也受到牵连，不久就去世了。

在以孝治天下的汉朝，陈汤的仕途，在寻常情况下，是看不到希望了。

但也不是没有机会。比如出使西域，走张骞走过的路。

当时出使西域是个苦差，有门路有关系的人都喜欢在京城找机会，当年陈汤也是如此。

但对那些找不到门路又喜欢冒险渴望建功立业的人，西域还是相当具有吸引力的。西域充满各种未知的风险，又远在万里之外异常艰苦，官僚子弟各种二代们自然不愿去，也不屑去，但也正因为如此，这也是留给寒门的为数不多的跨越阶层的机会。

富贵险中求，陈汤主动请缨要求去西域，他的请求很快得到批准，因为西域艰苦又危险，多数人都不愿意去，而当时的西域又很需要有人去守。

渴望出人头地建功立业的陈汤带着一颗躁动不安的心出发了。他要去西域寻找机会。

现在，要说到给陈汤送机会的人了。他就是匈奴的郅支单于。

郅支单于做了一系列的错误决定，他最大的错在于实力弱小的他却选择与强大的汉朝对抗。

郅支单于用他悲惨的人生经历生动地告诉人们一个简单却又深刻的道理——不作死就不会死。郅支单于选择作死，于是，陈汤送他去死。本来郅支单于是有机会活下来的，但他放弃了。当他选择与汉朝为敌的时候，他的结局就已经注定。

当郅支单于听说汉朝开始大规模援助南匈奴，他就知道漠北待不下去了。

本来南北匈奴势均力敌，起初，郅支单于的北匈奴还要更强一些，不然也不会将南匈奴打跑。

但自南匈奴归附汉朝起，形势开始逆转。

即使是匈奴最强的时候，其体量在汉朝面前也不值一提，双方的战争本来就是非对称战争。

南匈奴得到汉朝的支援，恢复实力只是时间问题，而一旦南匈奴满血复活，第一个会找谁算账，想都不用想，肯定是郅支单于的北匈奴。

而匈奴在失去漠南、河西之后就已经不是汉朝的对手，在最后的补给点西域也丢失后，汉匈实力此消彼长。汉朝具有全胜之局。

再之后就是汉朝以强大的国力对匈奴的碾压。偏偏在这时，匈奴又发生内乱，十几年的混战，部落离散，纷纷南下投汉。

势力本就大不如前，雪上加霜的是，匈奴又分裂为南北两部。

对郅支单于来说，他已经没有与汉朝甚至南匈奴对抗的资本，双方的实力差距会越来越大。

郅支单于很清楚这一点，于是，他做出了一个艰难又影响深远的决

第二十八章 斩杀郅支——犯强汉者虽远必诛

定,举族西迁。

与其被人赶走,还不如自己走。

郅支原本打算去乌孙,因为此时掌权的乌孙小昆弥乌就屠的母亲是匈奴人,他有匈奴血统。郅支派出使者去见乌就屠,表达了想去西部发展的愿望。

但事关利益,就算是母亲的娘家人,乌就屠也不买账。一山不容二虎。这个道理还是很容易懂的。他杀了匈奴使者,却又发兵八千骑"来迎"郅支。很明显,这是要给匈奴人来个出其不意,突然袭击。

但郅支也不白给,他觉察出了乌就屠的诡计,都是千年的狐狸你跟我玩什么聊斋。

郅支直接整顿兵马杀过去。正面硬打,乌孙果然不是匈奴的对手。郅支单于乘胜连破乌揭、坚昆、丁零,就在坚昆住下来,不走了。郅支还时不时派兵去袭扰劫掠乌孙。虽然此时的匈奴已衰弱不堪,但收拾乌孙还是轻而易举。

而郅支停下来的坚昆东距匈奴单于庭有七千里之遥,南距汉军驻守的车师也有五千里。北匈奴逃得这么远,只为躲避汉朝兵锋。

郅支单于在那个遥远的地方过了八年逍遥自在的生活。如果不做对比,他过得还是很滋润的。但当他得知他的死对头投靠汉朝的呼韩邪单于过得比他还滋润时,他就不淡定了,嘴里的烤羊腿瞬间就不香了。

自从呼韩邪归顺,汉朝就不停地给援助,呼韩邪去长安朝觐天子总是能得到各种赏赐,每次都满载而归。

南匈奴的势力迅速壮大,将北匈奴远远甩在后面。

对此,郅支单于恨得咬牙切齿,却丝毫没有办法。他时常在想,要不是呼韩邪有汉朝保护,他早把呼韩邪打到尘埃里去了。

可是,汉朝,他是真的惹不起。但他很快就找到了排解郁闷的办法,欺负汉使,这也是他作死的开始。

汉朝确实打不过，不然他也不会躲出去七八千里，但汉使在他的地盘上还是可以欺负的，至少能出出气。这个蠢人就是这么想的。郅支单于把他对汉朝的所有不满都发泄到了出使匈奴的汉使身上，那时干外交也是真不容易。

汉元帝初元五年（前44），郅支单于派出使者到汉朝，请求将十年前他送到汉朝做侍子的儿子送回。所谓侍子就是人质。弱国送质子是向强国示好，也是彼此政治互信的表示。

现在郅支要求送还质子，传递的是非同寻常的信号。

之前，郅支单于就曾几次三番羞辱汉使。郅支的骄狂悖逆早已是尽人皆知。因为有这个前科，以匡衡为代表的朝廷多数大臣都主张将郅支的儿子送到边境让他自己回去就行了。对这号人没必要搭理。虽然匡衡在大部分时间里都不着调，但这次他的主张是有他的道理的。

卫司马谷吉却自告奋勇，上疏皇帝，主动要求护送质子回匈奴。

根据郅支以往的种种表现，此行必定凶险万分，轻者遭受困辱，重者可能遭遇不测有性命之忧。

谷吉不是不清楚这一点，但他依然主动请缨前往。明知前方是虎穴狼窟，却毫不畏惧，这是真正的勇士。

谷吉之所以甘愿冒险身涉险地，是因为在他看来自己的生死事小，国家的荣誉事大。

之前出使北匈奴的使者都不尽如人意，不仅未能宣威于异域，反被郅支所羞辱。谷吉此去就是要宣汉朝之德威。

此行有两种可能：一种是谷吉义正词严责备郅支以往的过错，郅支畏服稽首认罪；一种是刚直的谷吉与傲慢骄狂的郅支发生正面冲突，彼此针锋相对。

江山易改，禀性难移。

从郅支这些年的表现来看，第一种情况出现的可能性极小，相反，

第二十八章 斩杀郅支——犯强汉者虽远必诛

第二种的可能性却极大。

谷吉到北匈奴后，果然为郅支所害。

郅支杀害汉使，自知闯下大祸，汉军势必前来报复。

以他现在的实力，别说汉军，就是曾经的手下败将呼韩邪也打不过了。

思来想去，只有远逃，可是东面的匈奴故地是回不去了。实力恢复的呼韩邪早晚要北上，那里不是他的容身之地，只有向西这一条路。

正巧，这时他西面的康居国也有意请他过去。原来，康居与汉朝的西面盟友乌孙是邻居。两国都是游牧部落，体量相当，挨在一起，矛盾是少不了的，经常互殴，但康居就是打不过乌孙，时常被对方揍得鼻青脸肿。

康居人觉得总这么被欺负不是办法，乌孙人这么嚣张还不是有汉朝在后面撑腰，我们也要找外援。而最合适的外援就是眼下得罪汉朝走投无路的郅支。北匈奴杀汉使的事康居也知道了，对郅支的处境也是心知肚明。于是，康居及时向郅支发出邀请。郅支正愁无处可去，当即答应，双方彼此需要，一拍即合。

郅支率领他的部众再度西迁。当时正是寒冬，北风呼啸，大雪纷飞，郅支的部众一路走一路逃，一路走一路死，等他率部进入康居地界，只剩下三千人。

不知此时的郅支心中是否有悔意，早知今日，何必当初。这就是得罪汉朝的代价。

郅支单于属于典型的作死型首领，明明已经十分落魄，却还是要强撑门面，本来只要他向汉朝俯首称臣，即使得不到呼韩邪的那般待遇也差不到哪里去，待在漠北，依然可以壮大实力。可他偏不，偏要跟如日中天的汉朝对着干，下场就是，害怕汉军的清剿，漠北不敢待，只能西迁坚昆。到这里也不消停，已经躲到草原深处，怕汉朝怕得要命，不然也不会躲得那么远。却还要装作不可一世，做出要与汉朝一争高下的姿态，可是，他的实力配不上他的野心。在应该低头的时候却选择与汉朝决裂，杀害汉使，等于向汉朝宣战。但郅支没有决战的实力，只能往西跑，结果越往西越衰落。草原部落都是很实际的，眼看着跟着郅支越混越差，纷纷抛弃他去投南面的呼韩邪，阴山附近水草丰茂，那里才是理想的栖息地。

郅支现在的部众还不到他巅峰时期的零头，混成这个惨状，却还不知悔改，在作死的路上继续一路狂奔，拦都拦不住。

尽管郅支已经如此狼狈，康居王依然热情欢迎他的到来。康居王还将自己的女儿嫁给郅支，礼尚往来，郅支也将他的女儿嫁给康居王。如今草原上也玩政治联姻，不过，这个辈分属实有点乱，当然，人家游牧部落也不在乎这个。

互为姻亲，那就是自己人了。

郅支很快就替自己的女婿也是自己岳丈的康居王出头了。

鉴于他手下只有三千人，只能向康居借兵，然后就奔着乌孙去了。

曾经乌孙也是臣服匈奴的国家，骨子里对匈奴依然敬畏。匈奴虽然衰弱，但余威尚在。郅支单于多次带兵杀入乌孙，甚至打到乌孙的都城赤谷城，就在城外抢劫杀掠，乌孙却不敢反击，任由匈奴掳掠。

康居王将郅支待为上宾，甚至可以说康居国已经成了北匈奴的附庸。乌孙面对匈奴连抵抗都不敢抵抗，任由匈奴骑兵随意出入。

郅支单于在康居混出了感觉，在这里他说一不二，俨然就是地区小霸王的存在。

于是，他又有点飘了。

很快，郅支单于就不拿康居人当人了。

这位单于得意之余，露出了凶暴专横的本来面目。

也许是日子过得过于惬意，郅支也开始追求生活品质，表现之一是

第二十八章 斩杀郅支——犯强汉者虽远必诛

匈奴人也开始修城了。

住在城里比住在帐篷里舒服，这点匈奴人也懂，而且他们现在主要从事的也不是游牧而是抢劫。当然，筑城这种粗活匈奴人是不会干的，自然由低他们一等的免费劳力康居人去做。抢掠乌孙，奴役康居，郅支的生活简直过得美滋滋。

郅支将城址选在都赖水畔，每天都有数百康居人来充当苦力为他干活。足足用了两年才建好，新城被叫作郅支城，因为是郅支单于的城。

随着北匈奴在当地站稳脚跟，葱岭以西的众多国家如康居、大宛等都听其号令，任其差遣。只有汉朝的盟友乌孙还在苦苦支撑，但看这形势，如果汉朝再不插手，臣服匈奴也只是时间问题。

此时的汉朝缺乏英明的君主，也缺少统御大军的帅才。

汉朝在汉宣帝时达到鼎盛，然而巅峰过后，也不可避免走向衰落。

谷吉的被害并未立即招来汉朝的报复，相反，汉朝方面接连派出三批使者来找郅支交涉。但郅支的人品行事风格，已经介绍过了，这人是典型的痞气十足的小流氓，色厉内荏，欺软怕硬，越给他脸，他越上脸，跟这号人讲道理纯属对牛弹琴，就算谈上一万年也不会有结果。

幸好，还有陈汤。

对西域局势洞若观火的陈汤深知形势的紧迫，他知道表面嚣张的郅支单于其实实力单薄不堪一击，但郅支的影响力却不容小觑，如果让他继续表演，势力坐大，势必危及汉朝在西域的安全。

因为郅支已经西迁康居，与长安相距万里，与他最近的就是汉朝的西域都护府。北匈奴与汉朝的往来都是通过西域都护府传递，但这个"近"也是相对的。都护府距郅支单于的郅支城也有数千里之遥。

最有条件对郅支动手的就是汉朝在西域的驻军。但是出兵匈奴是军国大事，必须得到朝堂的明确命令才能行动。但在长安混迹多年的陈汤十分清楚现在的那些朝臣都是些尸位素餐混吃等死的货色，指望他们担负起责任，廷议决策，那是不靠谱的。

可行的办法只有先斩后奏，先干了再说，等生米煮成熟饭再向朝廷汇报。

可是得不到朝廷的诏旨就没法调兵。但这个其实也容易，伪造一份就行。专业术语叫"矫诏"。

如果在内地这么干，那是妥妥的杀头的死罪。

但这里是边疆，而在边塞有一条不成文的规矩，如果情况紧急，将领可以便宜行事，甚至矫诏，伪造公文，发号施令。只要事后给朝廷打个报告说明当时情况紧急矫诏是不得已而为之，朝廷多数情况下也不会追究，当然前提是要办成事打胜仗。

陈汤面临的情况还要更复杂一点。他不仅要对长安的朝廷隐瞒他的计划，对自己的直属上级也要欺瞒。

因为陈汤在西域只是副校尉，他的顶头上司西域都护甘延寿才是汉朝在这里的最高军政长官。

不过，经过几年的朝夕相处，陈汤太了解他这位上级的为人了。甘延寿虽算不上平庸，但也是一个做事循规蹈矩不肯弄险的官僚。如果事前跟他请示，十之八九会被否定。但事关重大，陈汤还是向甘延寿说出了自己的想法，而结果也不出他所料。甘延寿说这事要请示朝廷，获得批准才能出兵。

于是，陈汤决定连这位上级也一块儿瞒。

正巧，不久甘延寿生病，陈汤趁机私自下令征调在西域各地屯头的汉军，又向周边各国征兵，共计调动四万多人。

甘延寿得到消息大惊失色，赶紧跑来阻止，却只见陈汤一身戎装，瞋目按剑，一张横眉冷对的脸。

陈汤怒斥道："大众已集，竖子欲沮众耶！"部队已经集结完毕，你小子要阻挠大军吗？骂自己的上司是竖子，也只有陈汤这种人能干出来。

第二十八章　斩杀郅支——犯强汉者虽远必诛

甘延寿见事已至此，不管他情不情愿，也只能上陈汤的贼船了。

出兵之前，二人共同署名向朝廷上疏"检讨"矫诏的罪过，也说明用兵的理由。

奏疏发出的当天，陈汤、甘延寿即率军出发。大军兵分两路，陈汤、甘延寿率三校尉兵从温宿国出发走北道经乌孙的赤谷城进入康居；其他三校尉兵走南道翻越葱岭进入大宛，然后从那里开进康居与北路军会师。

北路军在经过赤谷城时，正遇上康居副王抱阗率数千骑兵在赤谷城东抢掠。自从有了匈奴撑腰，康居人就抖起来了。以前被乌孙人压着打，现在是压着乌孙人打。在匈奴人面前，康居人乖顺如奴仆。但在乌孙，他们扮演的却是杀人越货的强盗。

来得早不如来得巧。康居人这次又是满载而归，抢了乌孙大昆弥一千多人，又抢走不少牲畜，在回去的路上，与汉军的后队遭遇。汉军的后队是辎重部队，这伙人也是抢上了瘾，二话不说，直接开抢。陈汤率主力在前面走，听说辎重被抢，当即率军追杀，追上之后，就是一通砍杀，一场混战下来，阵斩康居兵四百六十人，救出被掳的乌孙百姓四百七十人还给大昆弥，至于缴获的马、牛、羊就不给了，留下当军粮。

虽然教训了抢劫的康居人，但这次是奔着郅支来的，不是来打康居。为了分化瓦解孤立郅支，在进入康居地界后，陈汤严令禁止掳掠，所过之处秋毫无犯。陈汤派人请来康居贵族屠墨，说明汉军此来只为诛杀郅支，让他们放心。

大军进至距郅支城六十里的地方停下来安营扎寨。这时汉军又俘获了一个名叫贝色子的康居贵族。

这个贝色子跟之前的屠墨还是亲戚，他是屠墨的舅舅，这两人的一致特点都是十分痛恨郅支。因为这些年康居人虽然沾了匈奴人不少光，但也没少挨匈奴人的欺负，特别是郅支，他是真不把康居人当人，对康居人稍不如意就推出去杀了，杀人还不算，他还喜欢分尸，将康居人大卸八块，再丢进郅支城前的都赖水。被郅支肢解的康居人有好几百人，这里面就包括康居王的女儿。

因此，很多康居人对郅支也是恨之入骨，要不是还想靠着匈奴打乌孙，这两家可能早就翻脸了。

现在汉军打上门，康居人也不傻，他们知道汉军的实力，那是无论如何也惹不起的，万万不能得罪。

于是，在不久之后的战斗中，康居人很识趣地选择了中立，作壁上观。尽管打起来后，应郅支的要求，康居也派了兵，但却是出工不出力，只是在远处看着，全程围观，做了一回观摩。

在送走贝色子后，第二天，汉军拔营起寨，向郅支城进发，在距郅支城不到三十里的地方安下大营。

很快，郅支单于的使者就来了。

听说汉军兵临城下，郅支单于心里慌得不行，表面却还强装镇定，派出使者前来交涉。

匈奴使者问陈汤，汉军为何而来？陈汤的回答相当幽默且很有水平。之前，单于来信说现在的生活过得很不如意，很想归附汉朝，入朝觐见天子。天子哀悯单于弃大国，屈意康居，特命都护将军来迎接单于一家归汉，恐单于左右惊动，故未敢至城下。

当初，郅支确实说过要身归汉朝，觐见天子。但那不过是外交辞令，说说而已，大家都不会当真。

但陈汤这次准备认真一回，请郅支去汉朝，后来确实也去了，不过，不是一块去的，陈汤在将郅支的人头与躯干做了一次物理意义上的分离之后，只将郅支单于的脑袋送到了汉朝。不过，这也算部分满足了郅支的"愿望"。

郅支得到答复也是哭笑不得，大战在即，但他却还想拖延，频繁派出使者去汉军大营，来回搞外交。

第二十八章 斩杀郅支——犯强汉者虽远必诛

很快,陈汤就不耐烦了,对匈奴使者说,我们来这么久了,见到的只是你们这些使者,你们的名王、将军一个也不露面,这也太没有诚意了吧。

该说的都说过了。

外交游戏结束,战斗开始。

次日,大军进到都赖水畔,在距郅支城三里的地方停下,整军列阵,准备攻城。

远处望去,只见城墙上插满五色旗帜,数百匈奴人披甲戴胄,登上城楼守备。这时,从城中冲出一百余名骑兵,在城下往来奔驰。又一百余名匈奴步兵在城门两侧,摆出"鱼鳞阵"。城上的匈奴人还时不时向汉军挑衅,死到临头还这么嚣张,真不愧是郅支的部下。

之前出城的那一百多匈奴骑兵向着汉军大营直冲过来。

说起来匈奴人也是够心酸的。

当年不可一世,动辄数万铁骑横行的匈奴骑兵,如今却只能派出一百多人。看着着实可怜,但可怜之人必有可恨之处。郅支混成今天这般落魄,完全是他自己作的。咎由自取,怪不得别人更怨不得别人。

汉军甚至都不屑于搭理这小股的敌人,只是在那里静静地看着他们表演,就像在看耍猴。

汉军强弩拉满,箭矢向外,做出预备射击的姿势。匈奴骑兵见状,旋即后撤。他们也知道汉军弓弩的厉害。

汉军弩兵对着在城外搞操练的匈奴骑兵、步兵弓弩乱发,一阵攒射,匈奴兵赶紧躲进城内,再不敢露头。

甘延寿、陈汤随即下达总攻击令,攻城!

战鼓响起,四万汉军呐喊着冲到城下,将城池四面包围,随即架起云梯开始攻城,盾牌兵在前防护,弓箭手在后向上仰射城上的匈奴兵。

汉军射出的箭矢犹如箭雨,城楼上的匈奴兵非死即伤,剩下的纷纷下城逃窜。

郅支城是夯土筑城，在土城之外，还有两层木城。匈奴人从木城上向外射箭，给攻城部队也造成不小的伤亡。

既然是木城，用火攻就行了。汉军在木城下堆积柴草随即纵火，焚烧木城。木城很快就被烧毁，汉军已经攻到土城，战斗持续到深夜，包围圈越来越小。眼看已成瓮中之鳖，数百匈奴骑兵不甘心坐以待毙，开始寻求突围。他们刚冲出来，就迎面撞上汉军弩兵的箭雨。很快，出城的匈奴骑兵就被汉军尽数射杀。

郅支单于听说汉军到来，原本是打算跑的，但先前杀了那么多康居贵族，连康居王的闺女都给杀了。他担心康居王怨恨，不敢去投奔，后来又听说乌孙等国都派出军队接受汉军指挥，想来想去，无处投奔，本已出城，又回来了。郅支单于还对左右说，汉军远来，不会久战。我们只要据城坚守就可以了。

他这么说只是给部下也是给自己壮胆。

到现在，郅支才明白他已经走投无路，汉朝已经被他彻底得罪了。周边的小国被他欺负了个遍，也被他得罪了个遍。只能坐守穷城，做困兽之斗。

随着战斗进入白热化，郅支单于也披甲上阵，亲自站在城楼上指挥。单于的几十个阏氏也全部参战。在汉军的猛烈攻击下，郅支单于的老婆也死伤大半。

这时，康居王派了一万骑兵来支援郅支，这一万人分作十余处，在城外与城上的匈奴兵遥相呼应。他们还乘着夜色，多次向汉军营地发起攻击，但每次都很快被击退。

与其说是支援，更像是在表演，总共只有一万人，还分作十几处，平均每处才一千人。如果真想救援，应该集中兵力在主要方向上做重点攻击。

第二十八章 斩杀郅支——犯强汉者虽远必诛

康居人却反其道而行之，一万人分做十余处，看着处处都有人，很有声势，实际上处处薄弱，在任何一个方向都形不成优势，看着热闹，却不实用。康居人要的就是这个效果。

以郅支的所作所为，康居人不会真心救他。但如果不救，郅支要是真挺过来必然要报复康居。所以，表演式救援是最好的选择，只做出救援的姿态，既能敷衍郅支，又不至于得罪汉朝，两边都交代得过去。

战斗持续了整整一夜，天亮时，四面火起，汉军趁势猛攻，喊杀声震动天地。康居军见胜负已定，悄然退去。

汉军士兵推着攻城车靠近土城，然后从四面攻上城头，郅支单于率匈奴男女一百余人逃入王宫，汉军纵火焚烧王宫，士兵们争先恐后向里冲，郅支单于在战斗中身负重伤，不久即死于乱军之中。军侯假丞杜勋一刀砍下郅支单于的首级。汉军在王宫中搜出汉朝使臣的符节两个以及汉使谷吉等携带的书信。因为是联军作战，陈汤下令，所有财物，谁抢到就归谁，各国士兵于是一拥而上，抢夺战利品。此战，斩匈奴单于、阏氏、太子、名王以下一千五百一十八人，生擒一百四十五人，投降的有一千人。

陈汤在给皇帝的上疏中建议将郅支单于的首级悬挂在长安槁街蛮夷馆舍之间，以明示万里，犯强汉者虽远必诛！

槁街是长安的一条街，外国使者的馆舍都集中在这条街上。震慑的意味已经十分明显。

皇帝很高兴地接受了这个建议。斩杀郅支单于是汉匈战争以来，汉军第一次阵斩单于，这是前所未有的胜利！

消息传出，举国欢庆。

汉元帝特意为此告祠郊庙，向列祖列宗报告这个喜讯。汉朝为示庆贺，大赦天下。

有一个人听到郅支的死讯却是心情复杂，用史书的原话是，且喜且惧，用词相当贴切。这个且喜且惧的人就是南匈奴的呼韩邪单于。

喜的是昔日对手最终被干掉了，惧的是汉朝强盛的国力已经足以碾压任何敌人。即使匈奴不分裂也完全不是敌手。眼下只有做好汉朝的藩属才是最明智的。

呼韩邪单于主动上疏请求于明年正月入朝觐见天子。这距他上次入朝已经过去了十六年。

上次入朝觐见的还是汉宣帝，如今在位的已经是汉宣帝的儿子汉元帝。

竟宁元年（前33）正月，南匈奴呼韩邪单于来朝，并向汉朝求婚。汉元帝就将宫女王嫱下嫁单于。王嫱字昭君，不过是一个普通的宫女。这次远嫁也只是一次寻常的和亲。

昭君出塞，对历史的影响并不大。

相比之下，解忧公主的远嫁对汉朝开拓西域争取优势战胜匈奴有着不可估量的作用。

但昭君出塞的故事家喻户晓，解忧公主的事迹却鲜为人知。

区别仅在于宣传。经过文人骚客的渲染，演义小说的传播，王昭君成为各种戏曲的主角，在民间有着极高的知名度，后来还成为中国古代四大美女之一。

中国人夸美女的美貌最常用的词就是，沉鱼落雁，闭月羞花。

四组词隐含着四个典故，分别指代中国古代四大美人。

"沉鱼"说的是春秋时的越国美女西施。"落雁"，就是汉朝出塞远嫁的王昭君。"闭月"说的是东汉的美女貂蝉拜月的故事。"羞花"讲的则是唐朝贵妃杨玉环赏花的典故。

呼韩邪单于如愿抱得美人归。此后的数十年甘心做汉之藩属为汉守边。

送走外宾，接下来该自己人论功行赏了。

第二十八章 斩杀郅支——犯强汉者虽远必诛

汉元帝很欣赏甘延寿、陈汤万里远征击杀郅支的壮举，数万大军，深入敌境，擒斩敌酋，建万世之功，立不朽之勋，却不烦朝廷，实属难得。

汉元帝不必像当年的汉武帝那般，为与匈奴开战而运筹帷幄、殚精竭虑，从将领的选拔、部队的训练，再到军费的筹措，需要事事亲为，呕心沥血。他只要高居庙堂，坐享其成就可以了。

这么贴心的下属，哪个上级会不喜欢？

汉元帝很想重奖二人，但国家不是他一个人说了算的。尽管他是皇帝。

当时掌权的两个大臣，中书令石显与丞相匡衡，就对甘延寿、陈汤很有看法。

当初，甘延寿年轻时前途光明，那时的石显很想高攀，想把他的姐姐嫁给甘延寿，但遭到婉拒。石显为此怀恨在心，耿耿于怀。如今大权在握正是下黑手报复的时候。

而匡衡不知为何就是看陈汤不顺眼，总找他的麻烦。当然，陈汤自己也有把柄，他这个人优点突出，缺点也突出，最大的毛病就是贪财，而且不是一般的贪，只要是陈汤经手的钱就没有查得清的。

这次远征，陈汤以及他手下的那些人，全都发了横财。打匈奴是真打，趁机捞钱也是真的。战场缴获，大都进了他们私人的腰包。不用问，陈汤肯定是赚得最多的那个。

羡慕嫉妒恨的人任何时候都有，而在朝堂上，这种人尤其多，最见不得别人好。匡衡就属于这类人，再加上陈汤的把柄又多还特别明显。匡衡怎么肯放过这么好的整人机会。

两个权臣开始对两位功臣展开全力阻击。司隶校尉秉承上级的意思，对陈汤及其部下"多有关照"，于是很多陈汤的部下被关进大狱。逼得陈汤直接给皇帝上疏，直言有关部门这么干是在给郅支报仇。汉元帝对其中的缘故自然心知肚明，人家毕竟有功劳，顺便弄点好处也是人之常情。于是，皇帝亲自下令将被逮捕的官吏士兵全部释放，并令沿途郡县供应酒食。

等陈汤他们到了长安，好戏才开始。这次远征最大的缺点是矫诏。石显跟匡衡果然一上来就拿这个说事，他们的说法似乎也上得台面。他们说甘延寿、陈汤虽然有功，但矫诏在前，不杀他们已经是宽大了。如果给他们封侯赐土，那以后的人为立功受赏，肯定会滋生是非，给国家带来祸患。汉元帝很清楚这两人的真实想法，但又不好说破。他很想重赏甘延寿跟陈汤，可又不好当面驳两个权臣让他们下不来台，只得暂时将封赏之事压下。

但很快就有人上疏为陈汤说话，这个人就是刘向。说到他，人们的第一印象是，这是位学者。看看他编辑过的古籍，熟悉的如《战国策》《说苑》《列女传》等都是他编纂的。而他对中国古代文化的贡献还不止于此。先秦诸子的许多古籍，如果不是刘向的抢救性整理编辑，今天的人很可能就看不到了。《管子》《列子》《韩非子》《子华子》等诸子学说都是经过刘向的编辑才得以流传下来的。

他在元帝、成帝两朝十分活跃，但仕途却充满坎坷，一生三次入狱，几起几落，这点与他为之声援的陈汤倒是很像。

这两朝都是重用儒臣的时代，三公九卿几乎都是儒者，九卿非儒生不用，三公非学术大师不取。身为学者的刘向本来应该在这个时代大放异彩，可他的仕途却越走越窄，与所处的时代格格不入，原因在于他的身份，他不仅是学者还是宗室，而他这辈子最大的政治主张就是要求重用宗室压制外戚。只要有机会，他就在两位皇帝耳边念叨，搞得他们都对他敬而远之。

刘向政治生涯的顶峰是在汉元帝初年，他受到宣帝的托孤大臣萧望之的赏识，得到重用，出任管理宗室的宗正，同时担任给事中，这是个有权参与决策的内朝官。看似前途光明,然而,好景不长,器重他的萧望之在与石显等人的政治斗争中失败被杀,失去靠山的刘向也被罢官。

刘向之所以为陈汤鸣不平,也有与石显对抗的意思,敌人的敌人就是朋友,再加上他的书生意气,很有正义感,在旁人噤如寒蝉的时候,只有他敢站出来伸张正义。

而且作为饱学之士,刘向的理论功底好,他的奏疏观点明确,论据充分,论述流畅具有条理。

刘向还特别举了贰师将军李广利远征大宛的例子。当年李广利两征大宛劳师糜饷,历时数年,损兵折将,所得不足以偿所失。但武帝以万里征伐记功忘过,仍封侯录功。

刘向说,今康居之国,强于大宛,郅支之号,重于宛王,杀使者罪,甚于留马,而延寿、汤不烦汉士,不费斗粮,比于贰师,功德百之。

最后,刘向说为鼓励边塞将士报效国家,当宽其小过录其大功。

汉元帝原本也是打算给甘延寿、陈汤封侯,只是权臣阻挠,又苦于找不到理论依据。

刘向的奏疏上得恰到好处。

竟宁元年(前33)四月,汉元帝下诏封甘延寿为义成侯、陈汤为关内侯,食邑各三百户,加赐黄金百斤,晋升甘延寿为长水校尉,陈汤为射声校尉。

仅仅过了一个月,汉元帝刘奭病逝,汉成帝刘骜即位。

汉元帝在位时,中书令石显大权在握说一不二,丞相匡衡主动投靠,与之狼狈为奸。但汉成帝接班后,朝廷风向大变,匡衡知道汉成帝讨厌石显,就见风使舵落井下石,上疏弹劾石显,将他们一起干的那些坏事全归罪于石显。就在汉成帝发愁找什么理由收拾石显时,匡衡的奏疏就到了。

对汉成帝来说,匡衡的奏疏就好比三伏天送西瓜,因为眼下他需要的就是这个。于是，石显被贬为庶人赶出朝廷，不久就死了。

匡衡的这波操作生动地向大家展示了啥叫翻脸比翻书还快。

随后，匡衡又对陈汤下手了。

匡衡旧事重提，又拿陈汤远征期间私占缴获贪赃财货说事。汉成帝也很干脆，连辩护的机会都不给，直接将陈汤免官。

然而，讽刺的是，匡衡频频攻击陈汤的罪名是贪污受贿，但仅仅三年之后，匡衡也被罢官贬为庶人，所犯之罪也是私占田亩贪赃枉法。他攻击陈汤贪财，而实际上他比陈汤更贪。一个贪污犯举报别人贪赃，简直是贼喊捉贼。如果卑鄙的人读过书后变得更卑鄙，匡衡即是典型。

小人匡衡退场，而陈汤又迎来出场的机会。匡衡只是可耻的平庸官僚，但陈汤是有真本事的。

建始四年（前29），西域都护段会宗被乌孙兵围困，派人送奏疏，请求发敦煌兵救援。丞相王商、大将军王凤及文武百官商议几天仍讨论不出个结果。这时大将军王凤对汉成帝说，陈汤明习边事，可以找他来问问，也许他有办法。

这时的陈汤已被贬为平民却又受到皇帝的召见。他远征郅支时因路远气寒得了风湿病，两臂不能屈伸。汉成帝特意下旨免去叩拜之礼。

皇帝让人将求救的奏疏给陈汤看，征询他的意见。陈汤看过后，对皇帝说，您不必担心，都护不会有事。皇帝问其原因，陈汤说："胡兵五而当汉兵一。胡兵兵刃朴钝，弓弩不利。如今听说颇得汉巧，虽然如此，三个胡兵也勉强抵得上一名汉兵。《兵法》云：'客倍而主半，然后敌。'现在包围都护的胡兵数量上还不足以胜都护。因此臣才说，陛下勿忧！且步兵轻装日行五十里，携带辎重只能走三十里，即使发敦煌兵救援，时间上也来不及。这些兵只能报仇，却很难救急。"

皇帝又问：那你看这围何时可解？陈汤知道乌孙兵不过是一群乌合之众不能久攻，不过数日就会退走。就对皇帝说，老臣屈指计算，此时可能已经解围。以臣推算，不出五日，当有军报。第四天，朝廷果然收到军书，说包围已经解除。朝廷上下由此也对陈汤十分钦佩。大将军王凤启奏皇帝任用陈汤为从事中郎，军国大事如有疑难都要请教他。

　　之后，陈汤又几经大起大落，被下狱被发配，及至暮年，皇帝念及他昔日的功劳将他召回长安。不久，这位曾为国家立下奇功的将军终老于长安。

第二十九章

边关烽烟又起——匈奴再分南北

汉哀帝元寿二年（前1），匈奴单于与乌孙大昆弥同时来到长安朝觐天子。西域数十小国自王侯以至将相，凡三百七十六人，皆佩汉家印绶，时人以为荣，然而，这已是西汉最后的荣耀。

仅仅十年，江山易主。

始建国元年（9），疯狂的"复古主义者"王莽篡汉建立新朝。他的确够新潮。此公掌权后最喜欢干的事就是改名，从地名到官名，从中央到地方，从国内到国外，他都没放过，被他统统改了个遍，范围之广，频率之快，堪称古今之最。

王莽对匈奴的态度以及政策极具典型，很能说明他的执政能力跟执政水平。

早在王莽篡位前的元始二年（2），他就强令王昭君之女入朝，以往匈奴入侍都是自愿的，这是第一次被命令入侍，单于虽然不愿意，但本着息事宁人的想法就同意了王莽的要求。

西域的车师后王和婼羌王因不满王莽的乱折腾投奔匈奴，单于以宣帝时的约束封函为据对两王予以收容。当时汉匈约定，凡长城以南投奔匈奴者，匈奴不得收留。长城以北，匈奴可以自行决定。

但是王莽派出使者强行索要，单于再次妥协，将车师后王和婼羌王交出。但在交人之前，单于表示希望能对二人从宽发落，这两人毕竟是来投靠他的。对他们从轻处罚也是给单于面子，因为他交出两人已经表达出足够的诚意和对汉朝的恭顺。

但这个王莽完全不会为人处世，当众将两个叛王斩杀，一点都不给

第二十九章 边关烽烟又起——匈奴再分南北

单于留面子,事后王莽又收回了约束封函。

这还不算完,之前说过,王莽最热衷的是改名。他又派人到匈奴要单于改名,单于又一次选择服从,将名字囊知牙斯改成单名知。

始建国元年(9),王莽派人更换汉宣帝发给匈奴的单于玺印,改为新匈奴单于章。匈奴单于被降低了身份自然不高兴,要求换回原来的旧印,但使者告诉旧的已经被砸碎了,单于只好上表要求王莽重新做个匈奴单于玺给自己,王莽对此置之不理。单于也火了,随即以护送乌桓为名,屯兵十万于朔方塞下,表达对王莽的强烈不满。

始建国二年(10),匈奴单于为报复王莽,策应了车师的叛离,事情到了这一步其实还有挽回的余地,两家毕竟还没有真正兵戎相见,但王莽决心将愚蠢进行到底,又将匈奴单于改为降奴单于这一带有羞辱性的名字。单于就算再没文化,这么明显的贬低还是懂的。

做完这些还不算,王莽还准备来一场匈奴版的推恩令,同时准备一旦匈奴有异动就兵分十路进攻。

始建国三年(11),王莽企图以金钱吸引匈奴贵族来响应他的推恩令,可应者寥寥,原本他打算封十五个,最后只封了两个,右犁汗王栾提咸和儿子栾提助,分别封为孝单于和顺单于,栾提咸还派儿子入朝为质。

王莽的这一操作彻底激怒了单于。

匈奴对新朝宣战,理由却是为汉朝报仇,非宣帝后代岂可为天子?雁门、朔方太守被杀后,王莽正式开始推行他的十道并进计划,准备征发三十万士兵,十道并进,驱逐匈奴,但他的计划过于庞大,调动这么多部队,需要很长时间,因为驻地远近不同,有的部队已经抵达,有的还在路上。因为大军尚未到齐,先到的部队经常劫掠边民,庞大的战争需求当然要转给百姓,兵役劳役都不能少,部队尚未出征就已经搞得民不聊生。

始建国五年（13），匈奴单于栾提知去世，匈奴亲汉派王昭君的女婿栾提须卜当成为临时执政，他立之前被王莽封为孝单于的栾提咸为新单于，两国关系迎来了新的转机，由于栾提咸他儿子还在新朝当人质，加上他本人不愿大动干戈，遂于第二年也就是天凤元年（14）遣使讲和，为了表示诚意，栾提咸还将之前叛逃到匈奴的陈良、钟带送还，本来事情发展到这一步，和平可期，部队不用再远征，百姓也可获得安宁。

可是，王莽用实际行动告诉人们，如何在大好形势下，把事情办砸。王莽在下达部队返回原驻地的命令的同时，又下诏将匈奴改名恭奴，单于改为善于，此举又引发了新单于的不满。王莽对改名的执着已经近乎偏执，就算为此激怒邻国，挑起战争，也在所不惜。即使引发外交纠纷，即使令战火重燃，也要改名。

然而更离谱的是，单于在新朝的质子居然早就被王莽给杀了，这下栾提咸是真的怒了。

匈奴人重新开始袭击新朝边郡，王莽不得不再次下令调动军队前往前线，此后边境问题愈演愈烈，王莽却只在边境屯重兵，从未有过一次主动出击，直到新朝亡国，边军始终处于备战状态，既不能对外解决匈奴对边境的骚扰，也不能对内稳定秩序安抚百姓。

王莽没有平事的本事却有惹祸的"天分"。一手好牌被他打得稀烂。

新朝最终在地皇四年（23）为更始政权所取代，只存在了十四年。虽然新朝还来不及变旧即被推翻，但接替的更始政权时间更短，才维持两年多就土崩瓦解。

建武元年（25），刘秀称帝，东汉建立。

历史翻开新的一页。

王莽留下的烂摊子只能由刘秀来收拾。然而，刘秀也很忙。他在忙着进行统一战争。

刘秀是不喜欢战争的，书生出身的他更喜欢与儒生们谈经论道。但

第二十九章 边关烽烟又起——匈奴再分南北

乱世里已经容不下一张安静的书桌,刘秀不得已投入反抗王莽的战争之中,他讨厌战争却又不得不在战争中学习战争。

沧海横流方显英雄本色。

刘秀是那个时代最优秀的领导者。与他相比,他的对手就是一群菜鸟。流寇作风的赤眉军、土匪习气的更始军,纷纷败下阵来。对手虽弱,但架不住多,而且极其分散,北有投靠匈奴为虎作伥的卢芳,南有割据称帝野心勃勃的公孙述,陇右还有一个地方枭雄隗嚣,潼关以东则有一群活跃的小军阀。

等扫平各地军阀,已经是建武十四年(38),刘秀是真的厌倦了战争。但北方的匈奴却是他不得不正视的敌人。

因为此时的匈奴趁中原大乱频频南下抢掠,边患愈演愈烈。史载匈奴寇钞日盛,州郡不能禁。

于是就在国家初定的第二年,刚刚完成统一征尘未洗的汉军即出塞北上讨伐匈奴。

汉光武帝刘秀派大将吴汉率军出击匈奴却无功而返。汉廷不得已只好将雁门、代郡、上谷吏民六万余人迁徙到居庸关、常山关以东,以避胡寇。匈奴左贤王部乘势而进,转入塞内,为祸日深。

此时的汉军还不具备驱逐匈奴的实力,只能在沿边增兵固守,被动防御。

但转机很快就出现了。

匈奴内乱。

这次内乱与之前宣帝朝的匈奴大乱如出一辙,原因都是争位。

历史总是惊人的相似。

相同的剧情再次上演。

建武二十二年(46),匈奴单于舆死了。

这对汉朝是重大利好。因为就是这个单于舆,亲手挑起了汉匈之间的边境战争。他在位的二十八年，几乎年年闹腾，北方边境因此不得安宁，即使大白天也紧闭城门。

这个单于舆不仅为祸汉朝，也折腾自己人。即将发生的匈奴内乱可以说是此人一手埋下的隐患。

因为他破坏了规则。

匈奴自冒顿单于以来一直都是父子相承，中间只有伊稚斜单于是抢班夺权。

汉宣帝时，匈奴发生五单于争位，最后胜出的呼韩邪单于重新确立兄终弟及的规矩，并一直沿用，但到匈奴单于舆，这个规则被改变，因为他不想传位给弟弟，他想传给儿子。

匈奴单于舆的弟弟右谷蠡王知牙师按照政治顺序应当被立为左贤王。匈奴的传统单于的接班人是左贤王。所以，父子相承的时候，充当左贤王的都是单于的儿子。从呼韩邪单于开始，兄终弟及，于是左贤王的位置都是单于弟弟的。

单于舆为了让儿子乌达鞮侯顺利接班，干脆杀了弟弟知牙师。

这引起了前乌珠留单于的儿子右奥鞬日逐王比的不满，此时他正统率南边八部。得知知牙师被杀，日逐王比口出怨言："以兄弟言之，右谷蠡王当立；以子言之，我前单于长子，我当立。"此后，日逐王比就很少再去匈奴王庭。

乌达鞮侯单于也知道日逐王心有不满，派了两个骨都侯去日逐王那里监视他。乌达鞮侯单于不久就死了，他的弟弟左贤王蒲奴成为新单于。日逐王听说后更恨了，他想分出去单干，但又很清楚，靠自己的实力做不到，那就只剩下一条路了，当年呼韩邪单于走过的老路，投奔汉朝。

他秘密派人去见汉朝西河太守奉上匈奴地图请求内附。尽管日逐王的行动是秘密进行的，但监视他的两个骨都侯仍然觉察出了他的异动，便劝单于将其除掉。日逐王的弟弟渐将王正在单于帐下，听说了这个阴

第二十九章　边关烽烟又起——匈奴再分南北

谋,赶紧派人向哥哥告密,让他早做准备。日逐王收到情报立即集合其所统领的八部兵,共四万人,严阵以待,就等着两个骨都侯回来,就把这二人给杀了。两个骨都侯从王庭回来,在路上得知日逐王要杀他们,吓得直接跑了回去。

至此,双方算是彻底撕破脸。

单于派一万骑兵去讨伐日逐王,结果派去的人在路上就遇到了他。这些人看看日逐王身后的四万铁骑,啥都没说,拨转马头就回去了。

既然已经闹翻,那就干脆自立,匈奴八部大人共推日逐王比为单于,也称呼韩邪单于,向前辈致敬,同时派人至五原塞致书汉朝表示愿永为藩蔽,扞御北虏。

这标志着匈奴再度分裂,南北匈奴形成对峙。

光武帝刘秀召集大臣商议,该不该接受南匈奴的请降,与会者多数反对,只有五官中郎将耿国主张接受,理由简单却充分。有先例可依,宣帝朝故事,南匈奴呼韩邪单于入朝,从此北方不见烽烟数十年。接受的好处显而易见,那些反对者不过是秉承以往刘秀的习惯,之前刘秀多次婉拒西域诸国的内附,这些人想当然地以为这次也不例外,于是纷纷反对,本想顺着领导的意思,可是,他们打错了算盘。刘秀肯定了耿国的意见,接受了南匈奴的归附。这是光武帝刘秀在对外政策上做出的最正确的决定,真理往往掌握在少数人手里。多数人在多数时候不过随声附和陪位而已。

有了汉朝的支持,南匈奴有了底气,随即主动发起对北匈奴的进攻。

建武二十五年(49),南匈奴单于比派弟弟左贤王莫领兵一万攻击北匈奴单于蒲奴的弟弟左贤王建,南北左贤王激战的结果,南匈奴左贤王胜出并生擒北匈奴的左贤王。

战败的北匈奴向北逃窜,逃亡途中不停有人脱离队伍投奔南匈奴。

获胜后的南匈奴并没有得意忘形,他们很清楚,能打赢是因为背后有汉朝。

南匈奴呼韩邪单于主动派人诣阙贡献,请求朝廷派使者监护,并遣侍子入朝。这完全是复制当年呼韩邪单于的做法,也意味着南匈奴正式归顺汉朝。

第二年,朝廷派中郎将段郴、副校尉王郁出使南匈奴,助呼韩邪单于设立王庭,这里距汉军驻守的五原塞仅八十里。

此时的南匈奴与其说是助汉守边,还不如说是在汉军的庇护之下苟活求存。

汉使令单于伏拜受诏,呼韩邪单于犹豫很久,最后不得不向现实妥协,拜服称臣接受诏书。

呼韩邪单于随即被准许入居云中郡。为管理归附的南匈奴,刘秀特意设置了一个新职位——使匈奴中郎将,职责就是保护南匈奴,当然也有监督的意味在里面。这点汉匈双方心知肚明。

刘秀还定了一个新规矩,单于要定期遣子弟入侍,具体做法就是匈奴贵族子弟轮番到长安做人质,当然在这个过程中他们要学习汉朝的文化,接受汉朝的礼仪风俗。最高级的输出就是文化输出。接受汉朝文化的同时也必然建立起亲近汉朝的情感。

几十年后,当掌权的都是受过汉族文化教育的匈奴贵族时,双方交流起来就容易多了。这是汉光武帝刘秀布下的一条长线,效果会在未来的数十年里逐渐显现,这也是他的高明之处。

不久,南匈奴单于移居西河郡,所部诸王各率部众分驻朔方、五原、云中、定襄、雁门、代郡,为汉守边。

这下北匈奴单于慌了,他很清楚如果南匈奴与汉朝合兵,北匈奴完全不是对手,结果只能是重复之前那个北匈奴的老路,被赶到遥远的西方。搞不好,他的脑袋也会被"快递"到长安展览示众。

为了改善与汉朝的关系,北匈奴主动释放了很多被掳走的汉民以示善意，北匈奴的骑兵每每来到塞下，经过汉军驻守的亭候时，都会主动说明他们是冲南匈奴来的，可不敢冒犯汉朝。

北匈奴想离间南匈奴与汉朝，就遣使诣武威请求和亲，皇帝召集公卿廷议，讨论很久也讨论不出个结果。这时太子刘庄发言了，他说南匈奴新近归附，北匈奴惧怕我们出兵讨伐，才遣使求亲示好，这些都是做给南匈奴看的，如今不出兵加以征讨反而与北匈奴频繁往来，臣恐南匈奴单于不安，惶恐之余率众北归。到时，北匈奴见离间之计已成，也不会再卑辞请和。刘秀恍然大悟，同时也对太子刮目相看，赶紧派人告诉武威太守不见北使，令其阴谋不能得逞。

作为开国皇帝，刘秀十分勤政，经常工作到深夜。为此，太子劝他注意休息，刘秀说："我自乐此，不为疲也！"于是，一个新的成语"乐此不疲"被载入史册。

但长期的超负荷工作透支了他的身体，建武中元二年（57），刘秀在洛阳病逝，享年六十二岁。他这辈子做了很多事，为儿子留下了一个欣欣向荣的大汉。

只有匈奴是个例外。刘秀到死也未能彻底解决匈奴问题，这个难题只能留给他的儿子。

好在即位的汉明帝是东汉为数不多的明君。

经过几十年的与民休息，汉朝再度繁荣起来，真正实现了中兴。

盛世的缔造者就是汉明帝刘庄跟他的儿子汉章帝刘炟，史称"明章之治"。而主要的功绩要记在汉明帝身上，因为他在位的时间更长，做出的贡献更大。

而汉明帝对外的最大成就即是对嚣张已久的北匈奴发起反击。

随着国力的恢复，以及北匈奴对边境的袭扰变本加厉，汉明帝知道，是时候发动反攻了。

第三十章

大军出塞——勒石燕然追亡逐北

永平十五年（72）冬，赋闲在家已有十年的河西豪族子弟窦固接到了朝廷的诏书，令他即刻启程前往长安，皇帝要召见他。

窦固是东汉开国功臣河西豪族窦融的侄子。窦融在两汉之际很识时务地率河西各郡早早归附刘秀，在关键时刻力挺光武帝成为窦氏最大的政治资本。窦融也因此受到刘秀的特别优待，在很多方面的礼遇甚至超过追随刘秀的勋旧功臣。

刘秀还在世时，窦氏一门已是"一公、两侯、三公主、四两千石相与并时，自祖及孙，官府邸第相望于京邑"的顶级政治豪门。

"一公"是曾任三公之一大司空的窦融；"两侯"其中之一也是指受封安丰侯的窦融，另一个则是窦融的弟弟被封为显亲侯的窦友；"三公主"说的是下嫁给窦氏的三位公主，刘秀的女儿内黄公主嫁给窦融的长子窦穆；东海王刘强的女儿沘阳公主嫁给窦穆的儿子窦勋；刘秀的女儿涅阳公主嫁给窦友的儿子窦固。

有如此强势的背景，加上窦融对子弟的教育相当失败，窦融年老之后，子孙们便免不了仗势欺人肆意妄为。他的侄子护羌校尉窦林在任期间贪赃不法，罪至欺君；儿子窦穆则"交通轻薄，属托郡县，干乱政事"。更有甚者，为了控制封地安丰所在的六安国，他甚至假托皇太后阴丽华的诏令，令六安侯刘盱休妻，然后将自己的女儿嫁给刘盱。

刘盱被休的妻子上书告状。汉明帝得知后将窦氏一门子弟尽数罢黜，除窦融外一律遣归本郡！

窦氏只剩下年近八十的窦融一人留在京师，晚景凄凉。不到一年，他就去世了。

窦融死后，汉明帝特意派了一个谒者"监护其家"，也就是监视。数年后，这位谒者上奏，窦穆父子失势之后"怨望"出言不满。怨望在古代是大罪。窦氏再次被遣归故郡。只有窦穆的儿子窦勋因为妻子沘阳公主才得以留在京师。

不久，窦穆又因"赂遗小吏"而被捕，死在狱中。他的儿子窦宣与留在洛阳的窦勋也受牵连而死。至此，窦氏一门就只剩下娶了涅阳公主的窦固这支尚存。

皇帝之所以召见窦固，是因为他自幼长在河西，熟悉边事。同时被召见的还有耿忠、耿秉，他们也是功臣子弟，东汉豪门耿氏。

以战功而论，耿氏要大大超过窦氏。不过，论与皇室的亲密程度，前者就远远不如后者了。

耿忠的父亲就是开国功臣名将耿弇，他在云台二十八将中位列第四。

窦氏、耿氏都是东汉将门，不过窦氏长期得宠靠的是裙带关系，真正以战功显赫的是耿氏。

这两家在战场上经常以组合的方式出现，通常的模式是窦家人担任名义上的主帅，而实际担当主将冲锋陷阵的则是耿家将。

众所周知，刘秀虽起兵于南阳，但是真正的龙兴之地是河北。

而助刘秀平定关东的功臣之一就是耿弇，从他在云台二十八将的排名就可见他在功臣之中的地位。耿弇率领的幽州突骑在中原战场上狂飙突进所向披靡。在耿弇的成名战平定齐地张步的战斗中，耿弇以少胜多，仅凭数万燕赵之兵十日之内便击溃张步的二十万大军。因双方兵力悬殊，战前刘秀对此战都未抱多大希望，想不到耿弇给了他一个意外的惊喜。刘秀情不自禁地夸赞耿弇，说你之前对我说到这个计划，我还有些担心，想不到你真的做到了，真是有志者事竟成。

是的，刘秀又贡献了一个成语，而主角就是耿弇。

耿家是真正的将门，代代出英雄。

刘秀进入河北，上谷太守耿况力挺他。而在耿况选定刘秀之前，其长子耿弇就已追随在刘秀左右。

耿况有六个儿子，长子耿弇、二子耿舒、三子耿国、四子耿广、五子耿举、六子耿霸。

耿氏第一代耿况受封喻糜侯，第二代长子耿弇封好畤侯、二子耿舒封牟平侯、六子耿霸袭爵喻糜侯。到第三代又增加两个侯爵，三子耿国的两个儿子，耿秉封美阳侯，耿夔封粟邑侯。

东汉之世，耿氏一门十九侯，出了两位大将军、九位将军。耿氏家族仅爵位就有六个：喻糜侯、好畤侯、牟平侯、隆虑侯、美阳侯、粟邑侯。此外还有三位子弟尚公主：耿舒之子耿袭娶汉明帝女儿隆虑公主，耿弇之孙耿良娶汉安帝之妹濮阳公主，耿霸的玄孙耿援娶汉桓帝之妹长社公主。

耿氏第三代的耿忠、耿秉、耿夔、耿恭将延续父祖的荣光，在不久之后对阵匈奴的战场上大放异彩。

实际上，真正明习边事的是耿秉，最早建议汉明帝对匈奴用兵的就是耿秉，为此，他一再上疏建言献策。

在最高国防会议上，耿秉当仁不让，侃侃而谈："当年匈奴之所以猖狂，跋扈难制，在于北方游牧部落多归其驱使，所以很难对付。汉武帝运筹帷幄决胜千里，遣霍去病取河西置四郡，卫青复河南地设朔方，肥饶之地尽归汉朝，羌、胡分离；匈奴所恃者唯有西域，不久亦为汉有，汉匈强弱悬殊，才有呼韩邪单于款塞入朝。今匈奴亦分南北，情势相通；所不同者，西域尚未内属。臣以为当先击白山，得伊吾，破车师，通使乌孙诸国以断匈奴右臂；然后匈奴可击。"

也有朝臣建言认为出兵白山，匈奴必举兵相助，当多路出击，击其东面，分其兵势，以为牵制。

第三十章 大军出塞——勒石燕然追亡逐北

汉明帝从谏如流，对以上建议全部采纳，多路出击，北伐匈奴，就这么定了。

当时出席会议的还有驻守辽东的名将太仆祭肜以及马援之子虎贲中郎将马廖等人。东汉最能打的将领基本都到齐了。

方案已定，散会，开打。

永平十六年（73）二月，汉军出塞，兵分四路，征讨匈奴。

四路汉军分为东、西两个攻击方向。

东路军以太仆祭肜、度辽将军吴棠率河东、西河羌胡及南匈奴兵一万一千骑出高阙塞，这一路是助攻，任务是牵制北匈奴单于本部；骑都尉来苗、护乌桓校尉文穆将太原、雁门、代郡、上谷、渔阳、右北平、定襄郡兵及乌桓、鲜卑兵一万一千骑出平城塞，这一路也是助攻，目标是牵制北匈奴左贤王部。

而此役的主攻方向是西北，西路军以奉车都尉窦固、骑都尉耿忠率酒泉、敦煌、张掖甲卒及卢水羌、胡一万二千骑出酒泉塞，驸马都尉耿秉、骑都尉秦彭率武威、陇西、天水郡兵及羌、胡一万骑出张掖居延塞。这两路汉军才是主攻，他们的目的是杀出一条血路，打通从河西前往西域的战略通道。

窦固、耿忠率军进至天山，遇北匈奴呼衍王，一场混战将其击溃，斩首千余，一路追到蒲类海，夺取伊吾卢，而后在当地设宜禾都尉，留兵屯田伊吾卢城（今新疆哈密西北四堡）。单纯看这场战斗，斩获不多，战果也不大。但那也要看怎么比，相较于其他几路，窦固这路已经是收获最大的了。

因为其他三路的战绩还不如窦固。这三路是怎么去的就怎么回来的。

祭肜与南匈奴左贤王信不和，祭肜在此之前做了三十年的辽东太守，平时主要的工作就是跟匈奴、乌桓、鲜卑作战，而匈奴左贤王的地盘对应的就是祭肜的防区。估计那些年这个左贤王没少被祭肜收拾，而他们这路的向导就是左贤王，毕竟这里曾是他的地盘，路熟。此时正是下黑手的时候，当然他是不敢加害祭肜，但他的办法也够损，故意走错路。大军出高阙塞九百里，前面见到一座不知名的小山，左贤王骗祭肜说这就是涿邪山。祭肜从未到过涿邪山信以为真，因为涿邪山位于匈奴腹地，祭肜认为已经走了这么远，还不见匈奴主力，于是只好率军返回。事后，祭肜才知上当，朝廷以祭肜怯懦不前逗留不进将其逮捕下狱。征战沙场数十年的祭肜想不到最后一战竟如此憋屈，受不了这个打击，出狱后吐血而亡。

这个场景与当年汉武帝首次派兵出塞何其相似，都是四路出击，都是只有一路建功，上次立功进而脱颖而出的是卫青，这次是窦固。

永平十七年（74）十一月，奉车都尉窦固、驸马都尉耿秉、骑都尉刘张率军一万四千人出敦煌昆仑塞再次出击西域。

虽然三人都是都尉，但只有窦固是主帅，因为就在出发之前，他们的兵符被汉明帝收回，被要求统一接受窦固的指挥。

汉明帝这么做也是有原因的，目的就是防止耿秉不听调遣。君臣相处多年，他还是很了解这位将军的。耿秉熟读兵书，好谈兵略，平时经常就边事上疏，特别是关于匈奴的，他比谁都积极。很多涉及匈奴的国策，汉明帝都要咨询他。相比赋闲在家十多年的窦固，耿秉更适合做出征匈奴的主帅，反正耿秉自己是这么想的，对窦固这位上级并不是很服气。

汉明帝正是清楚这一点才特意这么安排，可他还是低估了耿秉。

大军此行的目的是车师。之前已经介绍过，车师地处西域北道的枢纽，汉军要进入西域，走北道必经车师。相比于南道，北道的车师距匈奴更近，因而在很长的时间里车师都被匈奴控制，然而，车师也是汉军必须要争取的。早在汉武帝时代，汉匈双方就为争夺车师大打出手反复拉锯。如今，历史再次重演。

但在具体作战计划上，窦固与耿秉却产生分歧，车师分为前国与后国，至于为何分家，前文已经说明，完全是汉匈争夺的结果。

为先打前国还是先打后国，窦固与耿秉各执己见互不相让，窦固认为车师前国距离相对更近，实力也更弱，应该先打它。耿秉说正是因为后国实力强，所以才要先打。只要打败后国，前国就会不战而降，所以，打车师后国是事半功倍。如果照窦固的打法，先打前国，虽然容易，但还要打后国，两个国家都要打，看似先弱后强，实则耗时更多，事倍功半，因此坚决不同意窦固的主张。

汉明帝以为把指挥权交给窦固就能让耿秉听话，他实在是小瞧了这位将门虎子。

就在窦固拿不定主意左右为难，不知如何决策之时，突然得到消息，耿秉率领自己的部队已经先行出发。耿秉的目标当然是他"心心念念"的车师后国。

事已至此，窦固只能率军随后跟进。战场上于是出现一幕奇景，主帅被不服从指挥的副将调动，后者俨然已经成为实际上的主帅。

在寻常情况下，主帅这时完全可以将不听将令擅自行动的副将军法从事，甚至斩首。但面对耿秉的公然抗令，窦固却没有任何办法。耿秉敢抗令私自行动，当然是有原因的，因为人家是功臣世家，本人又得到皇帝宠信，所以才这么有底气。换成别人敢这么干，直接就被处死了。

窦固拿耿秉没辙也是同样的原因。两家都是政治豪门，又都是功臣子弟，出身相同，背景相似，又世代同朝为官，只能放任，由着耿秉自由行动。

耿秉敢于不听号令而单独行动，也是因为他有足够的自信，他坚信自己是对的。而事实也证明了这一点。

耿秉率所部直扑车师后国，大败车师，斩首数千。车师后王安得被汉军的雷霆攻势完全吓傻了，惊恐之下，亲自出门迎降，来到耿秉的马前脱帽行礼，抱住他的马腿表示投降。耿秉带着投降的车师后王去见窦固，车师前王闻讯，果如耿秉所料，不敢抵抗，当即请降，车师平定，汉军大胜而还。

汉和帝永元元年（89）六月，车骑将军窦宪、执金吾耿秉再次率军出塞北征匈奴。

此时距上次出征已经过去了十多年。

皇帝从汉明帝变成汉和帝。

领兵的主帅也从窦固变成窦宪。

不变的是耿秉。

他依旧奋战在最前线，依旧渴望杀敌立功。年华老去，青春不再，朝堂上一代新人换旧人，只有他还在那里，他的血依然是热的。

领兵的窦宪也是不能不提的，虽然他只是名义上的男主，但还是有必要介绍一下他。

窦宪是窦勋的儿子，一个典型的纨绔子弟，所有高干子弟有的毛病他都有。整日里吃喝嫖赌，胡作非为，俨然就是京城一霸，连公主的庄田他都敢抢，别人就更不用说了。

当然，窦宪如此肆意妄为也是有资本的，因为他的姐姐窦皇后很得宠，汉章帝很喜欢窦宪的姐姐窦皇后，所谓后宫粉黛三千人，三千宠爱在一身。

出征之前，汉章帝刚刚去世，即位的汉和帝只有十岁，还是个孩子。大权掌握在窦宪的姐姐窦太后手里。窦氏也达到了权力的顶峰。嚣张是可以升级的，窦宪于是开始花式作死，他派人将宗室刘畅刺杀，动机仅仅是怕人家分走他的权力蛋糕。在京城公然杀人，杀的还是皇亲。窦太后很生气，但后果不严重。为了表示"执法公平"，窦太后决定"严惩"杀人犯窦宪，将其关了禁闭，果然"很公平"。

但显然仅仅关禁闭是远远不够的，为堵众人之口，窦宪主动上疏要

第三十章 大军出塞——勒石燕然追亡逐北

求率军征讨匈奴戴罪立功。他的上疏"很合理地得到批准"。

因此，这次出征窦宪是戴罪之身。显然一个只会吃喝玩乐的纨绔子弟是不具备指挥作战尤其是指挥大兵团长途远征的能力的。

窦宪只是名义上的主帅，实际的指挥者是耿秉。

按照汉军的传统，这次出塞也是兵分多路。

窦宪、耿秉率八千骑与南匈奴左谷蠡王师子的一万骑出朔方郡鸡鹿塞，这一路是主力，也最为精锐。汉军的中央军北军五校以及黎阳营、雍营精兵都在这支部队，堪称豪华配置。

主力当然是主攻。另外还有两路助攻。南匈奴单于屯屠何率骑兵一万出五原郡满夷谷。度辽将军邓鸿率羌胡骑兵八千与南匈奴左贤王安国的一万骑兵出五原郡稒阳塞。

三路大军，分进合击，目标直指北匈奴单于的王庭所在涿邪山。

出塞不久，汉军得到情报，北单于不在涿邪山，已经向东转移到东面的稽落山。

敌变我变，汉军迅速调整部署，以校尉阎盘，司马耿夔、耿谭率南匈奴兵一万为先锋在前开路，车骑将军窦宪、征西将军耿秉率汉军主力随后跟进。大军调转方向杀奔稽落山。

因为有南匈奴兵带路，不用担心迷失方向。汉军的突然出现令北匈奴猝不及防，双方随即混战在一起，已失先机的北匈奴只能被动应战，就在两军杀作一团彼此胶着之际，汉军主力赶到，随着八千汉军精锐投入战斗，北匈奴彻底崩溃。北匈奴单于率少数部下逃跑。窦宪、耿秉率军在后紧追。

在追击的途中，窦宪、耿秉登上燕然山，并命随军的班固做《封燕然山铭》，刻石勒功，纪汉威德。

封狼居胥，勒石燕然，从此成为中国军人的至高荣誉。

稽落山之战，汉军长途远征出塞三千里，斩杀北匈奴名王以下一万三千人，缴获牛马羊驼百余万只。此战过后，北匈奴土崩瓦解，各部纷纷南下投降。捷报传到洛阳，窦太后立即派人前往五原在军前拜窦宪为大将军。耿秉也因战功受封美阳侯，戎马一生，及至暮年终于封侯得偿所愿。

窦宪在班师之前派部将梁讽寻找北匈奴单于，自己则率大军回到五原郡休整。而这次梁讽追寻北匈奴单于的目的不是交战而是劝降，所以不是追击而是追寻。经过漫长而又艰辛的寻找，梁讽终于在北海西北的西海找到了失魂落魄逃到这里避难的北匈奴单于。

劝降异乎寻常地顺利，待梁讽说明来意，北匈奴单于想都没想就答应了。原因也很简单，投降是现在北匈奴最好的出路。

稽落山之战已经将北匈奴最后的一点家底给打光了。更现实的一点是，匈奴人是很务实的民族。经过这一战，他们对与汉军作战已经彻底失去信心，意志动摇，都不用汉军劝降，纷纷组团南下投降南匈奴。因为南匈奴能得到汉朝的敞开式援助，跟着南匈奴有肉吃，这比跟着北匈奴在荒凉的漠北喝西北风好太多了。

北匈奴单于对自己的处境也是心知肚明。其实打仗死的人并不多，更多的是抛弃他逃跑的。

如果继续与汉军对抗，等待他的只有灭亡。而如果继续逃亡，照目前这个人员流失速度，不用多久，他就会沦为光杆司令。趁现在手下还未跑光，还有点讨价还价的资本，赶紧投诚还能卖个好价钱。所以，对北匈奴单于来说，投降是他最好的选择。

北匈奴单于当即派自己的弟弟随梁讽入朝。可是，窦宪对这个结果很不满意。都到这个时候了，北匈奴单于居然还不肯亲自来。窦宪认为北匈奴没有诚意，将人打发回去，然后在边塞整训军队，准备再度出征。

北匈奴单于这下慌了，赶紧又派人来，说自己愿意入朝觐见天子，时间由您定，一切全凭您的安排。

对北匈奴的这个态度，窦宪很满意，这才叫有诚意的表现嘛。

北匈奴单于终于认输，可是他已经没有机会了。

虽然汉朝看在北匈奴认罪态度好，一度打算罢兵休战，但南匈奴可不这么想。

说起打北匈奴，南匈奴比汉朝还积极。都不用汉朝吩咐，南匈奴人自己就带上弓箭奔着北匈奴人去了。虽然为援助南匈奴花的钱有点多，但效果是不错的，这钱花得真值！

投降，想得美。南匈奴很清楚，北匈奴降汉就意味着获得喘息的机会，等对方兵强马壮势必会卷土重来，所以，不能给北匈奴投降的机会。就算汉朝同意，南匈奴也不答应。趁你病要你命，这就是南匈奴人此刻的真实想法。

永元二年（90）十月，南匈奴八千骑兵出鸡鹿塞长途奔袭北匈奴。

在一个寒风呼啸的夜晚，八千南匈奴骑兵借着夜色杀至北匈奴的营地，迅速对其形成合围。黑夜里，突然之间，营地周边喊杀声四起，南匈奴骑兵对北匈奴发起猛烈攻击。缺乏准备的北匈奴人还未搞清状况就被砍倒一片。经过一夜血战，南匈奴骑兵斩首八千，俘虏数千，大获全胜。

北匈奴单于身负重伤只身逃走，只有少量亲兵跟随左右，部众大部失散，连老婆都做了俘虏，真是要多狼狈就有多狼狈。

北匈奴被南匈奴、汉军连续暴击，被打得只剩一口气了。

窦宪觉得不如趁此机会彻底搞定北匈奴，一劳永逸。

永元三年（91）二月，还未从上次南匈奴的暴击中缓过来的北匈奴又迎来第三轮暴击。大将军窦宪派左校尉耿夔、司马任尚率军出居延塞，长途奔袭，出塞五千里，在金微山再次将北匈奴主力合围。汉军从未如此深入，战果也对得起这次远征，汉军大胜，连单于的母亲都做了俘虏，北匈奴被斩杀五千多人。单于再次遁逃，不知所终。

第三十一章

喋血孤城——十三壮士归玉门

在两百多年的汉匈战争里，发生过许多可歌可泣的故事，也涌现出许多舍生忘死保家卫国的英雄。

而在东汉与匈奴的战争中，有一位英雄是必须要说的，他率数百疲困之兵守塞外孤悬之城，当匈奴之冲，对数万之众，连月逾年，竭尽心力，凿山为井，煮弩为粮，虽历尽艰难而心志更坚，杀胡虏以千计，以十三壮士归玉门，千里转战，终不辱命。

他就是汉朝军魂耿恭，汉朝的大英雄。

永平十七年（74）冬，窦固、耿秉征服车师之后，当即上奏朝廷在西域重设都护府，以陈睦为都护驻乌垒城，耿恭为戊校尉守天山北侧车师后王部金蒲城，保护从天山通往北匈奴的通道，关宠为己校尉驻天山南侧车师前王部柳中城，两部校尉互为声援，南北呼应。

车师是汉军进兵西域的必经之地，当年汉匈为争夺车师反复拉锯，以至于将车师一分为二各据一半，时至今日，争夺依旧激烈。

北匈奴自然不甘心将车师拱手相让，而汉军虽勇却不能久留的缺点令匈奴人有机可乘。

第二年春天，匈奴人卷土重来。

二月，汉军主力班师撤走。

三月，匈奴人就"气势汹汹"地杀回来了。

很明显，匈奴人是瞅准时机才来的。打不过汉军的大部队，只能躲着走。但对付汉军的留守部队，他们还是很有信心的。自信的原因在于兵力，此时汉军在西域的驻军分别驻守三城，每处不过千人。而匈奴这次来了两万人,总兵力是西域汉军的十倍。如果匈奴集中兵力进攻一城,那双方的人数差距就不只十倍,而是将近二十倍。

匈奴人即使再笨,这么简单的数学题还是会算的。于是,匈奴人信心满满地来抢地盘了。

北匈奴单于派左鹿蠡王率两万骑兵杀奔车师而来。耿恭听说后,分兵三百派部下率领前去救援。对方有两万人,但耿恭派出的援兵只有三百,不是他不想派更多,而是他也仅有数百士兵,三百人已经是他的极限了。

车师要救援,金蒲城也要守。耿恭面临的是两难的选择。在远离大后方,缺乏兵力补充,补给困难的西域,每一个士兵都是宝贵的。

前去救援车师的这支汉军小部队在路上与匈奴主力遭遇,力量悬殊,结果已定,但汉军依然勇敢地冲上去与数量是他们几十倍的匈奴人搏斗,最后三百汉兵全部战死,虽然他们未达成任务,但已经尽到了自己的职责。他们都是英雄!他们用自己的鲜血正告匈奴人,汉朝不可欺!

匈奴人随即攻破车师,杀车师后王安得,转而进攻耿恭驻守的金蒲城。

面对城下黑压压一片的匈奴人,耿恭知道不能硬拼,自己手下只有几百人,就算一个换十个,也撑不住,只能智取,以计取胜。

沉思片刻,计上心来。耿恭在箭矢上涂满毒药,然后举起对城下的匈奴兵大喊,汉家神箭,中箭者必死。言罢,左右张弓搭箭对准匈奴人乱箭齐发,不少匈奴人中箭,伤口果然溃烂,这下匈奴人真的害怕了,赶紧撤退。

吓退匈奴兵后,耿恭并未掉以轻心,他知道匈奴人很快就会杀回来,而小小的金蒲城是承受不住数万人的持续猛攻的。

六月,耿恭率军转移到更小但更险的地处天山北麓的疏勒城(今新疆奇台县),这里距关宠据守的柳中城更近,尽管此时他们彼此很难相互支援，但能靠得友军更近些心里也踏实。

疏勒城是一个险固的军事要塞，建在险峻的山嘴上，南北长三百八十米，东西宽二百八十米，东南是悬崖峭壁，西北建有城墙马面，城外挖有壕沟，还有河流经过作为天然的护城河。这是一座小而坚险牢固，占尽地利，易守难攻的城池。

耿恭的选择是对的，正是这个选择让他能在数十倍敌人的长期围攻之下坚持下去。

七月，匈奴人果然去而复返，大举围攻疏勒城。这时耿恭选择的正确性显露出来。匈奴兵虽多，但疏勒城居高临下，东南是难以攀爬的悬崖，只有西北两面可以进攻，而城前又有河水相阻，兵力虽多也施展不开。汉军占据地利，虽然人少但依托优势地形，加上汉军训练有素坚甲利兵，一汉当五胡，对付本就不擅攻城的匈奴人依然绰绰有余。

汉军据险而守，耿恭指挥有方，只要补给充足，守上一年半载完全不是问题。但补给却是汉军最大的难题。

首先就是水源，疏勒城虽是依山傍水而建，但河水在城外。此时，耿恭分不出多余的兵力去守城外的水源。

疏勒城建在高地上，这么做虽然能占据地利，却也有缺点，那就是水源要靠城外，因为水往低处流，建在高山上的城池最大的短处就是缺水。

多次攻城失败后的匈奴人很快就意识到了这一点，他们切断了城外的水源。

汉军守城以来最大的危机出现了。水是生命之源，缺水是要命的。

一百多年后，蜀汉参军马谡防守街亭，也是想占据地利将部队拉上山，结果被魏军封锁水源，不到一天即全军崩溃。缺水比断粮更危险。但城出不去，耿恭就带人在城内挖井。

要知道，汉族是农耕民族，从会种地起就会挖井，汉人挖井的技术可以说举世罕有其比。但技术好归技术好,能不能出水要看天意。

汉军口渴难忍,挖出的井却迟迟不出水。耿恭亲自下井,井深已足足有十五丈深仍不见一滴水。

耿恭整理衣冠在井口跪拜,向天祈祷,请求上天庇佑,以救全城士兵。

祷告完毕,不多时,泉水奔涌。士兵们沸腾踊跃高呼万岁。

耿恭特意让人站在城头泼水给匈奴人看,那意思也很明确,咱们城中有的是水,怕你们不信,洒给你们瞧瞧!

匈奴人看得目瞪口呆,知道白忙了,悻悻而归。

就在汉军再次挫败匈奴人的攻势时,八月,帝都洛阳却传出明帝驾崩的消息。

十一月,焉耆、龟兹眼见汉军孤弱,匈奴势盛,纷纷反叛,勾结匈奴围攻汉军西域都护陈睦。关宠也被匈奴兵围困在柳中城。与此同时,车师降而复叛,追随匈奴围攻耿恭。西域形势遽然大变,对汉军很不利。三城汉军被数量占优的敌人分别包围,只能各自为战。

更糟的是,此时正值国丧,不便发兵。且西域距中原万里之遥,就算朝廷能及时出兵,即使救兵昼夜兼程来援,只怕也是远水难救近火。

这意味着西域汉军只能靠自己,而敌我兵力对比悬殊,三城汉军都在与多于自己十倍的敌人孤军苦战。

这种苦战注定难以持久,果然,不久就传来都护陈睦战死的消息。

疏勒城的情况也不乐观,耿恭率领将士昼夜苦战,数月血战下来,士兵伤亡殆尽,数百同袍仅剩数十伤兵。粮食早已吃光,将士们就将铠甲弓弩上的皮甲筋革煮熟来吃。耿恭与部下将士生死与共不离不弃,重重围困之中的疏勒城头上仍插着汉朝的旗帜。

匈奴人也很清楚此时城中汉军的处境,于是,单于派人招降,表示只要肯降,便封以王妻以女,享受富贵。

耿恭知道必须用狠招，要让匈奴人永远记住自己。事实证明，他做到了。

就在城上，耿恭当着城下数以万计的匈奴人的面亲手格杀劝降使者，并当众将其肢解用火烤着吃。这一幕场景深深震撼了在场的每一个人。匈奴人愤怒了，他们再次拼命攻城，可是在汉军的顽强坚守下，他们只留下堆积如山的尸体，却始终攻不进仅有数十汉兵坚守的孤城。

一千年后，一位将军将这幕场景写进自己的词中，从此流传后世。这位将军就是岳飞，他写的这首词即是著名的《满江红》，其中，"壮志饥餐胡虏肉，笑谈渴饮匈奴血"说的就是耿恭。

就在耿恭率部浴血苦战之时，关宠派出的求援使者历尽千辛万苦终于赶到洛阳。

新即位的汉章帝召集公卿百官商议，司空第五伦认为不应救，至于为何不救，未见记载不得而知，但显然这个主张相当混蛋。这时，司徒鲍昱站出来说，必须救，一定要救。他说出了自己的理由。

鲍昱说："今使人于危难之地，急而弃之，外则纵蛮夷之暴，内则伤死难之臣，诚令权时，后无边事可也。匈奴如复犯塞为寇，陛下将何以使将！又二部兵人裁各数十，匈奴围之，历旬不下，是其寡弱力尽之效也。可令敦煌、酒泉太守各将精骑二千，多其幡帜，倍道兼行以赴其急；匈奴疲极之兵，必不敢当，四十日间足还入塞。"

司徒的话说得很明白，西域两校尉兵不过数十人，匈奴以数万之众却久攻不下，足以说明汉军将士尽心竭力忠于职守。如此忠勇之士，却抛弃他们不去救援，寒的是天下将士的心。要是今后再有战事，谁还会为你出力报效。这个道理不难明白，汉章帝自然懂，于是当即下令，发兵救援。

朝廷派征西将军耿秉率军屯兵酒泉，为各军后援，同时派遣酒泉太守段彭与谒者王蒙、皇甫援发张掖、酒泉、敦煌三郡及鄯善兵合计七千人西进援救关宠、耿恭两部汉军。酒泉太守段彭等率军击败车师，攻下交河城，斩首三千八百级。北匈奴不敢抵挡，向北遁逃，车师复降。但这时柳中城已经失陷，关宠阵亡。朝廷派来的谒者王蒙等人这就准备带兵返回。这时耿恭的部下范羌受命回河西领取冬装正在军中，坚决反对，再三请求发兵迎回耿恭。但军中诸将都不敢深入，于是就分兵两千交给范羌让他自己去。

当时正是冬天，寒冬大雪，雪深一丈有余，路险且远，要在这时翻越崎岖陡峭的天山，难度可想而知。这支两千人的汉军也不知走了多久，终于在一个深冬的寒夜来到疏勒城下，城中夜闻兵马声，以为匈奴人来袭，都很震惊，因为这时他们已经筋疲力尽，再也组织不起防守。范羌怕城中人误会，相距还很远便大声呼喊起来："我是范羌，朝廷派大军来迎校尉。"声音在黑夜里传出很远，城中守军高呼万岁，随即打开城门，迎接援兵进城。

两军胜利会师，此情此景，令人动容。大家相拥而泣。他们终于盼来了日思夜想的援兵。

第二天，大军起程东归。匈奴人得到情报赶来追击，汉军且战且走。长期的艰苦作战加上营养不良，这些人的身体十分虚弱，从疏勒城出发时，还有二十六人，一路之上病亡相继，等三月走到玉门关仅剩十三人，这些幸存下来的人也全都衣屦穿决，形容枯槁。中郎将郑众亲自为这些劳苦功高的将士安排洗沐，换上崭新的衣冠，并上疏为他们请功。

郑众在奏疏中写道："恭以单兵守孤城，当匈奴数万之众，连月逾年，心力困尽，凿山为井，煮弩为粮，前后杀伤丑虏数百千计，卒全忠勇，不为大汉耻，宜蒙显爵，以厉将帅。"

耿恭回到洛阳，被拜为骑都尉，其余将士也各有封赏。

在汉代，中国人有了强烈的国家意识，同时也有了强烈的国家认同感与国家责任感。正因如此，为国效力，甘愿为国赴汤蹈火也成为汉人的坚定信念。

《后汉书》的作者范晔将耿恭与苏武并列，足以说明一切，前汉有苏武、后汉有耿恭！

范晔感慨道："余初读《苏武传》，感其茹毛穷海，不为大汉羞。后览耿恭疏勒之事，喟然不觉涕之无从。嗟哉，义重于生，以至是乎！"

第三十二章

威震四方——定远侯班超重开西域

一个人的能力可以有多强？班超用成绩告诉你。

永平十六年（73）的远征吹响汉军重返西域的号角。汉军大败匈奴征服车师重新掌控西域北道并留兵驻守。几乎与此同时，班超被窦固派往西域南道，向南道诸国宣谕：汉军又回来了。

北道靠近匈奴任务艰险，但南道也不轻松。

东汉对西域的重视程度远不如西汉，这自然有两汉在国力上的差距，但东汉朝廷的决策权掌握在关东大族的手里，这些人对关中的事情本就不上心，加上此时的政治中心在洛阳而不在长安，他们对向西开拓向来缺乏积极性，经营西域又要海量投钱，他们的目光又普遍短浅，只算经济账，所以素来对西域不重视，甚至多次要求放弃西域。

在这个大背景下，东汉在西域的军事力量就投入不足显得很弱，北道是防御匈奴经略西域的重点，汉军在这里的总兵力也不过两三千人，而且还是分作三处。

北道兵力很少，但那也要看跟谁比，耿恭的兵力是少，但至少还有数百能战之士。相比之下，南道的班超人数更少，而且十分精确，三十六人。向来在数字上含糊其词的古代史书，这次难得精确了一回。班超的任务是恢复南道，而他的全部兵力只有这三十六人。

当然，之所以给班超这么少的人也是有原因的。北道需要应对匈奴的威胁，因此需要加派兵力，而南道距匈奴尚远，有北道的兄弟们在前面挡着似乎用不上那么多人。而班超此时主要的身份是外交官，他率领的其实不是军队而是外交使团。

第三十二章　威震四方——定远侯班超重开西域

但在西域，形势变幻莫测，军事外交经常互相切换，而更多时候是兼容。

班超率领他的三十六人小队出发了。此时他的身份是假司马，假是代理的意思。东汉军职，将军以下是中郎将、校尉、都尉、军司马、军侯、屯长。可以看出，班超的级别比耿恭低了好几级，耿恭是校尉，班超是司马，还是代理的，假司马的地位还在军司马之下。但不要紧，班超很快就会实现极速超越。

班超的身份本身就能说明，当时在西域，外交与军事是重叠的，随时转换。因为他的身份是军官，但干的工作是外交。

班超小队的第一站是鄯善。他对这里并不陌生，虽然这是他第一次来。因为这里曾是他的偶像扬威立名的地方。

班超其实出身于书香门第，他的父亲班彪、哥哥班固都是著名的史学家，他们父子做得最出名的事情就是编写了《汉书》这一不朽的名著。

班彪一生致力于修史，他去世后，儿子班固继承其志继续写作，却被人告发说班固私修国史。这在当时是大罪。危急时刻，弟弟班超孤身一人来到洛阳为哥哥鸣冤，面对汉明帝丝毫不慌，据实以奏。汉明帝听到班超的陈述，又看过书稿，不仅没有责罚班固，还让其担任兰台令史，成为国家的正式史官。在这个过程中，班超的胆识魄力、出色的应变能力也得到充分展示。

这次事件对班超本人的仕途影响不大，哥哥成为国家官员，他也带着母亲来到洛阳。因为家境贫寒，他不得不为官府抄书来维持生计。

庸庸碌碌的生活不是班超想要的，这种日复一日重复的工作也是看不到希望的。

终于有一天，班超再也忍不下去了，他扔下抄书的笔，大喊道："大丈夫当效傅介子、张骞立功异域以取封侯，安能久事笔砚间乎！"班超决定投身军旅以寻求建功立业的机会。于是，一个流传千古的成语也由此诞生，投笔从戎。

不久之后，班超还会贡献出另一个更为有名的成语。

鄯善原名楼兰，傅介子斩楼兰王的故事就发生在这里。

现在，班超追寻偶像的足迹也来到此地，此时连他自己也想不到，他会在这里超越他的偶像。

班超使团刚到鄯善时受到了热情款待，这跟鄯善人热情好客没啥关系，主要是汉军打了胜仗，重新入主西域。鄯善人高标准招待汉使不过是其墙头草本性的自然流露和寻常操作。

但很快，鄯善人的热情就减退了，使团的待遇也是直线下降，昨天还是好酒好肉，今天就只剩骨头汤了。

大家还未想明白的时候，班超就想明白了。大概率是匈奴的使团也来了。

当然，这也只是班超的猜测。为了验证自己的猜测，班超叫来了负责招待他们的侍者，在他连哄带诈的忽悠下，侍者说出了实情。果如班超所料，匈奴使团也来了，而且人数是他们的好几倍，有一百多人。

班超将手下的弟兄们召集起来商议对策。他对大家说，匈奴使团刚到鄯善人就开始慢待我们，一旦鄯善投靠匈奴就会将我们交给匈奴人。到时咱们就是案板上的鱼肉，恐怕留具全尸都是奢望。怎么办？班超望向大家。这一路走来，众人已经深深见识了他的胆识才干与魄力，于是齐声高呼："死生从司马！"班超等的就是这句话。

班超当即说出了他的计划："不入虎穴，焉得虎子。当今之计，只有趁夜攻杀匈奴使者，震慑鄯善，如此不仅可保全性命，亦可立大功于国。"这时有人说："事关重大，是不是把郭从事找来商量商量。"班超当时就怒了，说："生死存亡在此一举。从事是俗吏，胆小怕事优柔寡断，这件事不必找他，说了反而麻烦。"

事不宜迟，说干就干。当天夜里，班超带着三十六名勇士直奔匈奴

第三十二章 威震四方——定远侯班超重开西域

使团营地。当天刮起大风,天遂人愿。

班超令十人带着鼓角藏在营地后面,约定:"见到火起,便鼓角齐鸣,鼓噪呐喊以助声威。"班超带着剩下的二十六人携带兵弩,埋伏在营门两侧。部署妥当,他下令顺风纵火,火起后,众人齐声呐喊前后鼓噪。黑夜里突然着起大火让匈奴人顿时陷入慌乱,而汉军的鼓噪呐喊更是令匈奴人心惊胆战,前后都有喊杀之声,黑夜里他们也不知外面有多少人,但风大火急,容不得他们多想,眼见烈火熊熊,匈奴人纷纷夺门而出,想要逃走。可他们不知,班超早已带人等待多时,匈奴人鱼贯而出,班超他们也不多说,出来一个杀一个。匈奴在明,汉军在暗,汉军看匈奴人看得清清楚楚,从营门窜出的匈奴人却看不到藏在黑夜里的汉兵。很多匈奴人才从火场逃出就被埋伏在暗处的汉兵砍了脑袋。班超亲手格杀三人,部下将士也斩获三十多颗首级,剩下的一百多人被悉数烧死。第二天天明,班超率将士凯旋,这才将事情经过告诉从事郭恂,后者先是大惊,既而脸色微动。班超当然知道他的心思。震惊是后怕,色动是也想分一份功却不好开口。

班超说:"此事您虽未参与,班超岂敢独占大功。"言下之意,表奏的时候也会算上他。郭恂听后这才面露喜色。

班超随即派人将鄯善王请来,将匈奴使团的人头展示给他看。鄯善王当即被吓得面无人色,表示臣服汉朝再不敢有二心。

成语不入虎穴焉得虎子,也因为班超的英雄事迹而广为流传。

班超回来向窦固复命,窦固大喜立即上表将他的功劳如实禀告并请求选派正式的使者出使西域。汉明帝也不是糊涂人,当然明白窦固的用意,批复道:"吏如班超,何故不遣,而更选乎!今以超为军司马,令遂前功。"

窦固又派班超出使南道大国于阗。窦固想给班超增加人手,他却表示自己只带所部三十六人即可。

班超说于阗是西域大国，与中原相距甚远，就算多带几百兵也改变不了大局，到时只需见机行事，人多了反而累赘。

何谓自信？这就是。他对自己有信心，当然，班超自信的根本原因在于他的背后有一个强大的国家。那是他所有力量的源泉。

班超即将面对的于阗并不是一个省油的灯。

说来话长，东汉开国皇帝刘秀用十余年的时间实现光武中兴，他搞定了很多地方，但只有西域，没有安排明白。

王莽乱政不仅使中原大乱陷入兵火，西域也受到波及，匈奴趁机以十倍于胡汉三的劲头又杀回来，对西域各国横征暴敛，不停地薅羊毛，薅得西域众多小国苦不堪言，纷纷怀念起汉朝关照他们的美好岁月。这时刘秀已经平定中原，于是，西域各国组团派代表到洛阳，请求汉朝重返西域，重建都护府。

但一向精明的刘秀在这件事上却犯了糊涂，他婉拒了各国的请求。各国使者再三请求，刘秀却不为所动。使者们说您不答应，我们又抵抗不了匈奴，那就只能投靠匈奴了。刘秀表示，各位随意，东西南北，任你们去。使者们只能失望地回去继续被匈奴人薅羊毛。

这时有一个国家看到了机会，这个国家是莎车，西域南道的一个小国却有着一个地区大国的雄心。

匈奴重新入主西域后，到处追杀留在当地的汉人官吏士兵以及他们的家属。这时，莎车主动站出来保护他们。

莎车人仗义相助，也是有他们的考虑，那就是赢得汉人的支持，为称霸西域做准备。他们帮助汉人，又抵抗匈奴，迅速博得刘秀的好感。

刘秀头脑发热，不仅重赏了莎车王贤，还封他做西域大都护。这是刘秀犯的一个大错。很快就有人提醒他了。

靠近西域熟悉边事的敦煌太守裴遵听说后，赶紧上疏劝阻说，您重赏他们可以，但千万别封他们名号哇。刘秀这时也清醒过来，立即命人骑快马去追，要回西域都护的印绶，用将军印替换。莎车人当然不肯换，但汉使还是强行夺回印绶。可是，恶劣的影响已经造成，莎车王贤果然用西域都护的名号大做文章，说他已经得到汉朝的册封，要率领各国抗击匈奴。大家不知实情，很多小国都被他忽悠了。

莎车很是得意了一阵子，但很快就被打回原形，莎车王贤也被杀死。令莎车原形毕露的国家就是于阗。莎车王贤也是被于阗人干掉的。但于阗人也未高兴多久，匈奴人来了，于阗人又被匈奴打败，他们这才意识到，他们可以暴揍莎车，却远不是匈奴的对手。再之后，匈奴人就带着这群西域小弟到汉朝劫掠，闹得汉朝边郡鸡犬不宁，河西各郡大白天都不敢开城门。

对班超而言，他要面对的不仅有匈奴人跟他们的爪牙跟班于阗等国，还有国内那些不会干事专门坏事的猪队友。

经略西域是极其艰难漫长的过程，在未来的岁月里，班超跟他的儿子班勇不仅要同匈奴人斗智斗勇，还要跟洛阳官场的那些猪队友斗智斗勇，真的是不容易。

班超到于阗的时候，于阗人正得意着呢。虽然做了匈奴的小弟，但在南道，于阗依然是很有势力的。

对汉使的到来，于阗国王广德不以为意，对班超等人相当傲慢。

广德很信任一个巫师，对其言听计从，这个巫师说汉使有匹好马，我要用它举行仪式。广德满口答应，这就派人找班超要马。

班超正想找机会教训教训于阗人，假意答应说马可以给你们，但必须让你们的巫师亲自来取。这个巫师不知是计很快就来了。班超二话不说，抽刀便砍，将巫师的脑袋砍下来去见广德。班超的气势完全压住了于阗王广德，他在鄯善的事迹此时已经传遍西域。广德深知班超不好惹，更主要的是汉朝不好惹。此时，汉军在北道高歌猛进，匈奴人见了都躲着走，小小的于阗可不敢得罪汉朝。

想到这里，这个于阗王也很干脆，他立即召集部下也去砍人，砍匈奴使者。他下令将匈奴在于阗的使者全部斩杀以此向汉朝纳投名状。在于阗的带头示范下，南道各国纷纷遣子入侍表示归附。西域在六十五年后再次回归汉朝。

虽然接连搞定鄯善、于阗，但对班超来说，要收复整个西域依然任重道远。

班超的下一个目标是南道的另一个国家疏勒。

此时疏勒国的国王叫兜提，他不是疏勒人，他是龟兹人。为何龟兹人跑到疏勒当国王。因为疏勒之前已经被龟兹征服，这个兜提也就是个傀儡，他得听龟兹王的。

班超知道兜提在疏勒不得人心，于是，艺高人胆大的他决定兵行险招，也来个斩首行动，向他的偶像傅介子致敬。

班超用的招数也是当年傅介子用过的，那就是以财货引诱。他故意放话出去，说此次前来是封赏各国，请国王出城迎接汉使。疏勒王兜提果然上当，屁颠屁颠地就跑出来领赏，结果却被汉兵擒获。班超随即召集疏勒军民，当众将兜提斩杀，又立前疏勒国王的儿子忠做新国王，这番举动令他迅速赢得了疏勒人的拥戴，疏勒也就此归附汉朝。

就在班超准备趁热打铁顺势拿下整个南道的时候，北道出事了。北匈奴围攻驻守北道的汉军，新即位的汉章帝下令撤销西域都护府，同时令在南道的班超也一起撤退。

班超虽然心有不甘，但也只能遵令而行。

他收拾好包袱要走，这可把于阗、疏勒吓坏了，他们已经同匈奴决裂投向汉朝。汉使一走，匈奴人势必卷土重来，肯定会对他们进行报复。疏勒的一个都尉说汉使这一走，龟兹人必定来报复，与其被龟兹人杀死，不如现在就死，这个都尉当着班超的面，举刀自杀。

班超走到于阗遇到的也是苦苦哀求的人群，于阗君臣抱着他的马腿

第三十二章 威震四方——定远侯班超重开西域

不让他走。

班超看着眼前这些痛哭流涕挽留他的人深受感动,他本来也不想走。此情此景,更是让他坚定了留下来的决心。

于是,班超上书朝廷说明情况,不走了。即使得不到朝廷的支援,即使孤军奋战,他也要坚持到底去争取胜利。

班超要以一己之力挽回局面。

他又回到疏勒,这时疏勒已有人投奔龟兹。班超率兵讨平叛乱,迅速稳定局势,安定疏勒、于阗,这两国人现在是他的忠实追随者。班超率领两国军队击败龟兹的属国姑墨,又上书朝廷请求增兵,讨平北道大国龟兹。

汉章帝很大方地给班超派去一千援兵。这些人由一个叫徐幹的假司马率领来到西域增援班超。

班超又上疏说,要进攻龟兹必须联合乌孙。汉章帝也同意了。

建初八年(83),朝廷任命班超为将兵长史,徐幹为军司马,另派卫侯李邑护送乌孙使者。

李邑走到于阗,正值龟兹围攻疏勒。他不敢再往前走,可是逃跑也得有个理由。于是,他就故意诋毁班超,说班超在西域拥爱妻抱爱子,贪图享乐。

班超听说后,未做辩解,只是默默休掉妻子。但皇帝不是糊涂人,很清楚班超在西域的这些年有多艰苦。汉章帝当即下诏责备李邑,并特意命令他到军前受班超节制。班超表现得很大度,他没有为难李邑,当即派其护送乌孙侍子回京。这时部将徐幹说:"李邑之前诋毁您,险些误了国家大事,而陛下也说让他听您的调遣,您为何还派他回去呢?可以派别人护送侍子。"班超说,留下李邑报私仇,那不是忠臣所为。班超很清楚,皇帝这么做是给他面子。他当然可以扣下李邑,但放走他,则是给皇帝更大的面子。

在进攻龟兹之前，班超还要去平定另一个国家，莎车。是的，在匈奴人的威胁之下，曾经是汉朝在西域代表的莎车也反水了。

章和元年（87），班超调集他所能调动的所有军队两万多人向莎车进兵。龟兹知道，班超击败莎车之后，下一个就轮到他们了。于是，龟兹与莎车组成联军，又动员周边附庸小国，拼凑了五万多人来跟班超决战。

尽管对方的人数是班超的两倍，但班超一点也不慌。以三十六人威震西域的班超，打仗从来不靠人多，他靠的是智谋。

以少胜多对班超来说已经是习以为常，当然，他这个习惯也是被逼出来的。比这更悬殊的仗他都打过，靠几十个人就能收服一个国家，如今有兵有将，又有何惧。

班超打仗从来不硬拼，这次也是。

他先是故意放松对龟兹俘虏的看管，又巧妙地让这些人"旁听"到他与于阗王的作战会议。班超放出风声说龟兹大军人多势众，咱们这点人怕是打不过，不如趁现在赶紧撤退，各回各家。演戏就要演全套，班超连逃跑路线都规划好了。他说于阗王你往东，我往西，咱们分头跑。这些话当然被龟兹俘虏一字不漏地听去。再然后，这些俘虏在班超的精心安排下顺利"逃脱"，跑回去报信。

龟兹人听说班超要"逃"，连夜行动，龟兹王亲率一万骑兵在西面围堵班超，另派温宿王领兵八千在东面堵击于阗王。这两路是龟兹联军的主力，现在都被班超略施巧计给调走。

班超探知敌人中计，却并不急于行动，就让那些家伙在沙漠的寒夜里冻着吧。班超真正的目标是莎车。天色微明，班超悄悄集合部队，秘密出发，直扑莎车大营杀来。

莎车人这一夜睡得很踏实，班超要逃，龟兹人去拦阻。他们只需等消息就行了。可他们想不到，等来的却是班超大军。

两万多人杀进莎车大营，一点准备都没有的莎车人败得相当惨，被

第三十二章 威震四方——定远侯班超重开西域

斩首五千。这一战就把莎车打服了。莎车投降,被忽悠在外蹲点一夜的龟兹听说莎车被袭,这才知道中计,所谓联军迅速作鸟兽散,各自逃命。

永元三年(91),汉军出塞大胜北匈奴,将其彻底击败,连单于都远遁他方不知去向。

龟兹等国的靠山倒了,连匈奴都逃了,这些小国只能乖乖缴械投降,服从安置。

龟兹、姑墨等西域北道各国集体降汉。

当年十二月,汉朝在西域再设都护府,班超众望所归被任命为西域都护,徐幹为长史。

永元六年(94),西域都护班超征发龟兹、鄯善等八国兵合计七万讨伐焉耆。大军兵临城下,焉耆王广、尉犁王泛等只得束手投降。班超将他们押往陈睦殉国的地方,将焉耆王、尉犁王斩首,为昔日死难的汉军将士报仇。这些罪魁的首级被送往京师洛阳。至此,西域彻底平定,重归汉朝。

为表彰班超开通西域的历史功绩,朝廷下诏封班超为定远侯,世称"班定远"。

永元十四年(102),大汉西域都护定远侯班超上书皇帝请求告老还乡。皇帝感念他为国操劳数十年,劳苦功高,批准了他的请求。

古稀之年的班超于这年八月终于回到阔别三十年的洛阳,落叶归根。九月,班超在洛阳病逝。

经过三百年的血火搏杀,汉朝终于取得对匈奴战争的最后胜利。西域的回归成为这场胜利最圆满的结局。